現場としての政治学

編著 市川太一・梅垣理郎
柴田平三郎・中道寿一

日本経済評論社

目次

序　章　政治の現場・政治学の現場

梅垣　理郎

数字は冷たいのに匂いをたて、整っているのに朦朧としている。(1)
開高健『サイゴンの十字架』

ボディカウントの数値が毎日、毎月繰り広げられ、それが何かの証のように重視されるベトナム戦争過中の世界。一九七三年の休戦調印以後でも戦火が絶えることのないサイゴンという「現場」でこうした数値の氾濫に触れた開高健の感慨である。

社会科学、特に実証的な社会科学を生業とする私たちは、この数値が代弁する世界と常に格闘している。数値が作り上げる平均化された世界――あるいは本来質的であるものが量化された無機質な世界といっても良いかもしれない――を溶解させる「現場」を欠かすことができないのである。この傾向は強まる一方であろう。ＰＤＦファイルやインターネットの普及に伴い、一昔前は困難であった様々な統計資料の入手が格段と容易になり、身辺は数値だけが代弁する世界が横溢しているからだ。さらに、こうした資料の中には世界銀行や国連開発プログラムなどの国際機関、さらにはワールドウォッチなどNGOが開発するものもあり、単に自分たちの周辺だけでなく、縁の希薄な遠隔地すらも彼岸に放置しておくことが困難になっているからである。

この数値に転換された無機質な世界の一つの典型として、二〇〇〇年国際連合が採択した「ミレニアム開発目標」の一つ、貧困削減を考えてみよう。一九九〇年の時点において「一日一ドル」以下の生活を強いられる人口を二〇一五年までに半減させるという、疑義のはさみようも無い政策目標である。その後、毎年のように地域別の達成値が報告される。中でも東アジアは膨大な貧困層を抱える中国を含むにもかかわらず、想定をはるかに上回るペースで「貧困削減」が進んでいる、とされる。

しかし、この「冷た」く、そして「整」った世界も一度「現場」に投下されれば、溶解し、文字通り「匂い」もあれば、その輪郭も「朦朧」とした生活となる。「一日一ドル」の上下には一日数十ドルで維持される生活もあれば、数日間で辛うじて一ドルの収入を得る生活もある。また、一日一ドルという同じレベルの生活であっても、健康状態、市場への距離、各種公共財の多寡やアクセスの有無などの介在によって、その内容は一様ではなく、鮮やかであった生活の輪郭は如何ようにも変わりうるし、輪郭を求めること自体、あまり意味をもたなくなってしまう。「一日一ドル」は何を指すのかという疑問だけが残る。

とはいうものの、「現場」に入るというのは数値が作り出す世界の無機質性を暴くということだけではあるまい。われわれの生活が数値や指標では集約し切れないほど多様であることは、よく知っているはずである。敢えて数値、指標を介在させるまでもない。同情や、嫌悪、共感、興奮、無関心などを醸成し、呼び起こすナマの生活と「現場」には大きな違いがある筈である。

1 「現場」へ

「現場」に入るというのは、第一に、ある約束事とその背景にある生活ないしは人間をめぐる命題から一旦離れ、その根拠の妥当性を問うという作業ではないかと考える。右の例でいえば、「一日一ドル以下の生活を貧困とする」という約束事であり、その半減――収入増加――に付随すると想定される人間の生活に関しての命題である。「現場」に入ることにより、収入の増加によって変化を招くはずの生活の有り様に触れる。起こり得る変化の経路や生活者の変化への関わり方を把握し、生活改善のみならず、場合によっては、マイナスの効果が生まれるマージンにも注目する。言い換えれば、生活の個別文脈での「約束事」の明示的・暗示的な広がりだけではなく、その外に発生する「不測」の事態――想定された状況からの逸脱――にも触れるということだろう。

例えば、市場経済の浸透に晒される東南アジアの農村部などでよく観察される以下のような展開を考えればよい。世帯収入の増加と信用市場の整備は貯蓄への意欲を生み出し、貯蓄の意欲は、いわゆる「たんす貯金」から、金融機関への貯金を促す。しかしこれは緊急避難用の地域資源の重要な部分が枯渇することに他ならず、それまで繰り返されていた友人・縁者間の慣例的な互酬的「信用供与」の機能不全を招きかねない。このような「約束事」から見れば「不測」の事態の発生は元々経済規模の小さな農村部門では、生活基盤を根底から揺るがすような衝撃を生む。経済成長の波及効果――市場経済の定着化を含め――が末端へ浸透するためには二〇年、三〇年が予測されるとなると、「不測」自体とはいえ、半恒常的な状況といってもおかしくない。(2)「約束事」からの逸脱ですまされるものではあるまい。

こうした「不測」の事態や逸脱事例の拡大が「約束事」の根拠を希薄にすることは言うまでもない。少なくとも、「約束事」の修正を要求してくる。したがって「現場」に入るというのは修正を前提とした「約束事」を検証するという柔軟な姿勢の維持が要請される作業であるともいえるだろう。

これまで言及してきた「一日一ドル」も実はこの修正結果の一つである。「ミレニアム開発目標」は「貧困削減」目標を含め初等教育の徹底、女性の地位向上、パブリックヘルス環境の改善など八つの目標、一八のターゲットを掲げていた。(3)この政策目標の細目化は人間の生活の多様な文脈を重視しようとする政策上の要請に応えたものだが、その背景には、「約束事」に関連する命題の絶え間ない修正の試みがあったことに注目する必要があろう。「ミレニアム開発目標」は七つの目標と並列させることで「収入向上」の重要性を相対的に後退させているが、その発端を求めれば、七〇年代初頭ＩＬＯ事務局長による「ＧＮＰ至上主義の廃位」発言に至る。(4)もう少し近いところでは、経済成長を一つの手段にすぎないと断言した一九九四年の国連開発プログラムの『人間開発レポート』などでも同様の修正が試みられてきた。(5)

無論、「ミレニアム開発目標」の採択によってそれに先行する「約束事」が根本から修正されたわけでは決して無い。「収入向上」という目標はそれが至上であれ、あるいは、複数目標の単なる一目標であれ、そのアピール自体が決して低下したわけではない。このことは「ミレニアム開発目標」の採択までに「廃位」宣言以降三〇年を要したこと自体から見ても明らかだろう。より一般的に言えば、多様でありえる筈の人間の生活を経済基盤から解放してみるということ自体が認識論上の操作であるにしろいかに困難であるかを物語っているのである。

類似例の一つにリプセットが定式化を試みた政治の成熟を挙げても良い。一九五〇年代末葉という早い時期、「民主的な意識」の醸成には経済成長が生み出すいくつかの要件を欠かすことができないという命題はその当時「非共産党宣言」という副題を持つウォルト・ロストウの「経済成長の諸段階」と並んで大きな注目を浴びた。(6)収入が向上すれば、政治行動の穏健化（＝民主化）が促進されるという「約束事」は、その後多くの逸脱事例による照合と検証を経て、様々な条件が付加されることでのみ辛うじてその原型を保っているといってよい。中でも、収入の向上と暴力の頻度の一時的な上昇の連動に注目したテッド・ガー等による一連の研究は、元来の「約束事」に重大な修正を加える効果も持つ好例であると見てよいだろう。あるいは、中間層の成長があって初めて経済成長が開発独裁体制の「溶解」——政治の穏健化——を生み出すという渡辺利夫らの指摘も、「中間層の成長」という新しい変数を介在させており、リプセットの「約束事」に重大な修正を加えたものといえる。(7)

経済的条件と政治的成熟の相関にもう少し幅を持たせることで、より根本的な修正を加える結果を生み出したというものにロバート・パットナムの一連の研究を挙げることができる。(8) ついでながら、右の例が集合データに依存しながらマクロの政治単位を前提とした修正例であり、どちらかというと「現場」感覚を欠くのに対して、パットナムの場合はイタリアの地方政治というより直接的な「現場」を触媒としている点も強調しておこう。

財政上の条件、統治構造、制度的環境などにおいて大差のない地方政治単位がなぜ政策上のパフォーマンスにおいて格差を生み出しているのかというパズルの設定を通して、「一定の要件の整備が一定の状況を生み出す」という約束事の修正を試みる。政治的成熟度を測る目的で新聞購読、選挙参加などの初期リプセット以来の集合データを活用するが、それ以上に、野鳥観察協会からスポーツクラブにいたる地域内結社活動などに依存しつつ地方政治のより多様な個別文脈を把握しようとするところに特徴があるといえる。こうして把握された極めて日常的な生活の中で機能する信頼、寛容、互助的規範など——社会関係資本——の存在こそが、最終的には個人ならびに集団の政治的熟成を左右する、とするのである。

ミレニアム開発目標であれ、社会関係資本であれ、当初の「約束事」が基本的に修正されるには多くの時間がかけられている。だが時間がかかるということ以上に執拗に修正が試みられているという点こそ注目すべきだろう。ここに「現場」に入ることの第二のポイントが示唆されているのである。修正の繰り返しは「約束事」を変質させてゆくが、個別文脈を超えて人間の生活を理解しようとする意欲そのものは、再生が繰り返されているのである。「現場」

とは、言い換えれば、その個々の多様性を介して私たちにより普遍性の高い人間の理解を求めさせる唯一の契機であり、機会であるということだ。終着駅ではなく終わりのない検証と反証の通過点なのである。

修正される「約束事」と新たな「約束事」とに共通しているのはそれぞれが逸脱事例という試金石を求めて「現場」に入った結果であるという点である。この試金石を敢えて求めるという行為の裏にあるのは、逆に、いかなる多様な生活文脈であれ、それを超えて人間の生活を律するルールがあるという理解に他なるまい。さらに、重要なのは、この理解が稀有の感覚を持つ例外的な人間による直感によって到達されるものではなく、様々な逸脱事例との照合の積み重ねによってのみ到達しえるという点だろう。

終わりのない検証と反証とはいったがそれは単なる反復であるわけではない。一方では、抽象度を上げることで個別文脈での逸脱事例に耐えうるような約束事の構築・洗練化への意欲があり、他方では「逸脱事例」の取りこぼしを避けようとする意思がより多くの個別文脈を求める意欲を下支えする。前者がいわば「理論」構築という指向であるならば、後者は比較研究であり、歴史研究であり、さらには政策研究でもあろう(9)。もちろん、抽象度の高度化のみを求めてゆけば、人間の生活に遍在するはずの逸脱事例を見落とすという不安が付きまとう。逆に、なんらの認識ないしは照合の枠組みを持つことなく個別文脈に足を踏み入れると、すべてが逸脱事例となり、認識のアナーキーを招く。事例の数だけ解釈が必要ということになりかねない。解釈の実質的な放棄である。

したがって、理論への意欲と多様性を求めるというのは実は表裏一体をなしていなければならない。「現場」はそこで生きる人間の生活があって初めて存在しえるものとはいえ、同時に、人間の生活に一貫したルールを求めようとする意欲が介在して初めて存在せしめられるものでもある。「現場」はそこに足を踏み入れる側の意思があって初めて生まれてくるのであって、生活のあるところすべて「現場」であるとは限らないということになろうか。

2　「現場」にて

なんらかの意図を持たないままナマの生活に入るというのはありえないことではあろう。とはいえ、「約束事」という私たちの認識の初期設定を超える強力なインパクトをナマの生活自体に求めることは許されないのか、という疑問も拭い去れない。

たしかに、ナマの生活との接触だけに多くを求めることには不安が付きまとう。観察の対象の選択が文字通り対象の持つアピールによって左右され、その結果いわばパトスの揺れに委ねられたランダムな反応のみを呼び起こすだけ、という不安である。ここからは、一方で評価ではなく「物語」がいたずらに累積されてゆくか、さもなければそれほど明確に意識されていたものではなかった先行する「約束事」へ安易に依存してしまうことも十分に考えられよう(10)。他方、だからといって、人間の生活のいかなる断片を拾い上げても、人間のすべてがそこに凝縮されていると断言できるほどの確信がもてるわけではない。このクローチェ型のしたたかな思惟を身に着けるためにはどれほどの知識、感覚の蓄積が必要となるのかという不安である(11)。

おそらく、こうした不安は無視するのではなく、二つの間を往来しながらナマの生活に立ち入るというのが私たちに許された選択肢ということなのだろう。だが、立ち入る側の姿勢とは別にもう一点留意しておくことがあるようだ。レナート・ロザルドが人類学、アナール派歴史学の領袖ともいえるエヴァンス＝プリチャードとル・ロワ・ラデュリの代表作を取り上げ辛らつに批判した一文が参考になる。

人類学であれ、アナール派歴史学であれ、ナマの生活との接触を特に重視する点で共通している。このために、エヴァンス＝プリチャードはナイル系一部族の生活風俗や政治慣行の理解のために一年前後にわたる共同生活を、ル・

ロワ・ラデュリは一四世紀南部フランスの一農村を再構築するにあたりその当時の異端審判の記録を素材とした。ここから生まれてきたのがそれぞれの分野で古典ともされる The Nuer（1940）であり、Montaillou（1978）であるが、ロザルドが問題としたのはそのデータ収集時点での観察者と被観察者の関係であった。[12]

すなわち、いかに精緻な記録であったとしても、それは生活を共有しない、しかも当人の生活は安定した外部者による採取である。しかも生活の細部に立ち入ることを可能にする疑問自体を考案し、その使用を独占しているのもこの外部者に他ならない。ナマの生活が「記録」へと編集されてゆく過程には、したがって、観察者と被観察者――採取する者と採取される素材を提供する者――との間には避けがたい権力関係が成立しているということである。[13]

逆にこの節の冒頭であげた疑問へのヒントもここにあるのではないかと思える。「初期設定を超える強力なインパクト」というのは、観察者と被観察者の間に成立しがちな権力関係を霧散させるということなのではないだろうか。こういったことを留意しながら、少し煩雑になるが、以下に筆者の経験を紹介させていただきたい。

筆者は過去数年の間、ベトナムの中部農村地帯を中心に集中的な調査を展開している。ベトナム戦争の最中一九六二年から一九七二年という長期間にわたり米軍が撒布した枯葉剤――エージェント・オレンジ――の被曝被害者を抱える世帯の生活の実態調査である。撒布は北ベトナム正規軍・解放戦線の補給路であるホーチーミンルート沿いならびに米軍（および南ベトナム政府軍）基地周辺のジャングル除去を目的としていたため、北緯一七度線以南、それも特に山間部（および南部の沼沢地）に集中していた。この枯葉剤の主たる副産物が毒性の極度に高いダイオキシンである。その影響は生態系の破壊にとどまらず、人体、それも第二世代、第三世代にまで及んでいる。[14]

これまでの調査の結果、被害者を抱える九〇世帯近くの調査票があり、四〇〇枚を超える写真と三〇時間近くのビデオが手元に蓄積されている。このほかに地元のヘルスワーカー、人民委員会、ボランティアなどの調査票が四〇件近くある。なおヘルスワーカーの場合、医療サービスの専門家であるということ以上に彼ら自身、被害者世帯の同地域住民であるということを特に意識しつつ聞き取りを進めている。

写真とビデオにこだわった理由は、文字・数値にいわば「純化」されたものだけを記録として残すことについてのためらいである。調査時点での情景を後に「記憶」の中に再生させるための手立てとして当時の感情の揺れ――筆者のみならず被観察者双方の――を軽視することができないと考えたからに他ならない。

以下はその調査票の一つの部分的な、それも家族構成という最も入り口に近い部分の抜粋である。

①　グイェン・スィン・トゥック（父）一九四七年、ビンディン省、フーキャット地区、キャット・タインコミューン、チャンタイン村、生まれ

②　グイェン・ティ・コン（母）一九五二年、ビンディン省、フーキャット地区、キャット・タインコミューン、チャンタイン村、生まれ

③　グイェン・スィン・チ（一九七六年生まれ、男子）健康、既婚、カムラン在住、大工、生後九カ月の女子一名

④　グイェン・ティ・タム（一九七八年生まれ、女子）健康、既婚、大工の夫、女子二名

⑤　＊＊＊＊＊（一九七〇年代後半生まれの男子、生後三カ月で死亡、脳性小児麻痺に似た症状であったと記憶する）

⑥　グイェン・ティ・ティエン（一九八一年生まれ、女子）健康、既婚、農民、女子二名

⑦　グイェン・ティ・トゥ・ティエム（一九九一年生まれ、女子）健康、中学校一年在籍中

⑧　流産

⑨　グイェン・スィン・ティエッ（一九九五年生まれ、男子）脳性小児麻痺、全身麻痺

米の二期作を中心として得る年間収入は二三〇ドル。他に四頭の牛を飼っている。売却すると一頭につき二五〇ドルから三〇〇ドルの現金収入が見込める。それにしても、八〇〇ドル前後というベトナムの一人当たり国民所得から見てもかなり低い。「貧困世帯」という認定を得ており、その結果、政府から二〇〇ドルの特別手当を受け、二〇坪ほどの平屋を建てている。上の子供たちは結婚して家を出ているが、長男からの仕送りはない。「彼も貧乏だよ」という答えが返ってきた。

八〇ドル近くの負債も背負っている。これは八〇ドル相当の収穫米で返済することになっているらしいが、利子とか返済の期日について特に気にしている様子は見られない。一〇キロほど離れた町（といっても人口二万前後のフーキャット）にある金融機関から現金を借りる気はしない、という。返済できるあてもないし、特にその必要もないからだという。九〇世帯の多くを代弁する一つの典型である。

父親は民兵組織（といっても「ユーキック＝遊撃兵」というのが当人の口から出てきた表現で、「解放戦線」であるのかどうかは不明）のメンバーであった一九六六年以前の段階で西へ一〇キロ近くのところから広がるチュオンソン山脈で枯葉剤に被曝したようである。ただ、現居住地域自体も米軍が集中的に枯葉剤を撒布し続けた山塊の麓にある。ダイオキシンの毒性の寿命が三〇年とも五〇年とも言われることを考慮にいれると、当たり前の生活自体を維持していたとしても、被曝し続ける環境にあったといえる。特に、重要な食料源の一つに川魚があるのだが、地域住民の大半は汚染した山塊に源を発する数多くの川から食料用の魚を採る。水に溶けないダイオキシンは魚を通して人体に入り、人体を犯す。ダイオキシン汚染の一つの経路である。

一九九五年にグイェン・スィン・ティエッ⑨が生まれた後、夫婦は子供をもうけていない。なぜなのか。夫婦の年齢が原因であるのか、それとも、既に五人の子供を得ていたためなのか、あるいは末子が不治の疾患を抱えて生まれてきたためであるのか。この三つを合わせたところにおそらく答えがあるのだろう。この末子は全身が屈曲したまま硬化し、寝返りすらもままにならない。傷だらけの頭が痛々しい。必ず成人が付き添っていなければならない。一時期はセラピーを試みたこともあるという父親の表情は硬い。労働集約型の農業を生業とする一家にとっては実質的に二人分の労働力を喪失したことになる。

筆者の調査は「貧困」を生活の個別文脈で検討するという少なからず曖昧な目標を掲げていた。発端は一九九四年の『人間開発報告』でその促進を訴えられた「人間の安全保障」（ヒューマンセキュリティ）にある。「脅威からの自由、欠乏からの自由」といういかにも茫洋とした目標設定は揶揄の対象となることも少なくなかった。しかし、その後一〇年近くの政策協調の実践、概念整理の蓄積を経て、二〇〇三年の『人間の安全保障委員会報告』では、人間が価値あるものと認めることができる生活を求める自由という第三の自由が加わり、生活者自身の創意と多様な生活「資源」への注目を訴える「エンパワーメント」をその中核概念に据えるに到っている。経済成長とその波及効果の拡大に多くの社会問題の解決を求めるという冷戦期の政策オーソドクスィとは一線を画するものといえるだろう(15)。調査の目的はこの創意と生活資源の接点を探るところにあった。

筆者もしたがって当初準備した数十に上る質問事項の中には、例えばパットナムの「社会資本」の便宜性に触発されたものが少なくなかった。移行社会での過程でのテニエスのいうゲマインシャフトの残滓を求める姿勢が反映されていたことも否めない。被害者を抱える世帯の地域社会への依存と地域社会による被害者世帯の抱擁、そうした地域社会と被害者世帯の交渉といったことを掘り起こすつもりの質問を浴びせる筆者に、世帯主は大半の場合やりどころのない視線を浮かせながらいかにも機械的に応えていくばかりであった。さらに、アマルティア・センがいう「潜在能力」(16)の存否・所在を暗示するシグナルを求める自分もいたかもしれない。家計の窮状を細部にわたり明らかにしてゆく一方で、どこかにこの窮状にも関わらず生活を維持する「秘訣」のようなものがあるはずだという「約束事」が暗示するその広がりを求めようとしていたからである。だが、多くの場合、答えのなかには「ソーファン」（宿命）

という言葉が繰り返されていた。

投げやりな対応と純朴極まりない世帯主の表情とのちぐはぐさに戸惑ったのはこの家族が初めてではない。そうした中、グイェン・スィン・トゥックさんが「末子が生まれるまで枯葉剤のことは知らなかった」とつぶやいた。それが特定の質問への答えではなかっただけに、あることに気づかされることになる。つまり、様々な史資料に拠ってその世帯の置かれた「状況」を理解していると思い込み、いくつかの答えを想定しながら、質問を投げつづける自分である。彼には末子のことをほとんど質問しない筆者が不可解極まりないものと映ったに違いない。

この時点から自分がひどく素直になった記憶がある。素直になってみると、目の前に集積されつつあった「記録」を見る目も変る。疑問の連鎖のようなものが走り始めた。

末子の惨状の元凶はたしかにダイオキシンだろう。末子に先行して早死にした⑤の男子、流産の⑧も恐らく元凶はダイオキシンであったのだろう。しかし、⑤、⑧という「先行例」の後に誕生した末子の惨状の元凶はダイオキシンだけなのだろうか。先行例から何も学ぶことができなかった両親は末子の惨状に加担していたのではないのか。なぜ両親はこの二つを「先行例」として認識することができなかったのか。「先行例」を自分の世帯外に求めようとしなかったのか。それを抑制させる何かがこの地域内には存在しているのか。パブリックヘルス絡みの課題とは地域共通の課題とは認識されないのか。たとえ両親が何らかの疑問を抱いたとしても、医療機関に駆け込むことが日常生活に定着していない地域ないし世帯というのは何を代弁するのか。

一世帯の聞き取りから得ることができたのは、その世帯の調査票ではなくその世帯という一点から観察される一地域の調査票に他ならなかったのである。この時点で、少なくともこの後、質問事項に変更は加えなかったものの、「自由記述」により大きなスペースを割くことにした。エンパワーメントの主体的条件とそれを活かす周辺的条件の接点は生活の文脈でこそ特定できる。その認識にあたって中でも強力なツールが、準備された質問に誘導される答えではなく、その当事者の抱く疑問そのものなのである。被観察者に「質問」の創出を委ねるということだ。ザルドの批判が含意する固定的な権力関係からの脱皮を敢えて意識するまでもない。人間の生活というのは、それ程豊かであり、パワフルなものであるということにならないだろうか。

3　遍在する「現場」

特定の命題の検証・反証の場を求めてナマの生活に入ってゆくのか、それとも、検証ないし反証可能な命題を模索するためにナマの生活に立ち入るのか、いずれにしても「現場」はいたるところに遍在していることになろう。前者の「現場」は永井陽之助のいう「自己認識の学」としての政治学には欠かせない。[17]永井は政治を状況、制度、組織の三レベルで発現する社会活動と呼んだが、冷戦以後、あるいは近代化以後の世界はこの三つのレベルが著しく交錯し、かってないほどしたたかな認識の安定が政治の研究者には要求されるからだ。

後者の「現場」は、人間の生活の認識枠組みとして疑問視されることの少なかった「国民国家」、「地域政治」などの基盤的なカテゴリーの再編を促す。ナマの生活は国民に対する義務を履行しきれない国家のあり方を傍証する痕跡に満ち溢れている。[18]貧困、高度感染症、難民などを抱える開発途上地域の社会だけではない。エイズ薬害の事例は先進社会の日本における義務履行の破綻例と考えても良い。米国のような最も豊かとされる社会の内部での膨大な貧困層の所在もその一例として考えることができるだろう。

しかしながらナマの生活は単に国家の義務不履行を例示するだけではない。国家という公的な財・サービスの独占的創出機関に依存しない生活のあり方、広がりにも私たちの目を向けさせてくれる。人間がその最も基盤的なニーズの充足にそうした国家とは異なる組織体、運動体に依存していることを確信させてくれるのも、やはりナマの生活に立ち入ることから可能となるものだろう。すぐれた比較文学者であるコーネル・ウェストは「個別性へ、文脈へ、具体性へ」への回帰を訴える。[19] これはとりもなおさず、「約束事」の安定した世界とそこからの逸脱事例の世界との間に画されてきた一線を忘却してみようという訴えに他なるまい。

注

(1)「影なき災禍」(初出『週刊朝日』昭和四八年四月二〇日)、『サイゴンの十字架』(文芸春秋、一九七三年)収録。

(2) 以上の観察は筆者の研究室が中心となって過去数年にわたってタイおよびベトナムで進めている「開発と貧困」研究から得た知見の一つである。

(3) 同目標の簡明な解説書としては斉藤文彦『国際開発論――ミレニアム開発目標による貧困削減――』(日本評論社、二〇〇五年)がある。ただ当事者を含めた自己評価ということであれば、United Nations Development Program による年次報告書、*Human Development Report* を追う必要があろう。

(4) この表現はILO事務局長を長く務めたデイヴィッド・モースの言葉であるとされる。H. W. Arndt, *Economic Development: the History of an Idea*, University of Chicago Press, 1987, p. 92 および pp. 89–113を参照されたい。

(5) なお、一九九四年『人間開発レポート』は「ヒューマンセキュリティ」という政策目標は初めて公にしたドキュメントである。

(6) Seymour Martin Lipset, "Some Social Requisites of Democracy: Economic Development and Political Legitimacy", *American Political Science Review*, Vol. 53, March 1959, pp. 69–105. なお、この論文は若干の修正を加えた後、一九六〇年の *Political Man: The Social Bases of Politics*, chapter 2 および chapter 3 として収録されている。邦訳は内山秀夫訳『政治の中の人間』(創元新社、一九六三年)。

(7) Ted Robert Gurr, *Why Men Rebel*, Princeton University Press, 1970, 渡辺利夫「韓国――経済発展と権威主義の溶解――」、『アジア研究』三六巻(一九九〇年)二〇頁。ついでながら『西太平洋の時代:アジア新産業国家の政治経済学』(文芸春秋、一九八八年)第2章と併せて参照されたい。

（8）Robert Putnam, *Making Democracy Work: Civic Traditions in Modern Italy*, Princeton University Press, 1994. 邦訳は河田潤一『哲学する民主主義：伝統と改革の市民的構造』（NTT出版、二〇〇一年）。ここで構築された概念あるいは認識枠組みである「社会関係資本」を使って、コミュニティの衰退を描こうとした *Bowling Alone: Collapse and Revival of American Community*, Simon and Shuster, 2000, 邦訳『孤独なボウリング』（柏書房、二〇〇六年）がある。

（9）「マクロな政治」を大前提としつつも、この理論構築と実証研究の相互依存関係を精緻な筆致で展開させたものとしてハリー・エクスタインの論文がある。三〇年近く前に刊行された論文であるにもかかわらず、その輝きは全く失われていない。"Case Study and Theory in Political Science" (1975), in Harry Eckstein, *Regarding Politics: Essays on Political Theory, Stability, and Change*, University of California Press, 1992, pp. 117–76. また、一般と特殊の葛藤を簡明に注釈し、その高次での統合を説いたものの中でもここでは Peter Burke, *History and Social Theory*, Cornell University Press, 1992. を挙げておこう。特に chapters 2 and 3 の示唆するところに注目したい。

（10）Eckstein, *ibid.*, pp. 136–38.

（11）これについてはブローデルの重要な但し書きが参考となる。Fernand Braudel, "History and the Social Sciences: the *Longue Duree*", (1958), in Braudel, *On History*, (tr. By Sarah Mathews), University of Chicago Press, p. 26.

（12）邦訳はそれぞれ、E・E・エヴァンス＝プリチャード／向井元子訳『ヌアー族：ナイル系一民族の生業形態と政治制度の調査記録』（平凡社、一九九七年）とル・ロワ・ラデュリ／井上幸治・波木居純一・渡辺昌美訳『モンタイユー――ピレネーの村一二九四～一三二四』〈上・下〉（刀水書房、一九九〇年、九一年）。

（13）Renato Rosaldo, "From the Door of His Tent: The Fieldworker and the Inquisitor", in James Clifford and George E. Marcus, eds., *Writing Culture: the Poetics and Politics of Ethnography*, University of California Press, 1986, pp. 77–97.

（14）細部に立ち入ることはこの稿の目的ではないので避けたいが、ジャーナリストによる二、三の例外を除くと枯葉剤被害についての調査は日本ではほとんど進められていない。当面フォトジャーナリスト、中野悟郎『グラフィックレポート　戦場の枯葉剤』（岩波書店、一九九五年）。また、自身従軍軍医で戦争中から枯葉剤被害者の医療にあたったレ・カオ・ダイ／尾崎望訳『ベトナム戦争におけるエージェントオレンジ：歴史と影響』（文理閣、二〇〇四年）は簡潔にして要を得た解説書である。なお被曝者の中には数多くの米兵が含まれており、このグループについての刊行物、ホームページは膨大な数に上る。当面、自身は枯葉剤撒布の責任者の一人であり、息子を被曝に起因する疾患で失い、孫も身体障害者であるという元米国海軍提督エルモ・ズムワルトが米国復員局の委託で準備したいわゆる『ズムワルト報告』はベトナムでの現地人の惨状を窺わせる貴重な間接資料だろう。Admiral Elmo R. Zumwalt, Jr., *Report to the Secretary of the Dept of Veterans Affairs on the Association between Adverse Health Effects and Exposure to Agent Orange*, 1990.

(15) The Commission on Human Security, *Human Security Now*, the Commission on Human Security, 2003. なお、『九四年報告』から『二〇〇三年報告』への変遷と変容については筆者の一文があるので参考にされたい。梅垣理郎「ヒューマンセキュリティと総合政策学」、大江守之・岡部光明・梅垣理郎編著『総合政策学：問題発見・解決の方法と実践』（慶応義塾大学出版会、二〇〇六年）特に一三〇―一四一頁。

(16) この「潜在能力」という概念は欠かせない概念として「権原」および「機能」を平行して持つ。Amartya Sen, *Poverty and Famines: An Essay on Entitlement and Deprivation*, Oxford, Clarendon Press, 1982.（アマルティア・セン／黒崎卓・山崎幸治訳『貧困と飢饉』岩波書店、二〇〇〇年、1・2章）、ならびに *Development As Freedam*, Alfred A. Knopt, 1999.（石塚雅彦訳『自由と経済開発』日本経済新聞社、二〇〇〇年、2・3・4章）を併せ参照されたい。

(17) 永井陽之助「政治学とは何か」、永井陽之助、篠原一編著『現代政治学入門』（有斐閣、一九六五年）一四頁。

(18) 国民に対する義務履行という観点から国民国家のあり方を評価しようとする議論は以外に少ない。文脈をグローバリゼーションという文脈に限ってはいるが、国家のあり方を問う示唆に富む次の著作は参考になる。David A. Smith, D. J. Solinger and S. C. Topik, eds., *States and Sovereignty in the Global Economy*, Routledge, 1999.

(19) Cornell West, "New Cultural Politics of Difference", in Charles Lemert, ed., *Social Theory: the Multicultural and Classic Readings*, Westview Press, 1999, pp. 512–32.

第Ⅰ部　現代政治の現場

第1章　信頼喪失の時代と国民の意識の変化

市川　太一

1　信頼喪失の時代

一九九〇年代から今日に至るまで、本章の最後にある表の毎年の主な国内のニュースを見ていると、時代を映すいくつかの特徴がある。

まず、頻繁な政権の交代と連立政権である。宮沢内閣から小泉内閣まで八つの内閣が交代している。九三年には、三八年間つづいた自民党単独政権は崩壊し、連立政権が常態となっている。しかし、政権交代は長続きしなかった。九四年には社会党が自民党と連立政権を組み、国民を驚愕させた(1)。

新しい選挙制度が当初言われていたように二大政党制、政権交代というようには機能しているのかどうか、なお検証が必要である。

官僚の不祥事が明るみに出て、官の信頼が喪失した。厚生省の前事務次官の汚職もあるが、大蔵省、外務省など、

できごと（1990～2006年）

経　済	社　会
経済成長率3.8％、失業率２％ バブル崩壊と金融不祥事	
不況深刻化 佐川急便事件（金丸信略式起訴）	
長引く不興でリストラ（自動車業界など） ゼネコン汚職が続く、相次ぐ逮捕	
	いじめ多発
金融機関の破綻続発（大和銀行など）、東京協和信用組合、兵庫銀行 住専への公的資金（6,850億円）導入	オウム事件
失業率、戦後最悪（3.4％）、リストラが流行語に	
金融破綻相次ぐ、山一、拓銀の破綻 総会屋利益供与事件（４大証券などへ総会屋への利益供与があきらかに）	神戸児童殺傷事件
戦後最悪の不況、24兆円緊急経済対策	毒物混入事件（和歌山ヒ素カレー事件など）
失業率過去最高（７月4.9％） 東海村で国内初の臨界事故	
そごう倒産、千代田生命、協栄生命の破綻 雪印乳業製品で集団食中毒	17歳の犯行が相次ぐ（西鉄バスジャック事件など）
不況の深刻化、完全失業率５％台に（5.5％） 国内初の狂牛病の牛の確認（９月）	児童虐待が相次ぐ 大阪・付属池田小で児童殺傷（６月）
牛肉偽装・食品不正表示／雪印食品（４月）	
2003年度は13年ぶりに完全失業率が前年度を下回る 2003年に生まれた赤ちゃんは112万人、過去最低	凶悪犯罪の低年齢化
治安悪化と考える人が増える（３月内閣府発表、前回に比べ8.8％増え39.5％） 完全失業率4.7％へ（３月、３年ぶりの低水準） 三菱自、西武鉄道など名門大企業のモラル問われる経済事件 プロ野球界が大再編、選手会は初ストライキ	小学６年の女児の同級生殺害など子どもをめぐる事件多発
ネット企業とTV局攻防（２月） JR尼崎脱線（４月） アスベスト被害（６月） 耐震強度偽装（11月）	幼児殺害事件（11月広島、12月栃木）
ライブドア堀江社長の逮捕	

「2000年を振り返って」『中国新聞』2000年12月25日、「2001年10大ニュース」『中国新聞』2001年12月25日、以下2005

表1－1　主な

年	政治・行政
1990	第39回衆議院議員総選挙（２月）
1991	宮沢内閣成立（11月）
1992	第17回参議院選挙（７月、投票率50％、史上最低）
1993	第40回衆議院議員総選挙（７月） 細川連立内閣誕生（８月、自民党単独政権の崩壊、連立政権の時代へ）
1994	政治改革３法案の成立（１月、新しい選挙制度…） 羽田少数与党内閣の発足（４月、新生、自由、公明、民社など） 村山自社さ連立政権内閣誕生（６月）
1995	青島・ノック、知事当選（４月、無党派層の増大）
1996	橋本内閣の誕生（１月、自社さ連立） 薬害エイズ事件（２月） 住専処理に公的資金（６月） 第41回衆議院議員総選挙（10月、小選挙区比例代表並立制で実施、社会党の没落） 厚生省の汚職前次官逮捕（12月）
1997	橋本内閣、６つの改革、中央省庁改革関連法と地方分権整備法の成立
1998	第18回参議院選挙で自民敗北（７月） 大蔵省・日銀接待汚職
1999	小渕改造内閣発足（１月、自自公連立） 神奈川県警で組織ぐるみの不祥事隠し
2000	地方分権一括法の施行（４月） 介護保険制度のスタート 小渕首相死去（５月）、森内閣の誕生（４月、自公保連立）・低支持率 第42回衆議院議員総選挙（６月）
2001	構造改革本格化 外務省の不祥事の続発 中央省庁の再編実施（１月） 小泉内閣の発足（４月）
2002	疑惑がらみで４議員辞職（辻元清美、加藤紘一、田中真紀子、井上議員） 鈴木宗男衆議院議員逮捕（６月）
2003	郵政公社の発足（４月） 小泉総裁再選（９月） 第43回衆議院議員総選挙（11月、民主躍進）
2004	小泉首相４年目へ（４月） 第19回参院選挙（７月、民主党が躍進、新代表に岡田選出） 国民年金未納問題官房長官ら辞任。年金改革法成立
2005	第44回衆議院議員小泉自民圧勝（９月） 郵政民営化法成立（10月）
2006	前原民主党党首、メール問題で党首の辞表表明（３月） 小沢一郎　民主党の代表となる（４月）

1）『平凡社百科年鑑』平凡社、1990年から99年度版まで、「激動99年」『朝日新聞』1999年12月31日、年の各年度12月の「10大ニュース」を参照。

従来、汚職や不祥事と無縁であった官庁に不祥事が起きた。

警察による組織ぐるみの不祥事隠しも、中央官庁ではないにしても、官の不信に一層拍車をかけた。

経済に目を転じてみれば、長期にわたる不況である。バブルの時代には八六年の景気の谷から九一年の景気のピークまでの五年の間に土地は二・五倍になり、株は日経株価の平均で二・三倍になった。バブルの崩壊した九一年から九八年までの七年間に、地価も株価も八六年の水準に戻った(2)。

一九九五年以降、金融機関の破綻が相次いだ。大和銀行、北海道拓殖銀行、山一證券、千代田生命、協栄生命などである。大手の銀行が不良債権を処理するまで一〇年近くかかっている。銀行の経営破綻は、経済の基幹的な役割を果たしていただけに、国民の経済に対する信頼感喪失が大きかった。

大企業あるいはブランド企業が不祥事を起こし、企業への信頼を崩した。三菱自動車や西武鉄道などの大企業のモラルを問われる経済事件が起きた。雪印乳業製品によって食中毒事件が起き、さらに牛肉偽装・食品不正表示事件によって、雪印は経営的に行き詰まった。生活の基本にある食への信頼も揺らいだ。

凶悪犯罪が低年齢化し、西鉄バスジャックなど一七歳の犯行や小学校六年生の女児同級生殺害などが起きた。幼児や児童を対象にした殺傷事件も度々報道されている。もっとも弱い子どもたちを対象にした犯罪であるだけに、安全への信頼を失わせてしまった。

九〇年代以降に生じた出来事・事件は、八〇年代までの日本とは質的にも変化していることを示している。

この時期には選挙制度改革、中央省庁再編、市町村合併、地方分権改革、構造改革などの改革が行なわれているが、この論文では、日本社会が質的に変わりつつある現象を取り上げてみたい。こうした時代の背後においてどのような変化があったのか。なぜこのような大きな変化が起きているのか。このような状況をどのように考えるのか。そして、今後の課題と方向性を示してみたい。

2　一九九〇年代以降の社会の質的な変化

出生率（合計特殊出生率）、失業率、刑法犯認知件数、離婚者数などが、一九九〇年代から二〇〇〇年代初めまで増加し続けている。

二〇〇二年を境に次第に変わりつつある。これらの数値は少しずつではあるが、景気の回復とともに改善しつつある。これらの数値が次第によくなっていくのか、一時的な変化なのか、まだ明らかではない。

(1)　出生者数、失業率、刑法犯認知件数、離婚者数

表1－2　出生・初婚年齢・出生率

	出生数	初婚年齢		合計特殊出生率
		夫	妻	
1950	233万人	25.9	23歳	3.65
1960	160	27.2	24.4	2
1970	193	26.9	24.2	2.13
1980	157	27.8	25.2	1.75
1990	122	28.4	25.9	1.54
2000	119	28.8	27	1.36
2002	117	29.1	27.4	1.33
2004	111	29.6	27.8	1.29

出所）内閣府編『平成18年版国民生活白書――多様な可能性に挑める社会に向けて』（平成18年、時事画報社、259、260頁）から作成した。

表1－2のように出生者数は、二〇〇四年は一一一万人、戦後ベビーブームの時代と比べると二分の一以下になっている。ピーク時の出生率三・六五は、二〇〇四年は一・二九となった。一九九四年に「エンゼルプラン」、九九年に「新エンゼルプラン」を作ったが効果がないにもかかわらず、二〇〇四年から「子ども・子育て応援プラン」を策定した(3)。さすがに政府もあわてて、少子化に対して総合的な取り組みを始めている。

一九六〇年は七五万人程度の失業者数で、失業率も一・七％程度であった。しかし、表1－3に示したように、九〇年代は二％、二〇〇二年には五・四％にまでなった。一九七〇年代までは百万人に達しなかった失業者数は、ピーク時には三五九万人にまで増加した。〇五年には失業率は四・

表1－3　失業率

	完全失業率		完全失業者数		就職率（大卒）
		15～19歳		15～19歳	
1970	1.1	2	59万	6	78.1
1980	2.0	4.1	114	6	75.3
1990	2.1	6.6	134	12	81.0
1995	3.2	8.2	210	12	67.1
2000	4.7	12.1	320	16	55.8
2001	5	12.2	340	16	57.3
2002	5.4	12.8	359	16	56.9
2005	4.4	10.2	294	11	59.7

出所）完全失業率は『厚生労働省統計表データベースシステム・統計要覧』（http://wwwdbtk.mhlw.go.jp/toukei/youran/data17r/B-12.xls）就職率は『文部科学統計要覧（平成18年）版』（http://www.mext.go.jp/b_menu/toukei/002/002b/18/017.xls）により作成した。

四％までに減少している。

犯罪については少し説明が要る。刑法犯認知件数は、九〇年におよそ二二一万件だったのに対して、二〇〇〇年には三二五万件になった。この一〇年間で非常に増えているという印象がある。しかし認知件数については、「前さばき」（逮捕できる可能性が低い場合、書類を作らないですます）をやめたことなどが件数を多くしているという見解もある。人口一〇〇万人あたりの殺人率も一九五五年から一貫して減少していると指摘もある(4)。

刑務所が不足していると言われているのだから、受刑者数が増えている、したがって犯罪が増えているのではないかと推測できる。たしかに〇四年度の刑期別年末在所懲役受刑者数は六万三七四六人であり、一九六〇年以降でもっとも多い。しかし、これについては厳罰化が原因で増えているという見解もある(5)。

犯罪統計の問題点を指摘している河合も「微減から横ばい、そして微増に転じているように見えることも重大である(6)」と述べているように、認知件数の微増や強盗致死事件の発生率の増加なども問題である。子どもの犯罪がしばしばテレビや新聞で報道されるので、犯罪が増えていると思われている。つまりメディアの報道に原因があるという意見もある。けれどもセンセーショナルな報道が原因であるとしても、国民が「治安が悪くなった」と感じていることが問題である。

二〇〇六年九月に実施された世論調査によれば、最近の治安について「悪くなっている」三八％、「どちらかといえば悪くなっている」四二％を合わせると八〇％になっている。

自分や家族が巻き込まれる可能性があると不安に思う犯罪は「空き巣」四三%、「振り込め詐欺や悪徳商法」三〇%、「インターネットを悪用した犯罪」二六%となっている（複数回答）。不安に思う犯罪が身近に感じられ、犯罪の種類も現代の世相を反映している[7]。

一般刑法犯の少年の検挙人員を千人あたりの少年人口比で見ると、一九八〇年代に一四人台に増えその後減少し、〇二年から再び増加し始め一二人台で横ばいに推移している[8]。

少年院教官への調査によれば、「最近の非行少年は変化したか」という問に対して「変化した」と六三・五%が答えている。「処遇困難な非行少年が増えたか」という問には「増えた」が七二・七%となっている。

表1－4　刑法犯認知件数

年	件数
1980	181.2万
1990	226.1
1995	243.5
2000	325.6
2002	369.3
2003	342.7

出所）法務省法務総合研究所編『平成17年版犯罪白書』平成17年、国立印刷局、412頁から作成した。

表1－5　離婚件数

年	件数
1950	8.4
1960	6.9
1970	9.6
1980	14.2
1990	15.8
2000	26.4
2002	29.0
2004	28.4

出所）総務省統計研修所『第55回日本統計年鑑』2006年、総務省統計局、http://www.stat.go.jp/data/nenkan/zuhyou/y0222000から作成した。

「最近の非行少年の処遇において、以前より大きくなっていると感じる規範意識面の問題には、どのようなものがありますか」という質問に対して、上位五〇%以上の比率のアンケート文は次の通りである。「人に対する思いやりや人の痛みに対する理解力・想像力にかける」、「自分の感情をうまくコントロールできない」、「忍耐心がなく、我慢ができない」、「甘えの気持ちが強い」などである[9]。

このような調査データを見ると、非行少年の意識が変化しているように思われる。

一九九〇年に一五・八万件であった離婚件数は、バブル崩壊後一九九〇年代に急増し二〇〇二年には二八・九万件に増加している。二〇代前半で結婚した人では半分が離婚している。離婚率の上昇はとくに四〇歳以上の女性で離婚を肯定する比率が高いことが離婚率の上昇の一因になっている。

離婚率と失業率がほぼ連動している点にも注目すべきだろう(10)。

(2)　日本人の意識の変化

過去の出来事（事件）や各種の統計などを見ると、この一〇年間に日本人の意識が大きく変化してきていることが分かる。アンケート調査を通して、時系列的な変化を辿ってみよう。

ＮＨＫ放送文化研究所は、一九七三年から五年ごとに、全国一六歳以上の国民を対象にして「現代日本人の意識調査」を行なっている(11)。第一回から数えると三〇年を経過し、一六歳の少年も四六歳になった。この中から、九三年一〇月、九八年一〇月、〇三年六月調査のデータを取り上げ、顕著な変化と思われる点を取り上げてみたい。

図１－１　政党支持率（全体）

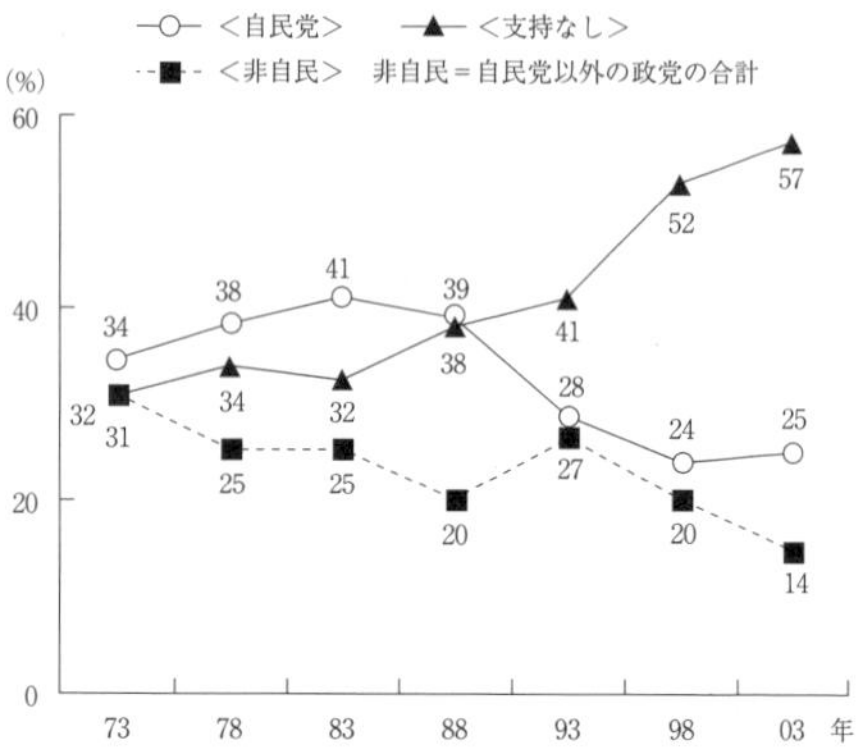

出所）NHK 放送文化研究所編『現代日本人の意識構造』日本放送出版協会、2004年、107頁。

まず政治に関する意識である。この時期、表１－１のように、三八年間つづいた自民党単独政権が崩壊した九三年の細川連立政権誕生から〇一年の小泉政権発足まで六つの内閣が交代している。アンケート調査は九三年一〇月に実施されている。それに先立つ八月に細川政権が誕生し、自民と非自民の支持率がほぼ拮抗している。九八年の調査時までに自民社会さきがけの連立政権が誕生している。

政党支持率を見ると、支持政党なしは九三年四一％、九八年には五割を超え、〇三年には六割に近くなり、一〇年間で一六％増加した。

小泉政権が二〇〇一年四月に誕生した後の〇三年には、自民支持率は九八年よりも少し増えている。

九三年から〇三年までの間に、端的に言えば、非自民が減少し、減った分が支持なし層に移っている勘定になる。九八年と〇三年の時期、政治に対する有効性感覚が薄れている。「私たち一般国民の意見や希望は、国の政治にどの程度反映しているか」という設問に、「まったく反映していない」がそれぞれ三三％、二九％となっている。九三年は一九％であった。

「国会議員選挙の時に、私たち一般国民が投票することは、国の政治にどの程度の影響を及ぼしていると思いますか」という設問に対して、九三年時にはプラスの評価（有効性を感じている人〈強い〉＋〈やや強い〉の比率）が五

図１－２　政治的有効性感覚「選挙」

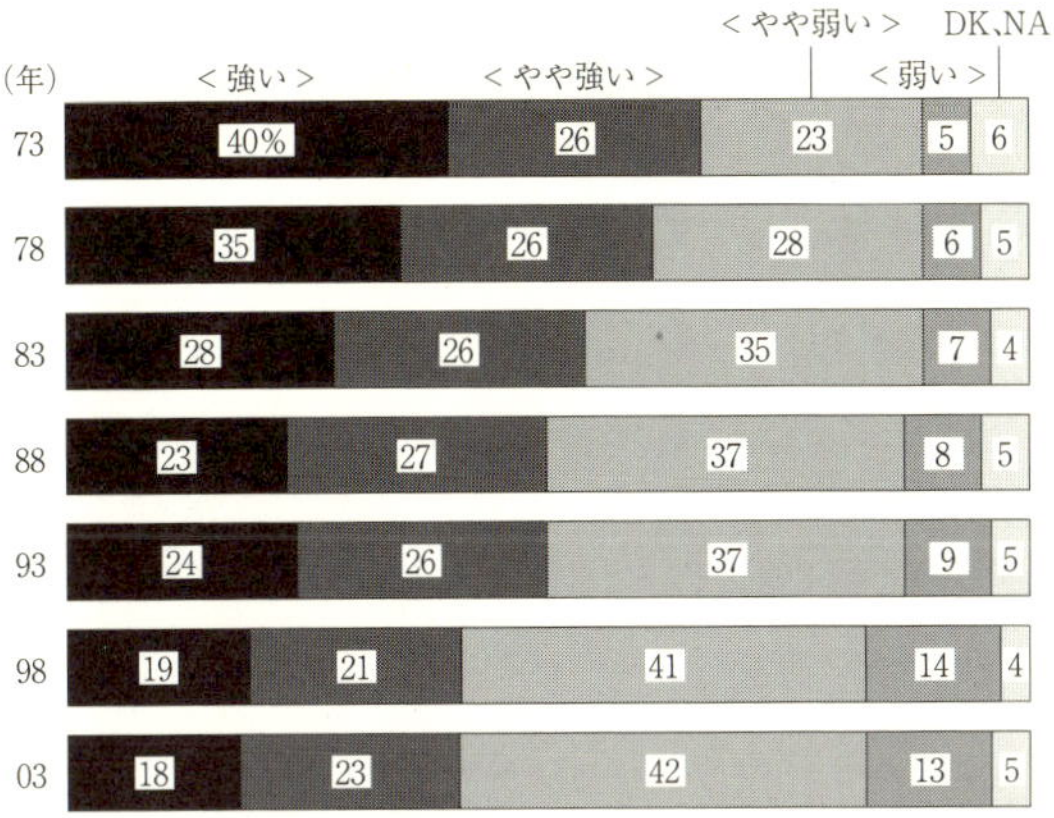

出所）前掲『現代日本人の意識構造』84頁。

図１－３　政治的有効性感覚「デモなど」

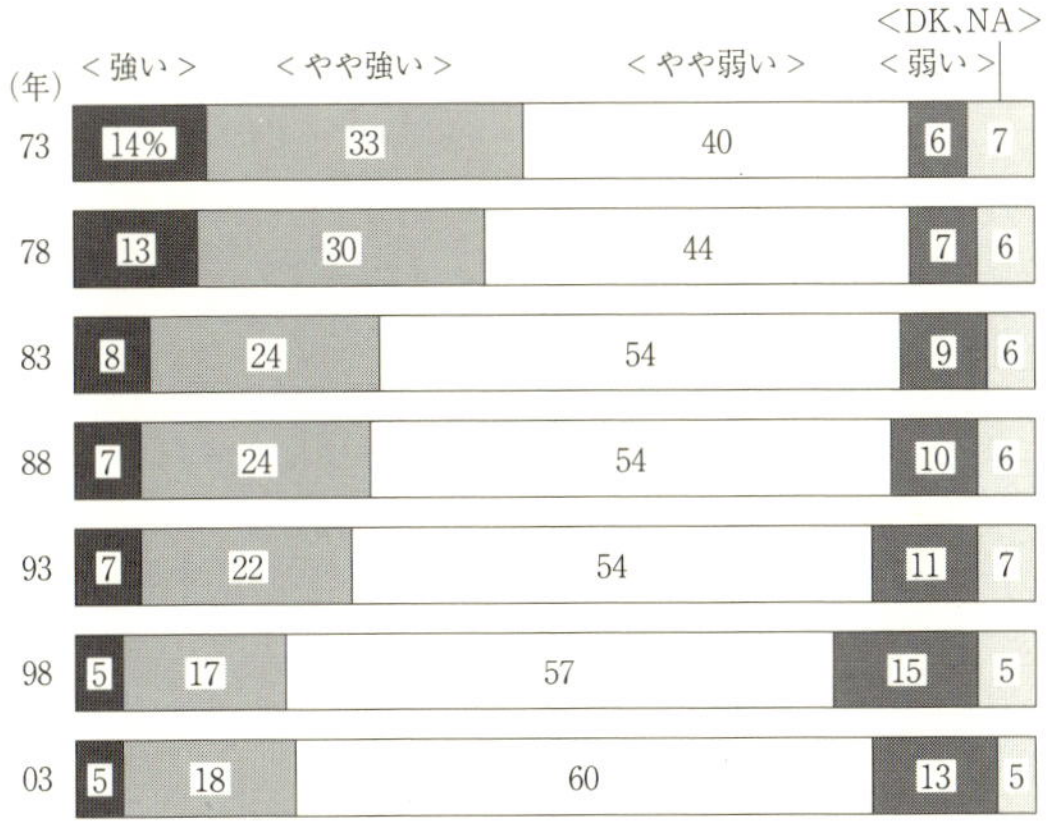

出所）前掲『現代日本人の意識構造』81頁。

○%、九八年は四○%、○三年は四一%であった。逆に、マイナス評価（有効性を感じていない人〈弱い〉+〈やや弱い〉の比率）は、図1-2のように、それぞれ四六%、五六%、五五%と九八年以降は無力感が増している。

「デモ、陳情、請願が国の政治にどの程度影響を及ぼしているのか」という設問に対しては、その回答比率は制度的な有効感よりももっと低い。図1-3のように、マイナス評価が九三年の時点で六五%に達しており、九八年七二%、○三年七三%と増加している。

こうした低下傾向は若い世代ほど大きくなっている。

「今、日本の政治が取り組まねばならない課題」についてはどのような変化が見られるのだろうか。

設問の項目は、図1-4にあるように、経済、福祉、参加、文化、権利、秩序、外国との友好などである。

最も重視されていたのは、九三年までは「国民の福祉を向上させる」であり、三七%を占めていた。ところが、九八年と○三年は「日本の経済を発展させる」が四八%となった。これに比例して福祉の向上が、それぞれ一八%、一四%と減少した。

過去、経済の発展は経済が不況になると選ばれている。

図1-4　いま、一番重要な政治課題

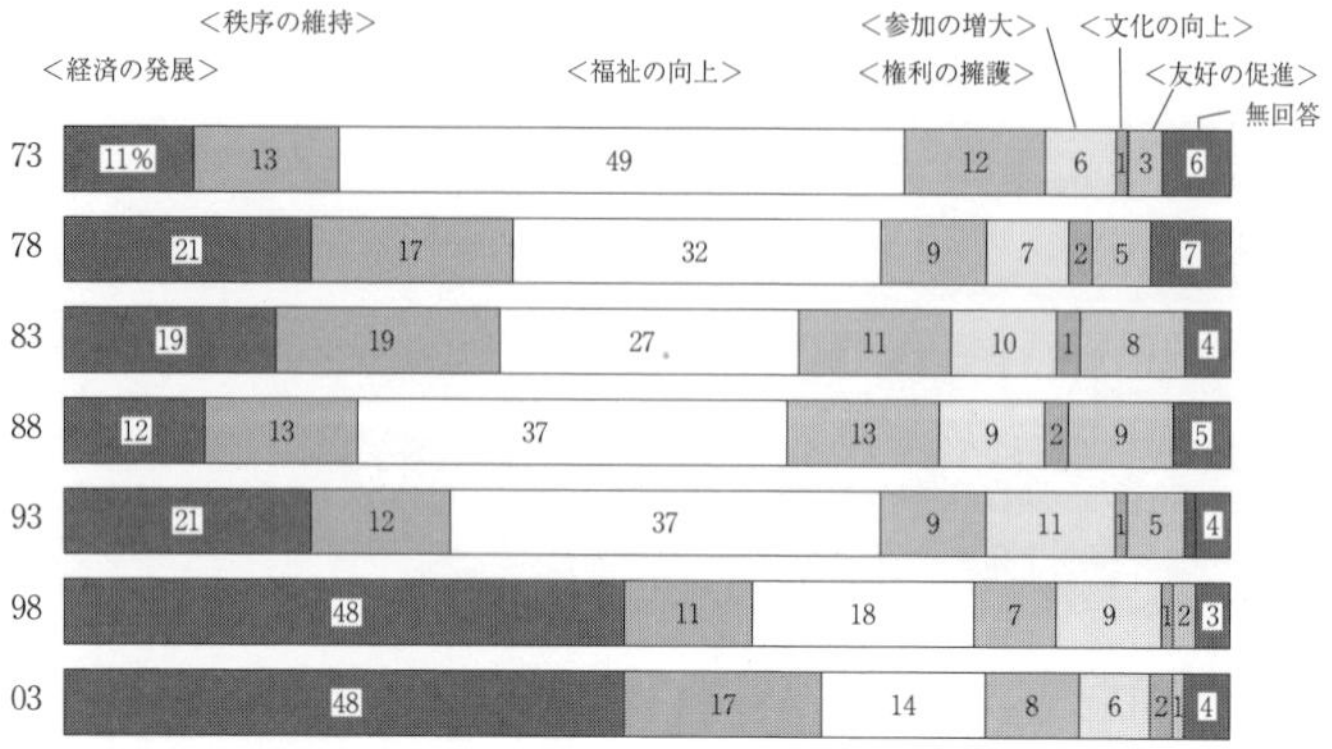

<経済の発展>日本の経済を発展させる　<権利の擁護>国民の権利を守る
<福祉の向上>国民の福祉を向上させる　<秩序の維持>国内の治安や秩序を維持する
<参加の増大>国民が政治に参加する機会を増やす　<友好の促進>外国との友好を深める
<文化の向上>学問や文化の向上をはかる

出所）前掲『現代日本人の意識構造』73頁。

もう一つ、〇三年には「国内の治安や秩序を維持する」が日本の政治課題の二番目になった。刑法犯の認知件数の評価については異論があるが、数字的に見ると、国民には不安感がある。犯罪検挙件数の減少もあるのだろう。

制度や日本の課題などのようなタテマエの部分以外に、人間関係や生き方の面でも変化は進行している。

「血縁関係としての『親戚』、地縁関係としての『近隣』、機能的集団としての『職場』」においては、限定的な付き合いが望ましいと思われるようになっている。

親戚とのつきあいは、「なにかにつけ相談したり、助け合えるようなつきあい」（全面的なつきあい）は減っている

図1-5　望ましい人間関係

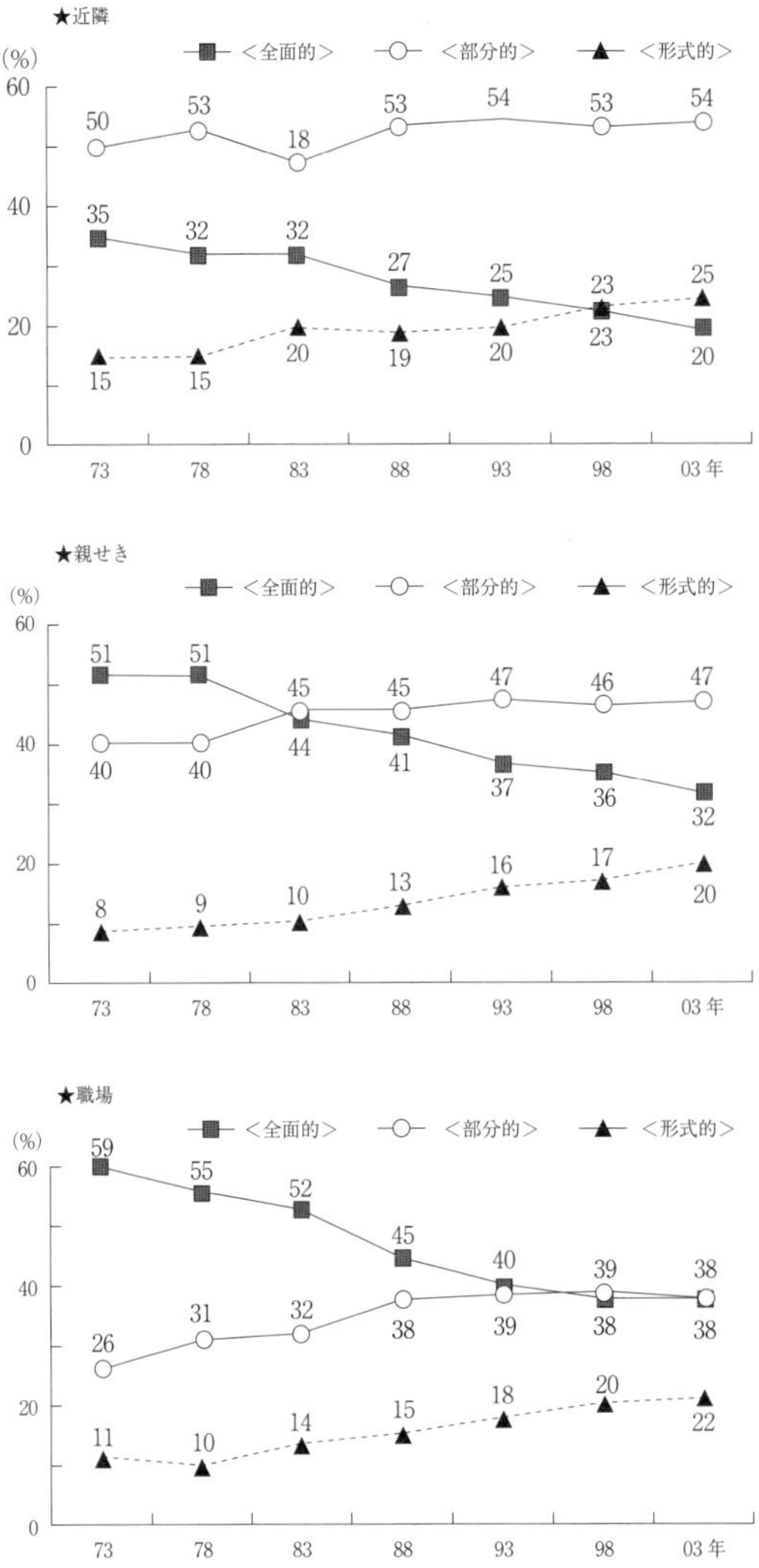

出所）前掲『現代日本人の意識構造』195頁。

図1-6　生活目標の推移

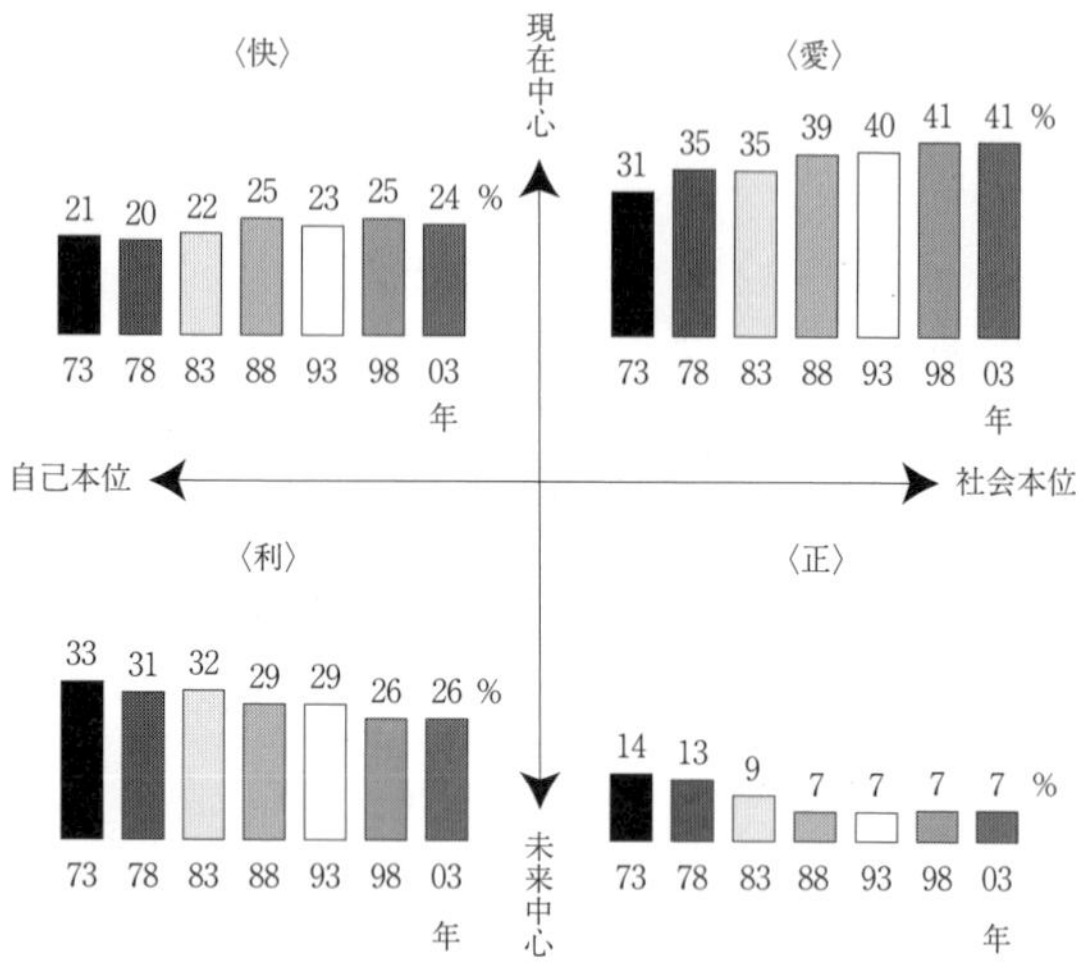

出所）前掲『現代日本人の意識構造』210頁。

のは予想できる。アンケートを取り始めた七三年には、深い付き合いはもっとも多かった。しかし、八三年以降、漸次的に減り続けている。

隣近所のつきあいについては、右記のような深い付き合いは、〇三年からもっとも低い数値になっている。

最後に、職場の人間関係である。九三年以降、「仕事が終わってからも、話し合ったり、遊んだりするつきあい」と全面的なつきあいが拮抗している。不況、解雇、契約・派遣・パートの増加、終身雇用制度のゆらぎなど、職場での人間関係を揺り動かす要因は多い。後に格差のところで見るように、職場がよりどころでなくなっていることが不安感を一層助長している。

いずれの面でも深い付き合いが減り、弱い人間関係になっている。

最後に、生活目標である。アンケートの実施者は、生活目標は「他の多くの意識がその方向を決定する要因となっている帰結点」と位置づけている。

アンケート項目は以下の通りである。(12)

1　その日その日を、自由に楽しく過ごす　〈快〉志向

2　しっかりと計画を立てて、豊かな生活を築く　〈利〉志向

3　身近な人たちと、なごやかな毎日を送る　〈愛〉志向
4　みんなと力を合わせて、世の中をよくする　〈正〉志向

結果は、図1-6にあるように、〈愛〉志向がもっとも高く（四一％）、〈正〉志向がもっとも少ない（七％）。〈正〉志向の減少は、社会への関心がますます薄くなり、自分中心に移っていることを表している。

また、〈快〉と〈愛〉を現在中心、〈利〉と〈正〉を未来中心と分類し、現在中心が全体の三分の二になっていると分析している。年齢層で見ても、現在中心が優位に立っている。

政治的な有効感が薄れ、人間関係も弱くなり、社会への関心もなくなっている。そして、今さえよければという意識が強くなっている。

3　若年層の格差

最近、クローズアップされているのが格差である。

橘木俊詔『日本の経済格差――所得と資産から考える』（岩波新書、一九九八年）が火付け役になり、「中流崩壊論争」が始まった[13]。この論争は二〇〇〇年を中心に展開された。

その後、二〇〇五年衆議院総選挙にライブドア社長の堀江貴文が立候補する前後から、「勝ち組と負け組」が社会的に注目を集めた。

二〇〇六年に入り、一月一九日に、内閣府は「月例経済報告等に関する関係閣僚会議」で経済格差を確認する統計データはないと報告した。二月には、衆議院予算委員会における予算案の審議の中で「勝ち組」と「負け組」の二極化が進んでいるという批判に対して、小泉首相は反論した。国会においてで構造改革が格差を生んだのではないかと

政治問題化した。八月以降、ポスト小泉を巡り、格差社会の是正が自民党総裁選の争点の一つになった。民主党も格差是正を自民党との対立軸にしている。(14)

こういう流れであるが、二〇〇六年八月に出版された『論争　格差社会』(文藝春秋)では、格差社会を巡る論争が本格的に始まったのは、二〇〇四年としている。(15)この年に、玄田有史・曲沼美恵『ニートーフリーターでもなく失業者でもなく』(幻冬舎)、山田昌弘『希望格差社会』(筑摩書房)が出されたからである。

しかし、格差の問題は中流崩壊論争に起点を求めた方がよい。所得の格差、世代間の格差、教育・学歴による就業上の格差は相互に関連して絡み合っている。(16)

格差論争の一つである、苅谷が論じた学習意欲と学歴の関係を取り上げる。

(1) 学習意欲の階層格差

苅谷は「『中流崩壊』に手を貸す教育改革——個性教育が広げる『機会の不平等』」(『中央公論』二〇〇〇年七月号)において、中央教育審議会答申「二一世紀を展望した我が国の教育における教育のあり方について」(一九九七年)の人間観を問題にしている。「自ら学び、自ら考える」個人、「主体的・自律的」に行動できる「強い個人」である。強い個人は誰でもなることができ、自己責任を担うことができる。したがって強くなれないのは個人の責任である。強い個人を作り出すために学ぶ意欲を育てることができるという考え方を、苅谷は批判している。(17)

苅谷が分析の対象としているのは、一九七九年と九七年の高校生を対象とした調査結果である。

まず学習意欲の低さを確認する設問である。「落第しない程度の成績をとっていればいいと思う」という設問に対して、七九年の時点で、母親が中卒の場合の比率が一番低く、大卒とでは六%程度の差がある。九七年になると、中卒と大卒の母親とでは、前者が二五%程度高くなっている。中卒、高卒、短大・高専卒、四大卒と、学歴が高くなる

図１－７　「落第しない程度の成績をとっていればいいと思う」（母学歴・年度別）

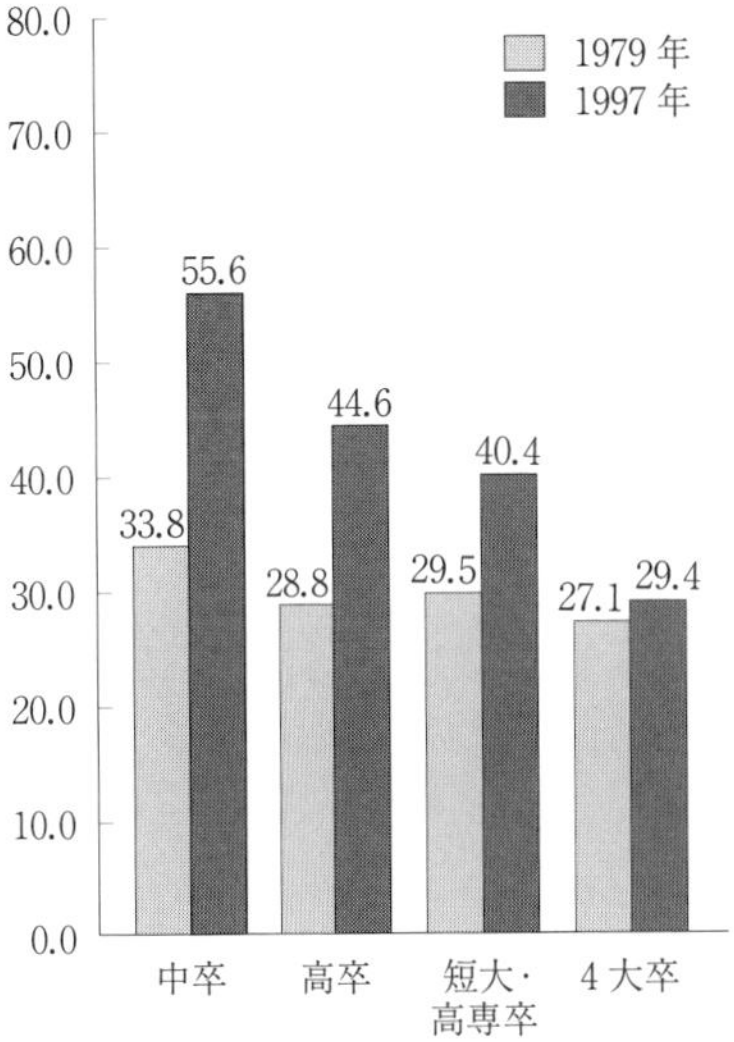

出所）苅谷剛彦『階層化日本と教育危機』有信堂、2001年、182頁。

図１－８　「授業がきっかけとなって、さらに詳しいことを知りたくなることがある」（母学歴・年度別）

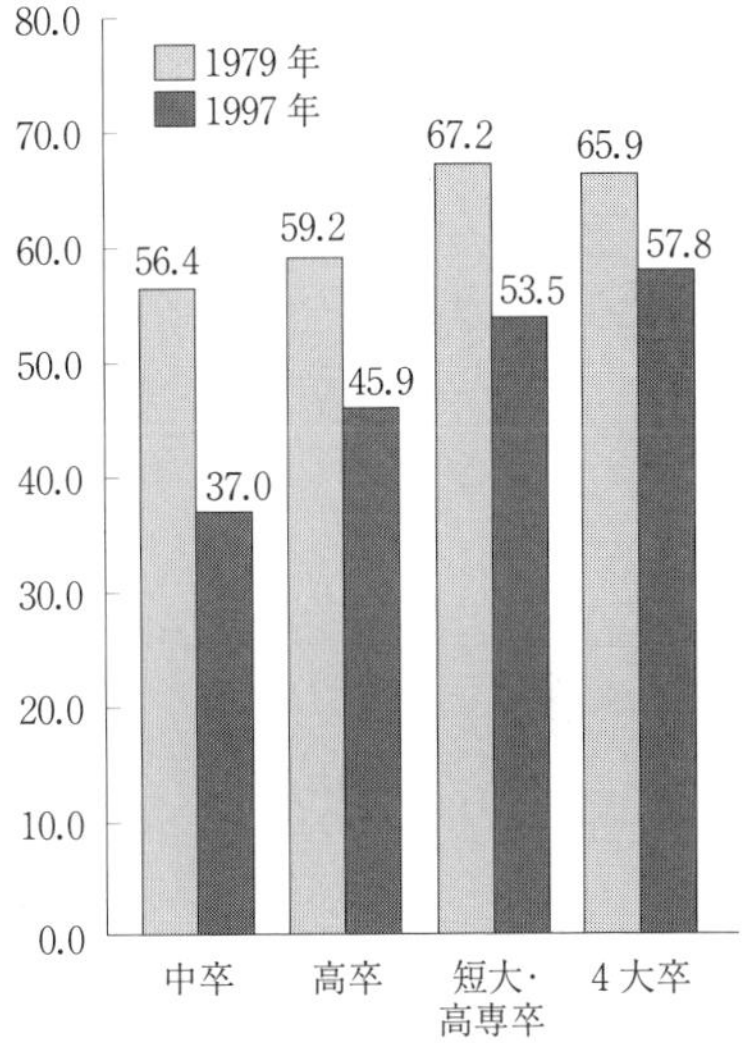

出所）図１－７に同じ。

につれて、比率が低くなっている。

知的好奇心を尋ねた設問では、学習意欲の場合と同じように、四大卒がもっとも高くなっている。七九年と九七年では中卒と四大卒の差は大きくなっている。

親の学歴によって、子どもが競争のスタートについた時にすでに差がある。

学歴（母親）を勉強時間とクロスさせている調査では、高卒の母親をもつ中高生が「ほとんど勉強しない」が三三％であるのに対して、大卒は三分の一の一〇％である。二時間以上勉強している中高生は、大学・大学院卒の学歴をもつ母親である。(18)

意欲に階層差があることを苅谷の調査は明らかにした。

人々の心理や意識が行動に及ぼす影響に注目しているのが、山田昌弘の『希望格差社会』である。努力すれば目標が実現できると思えば努力できる。しかし努力しても無駄であるとか、努力してもし

図1－9　「母親の学歴」と「勉強時間」

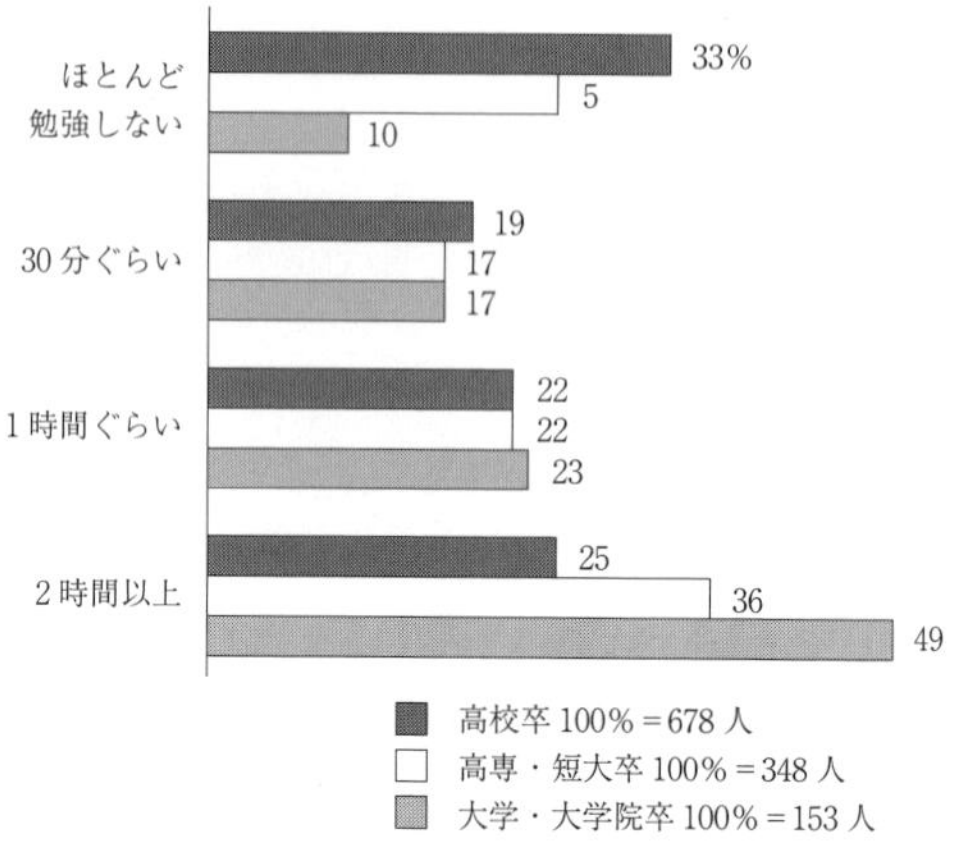

出所）NHK放送文化研究所『放送研究と調査』2002年12月号、日本放送協会、17頁。

なくても同じであると思えば、努力を放棄するという山田の主張は説得的である。

戦後、日本社会を支えてきた家族も企業も労働組合も、その役割を果たさなくなっている点にも注目すべきである。[19]

(2)　若年層の雇用格差

失業率は、二〇〇二年の五・四%をピークに下がっている。若年（一五～一九歳）の失業率は、すでに述べたように、九九年以降一〇%を越え、全体の失業率と同じ傾向を辿っている。しかし、若年の失業率は他の年齢層に比べて高く、〇五年の時点でもなお一〇%を越えている。とくに男性の失業率は、二〇〇二年には一五・二%と非常に高い比率になっている。雇用問題の矛盾が若者に集中している。海外への工場の移転により製造業などでは、高卒の雇用が減少している。大卒を採用して社内において教育をする余裕のなくなった企業は、即戦力を求め、新卒の採用を絞った。二〇〇〇年には五五・八%まで就職率が下がった。若年層の就職を控えたために、企業は中核的社員の雇用を優先できた。[20]

そのために、いわゆるフリーターとかニートと呼ばれる若者が増えている。[21] 人件費の削減や景気の変動に備え、いつでも解雇できるパートとかアルバイトと呼ばれる人たちを採用してきている。『労働経済白書』によれば、フリーターは二〇〇三年二一七万人まで増加したが、二〇〇五年には二〇一万人まで減少している。[22] ただし、〇三年から〇五年まで二五～三四歳では横ばい状態である。不況期に正規採用されなかった若年層がそのまま横すべりした形になっている。大部分のフリーターはなりたくてなっているわけではない[23]。

ニートとは進学準備や求職活動もしていない、ケガや病気で療養しているわけでもなく、「特に何もしていない」人々のこと（二五歳未満）である。『ニート』の著者、玄田によれば、二〇〇三年では約四〇万人いると言う。九七年と比べれば、六倍になっている[24]。ニートは家族や親族の給与・収入で暮らし、「人づきあいなど会社の生活をうまくやっていける自身がない」、困った時に相談する相手がいないなどの特徴がある[25]。

フリーターとかニートと呼ばれる現象は心理的な要因からも理解する必要がある。

若年無業者数も一五～一九歳では減少傾向にあるけれども、二五～三四歳では増える傾向にある。若年無業者総数として言えば、〇二年から六四万人と変わりない。

パートや契約、派遣などの非正規雇用が増加しているのも九〇年代の一つの特徴である。

一九九五年、表1－6のように正規雇用は三七九九万人であったのに対して、非正規は一〇〇一万人であった。二〇〇五年には九五年に比べ、非正規は一・五倍になり、一五九一万人、正規は四〇〇万人減少した。

変化の犠牲になっているのは若年層である。

個々の企業には、非正規従業員の雇用による人件費の削減は合理的な行動である。しかし、社会全体としては失業保険、場合によっては生活保護の給付、国民

表1－6　雇用形態別雇用者数　（単位：万人）

年	雇用者	正規従業員	非正規従業員	パート アルバイト	派遣、契約
1985	3,999	3,343（83.6%）	655（16.4）	499（12.5）	156（ 3.9）
1990	4,369	3,488（79.8 ）	881（20.2）	710（16.3）	171（ 3.9）
1995	4,780	3,799（79.1 ）	1,001（20.9）	825（17.3）	176（ 3.7）
2000	4,903	3,630（74.0 ）	1,273（26 ）	1,078（22 ）	195（ 4 ）
2005	4,923	3,333（67.7 ）	1,591（32.3）	1,095（22.2）	496（10.1）

出所）厚生労働省編『労働経済白書』国立印刷局、2006年、24頁から作成した。

保険料の未払い、長期的には様々な経費の負担が生じる。[26]

4 今後の課題

日本社会の質的な変化に関するデータを示してきた。若年層の雇用問題や終身雇用制度の流動化、非正規雇用の増大などの現象が見られた。その前提として、日本ではバブルの崩壊と景気の後退、不良債権の処理という問題があった。

これらの問題を考える際には、次のような点に注意を払うべきである。

まず、平均値を見るだけではなく、内容を分析してみることである。例えば、失業率（〇四年）は全体としては四・四％になり、減少している。しかし一五～一九歳の失業率は、ピーク時の一六％から下がっているとはいえ、なお一〇・二％である。犯罪も同様である。

次に、変化は相互に関連させて見るということである。山田は、家族、企業、組合がその機能を果たせなくなっている点に着目していた。ライシュはオールドエコノミーとニューエコノミーを対比させ、「技術や経済の変化が仕事のあり方やそこからの報酬の支払われ方を変え、さらにそれが人の生き方を変えてしまう」[27]と指摘している。ライシュが描いたニューエコノミーの状況は、今起きつつある日本の状況と類似している、あるいは近い将来、アメリカに起きているような極端な現象が日本でも常態化されるのではないかと予感させる。

失業、離婚、犯罪認知件数の増加などの数値や比率の増加、格差が一時的な現象かどうか、今後注意してみる必要がある。フランシス・フクシマは『大崩壊の時代』の中で、欧米の先進国では地域社会の絆がだんだん弱まり、離婚や犯罪が増え、婚外子が増えたりしている、社会の徳とされているような誠実さ、協力、信頼といったような価値が非常に薄れてきていると述べている。[28] 一見、経済的活動と無縁と思えるような信頼も、社会においていかに大きな役割を果たしているのか、説明している。そして、これらの諸問題は、工業化社会から情報化社会の過渡期に起きている現象であると言う。フクヤマの言う通りであるとすれば、一時的な現象に過ぎないことになる。

ロバート・パットナムは『孤独なボウリング』の中でアメリカのコミュニティの崩壊と再生をテーマにしている。何が社会を衰退させたのか、市民参加を促すためには何をすればいいのかを論じている。衰退の原因を探るために、気の遠くなるようなデータの収集をしている。

つながりをどのように回復していくのか、協力とか信頼とか、そういう理念をどのように創っていくのか。パットナムは社会関係資本[29]というキーワードを使いながら、衰退の原因を追究している。コミュニティにどのようにしたら効果的に参加できるか、強い家族、効果的な学校、安全な居住地域、活気ある公共生活について考えることは、日本にとってもきわめて示唆に富んでいるはずだ。[30]

注

（1）社会党が自民党と連立を組んだことについての支持率は「よくない」が四九％、「よい」を一九％も上回った（草野厚『連立政権——日本政治一九九三〜』文藝春秋、一九九九年、五三〜五四頁を参照）。

（2）原田泰『日本の失われた一〇年』日本経済新聞社、一九九九年、六頁参照。

（3）内閣府編『平成一七年版少子化社会白書——少子化対策の現状と課題』二〇〇五年、ぎょうせい、二二頁以下を参照。少子化については、肯定と否定の考え方がある。最近では、少子化賛成の意見は少なくなっている。賛成反対など、各種の意見を知るには『論争少子化日本』（中央公論新社、二〇〇一年）がよくまとめてある。

（4）長谷川真理子「戦後日本社会における犯罪」（橘木編『リスク社会を生きる』岩波書店、二〇〇四年）、一九二頁。

（5）河合幹雄『安全神話崩壊のパラドックス——治安の法社会学』岩波書店、二〇〇四年、四一頁。

（6）同右、四四頁。

（7）この調査は全国世論調査会によって九月九、一〇日に三〇〇〇人を対象にして行なわれ、回収率は五八・一％であった（「八〇％『治安悪くなった』」『中国新聞』二〇〇六年九月二四日）。
（8）法務省法務総合研究所編『平成17年版犯罪白書』二〇〇五年、四四九頁。
（9）同右、二一八～二二〇頁。
（10）永濱利廣「二〇〇七年に顕在化する離婚予備軍、潜在離婚率は米国に次ぐ高水準に」『エコノミスト』二〇〇五年一一月二日号を参照。
（11）NHK放送文化研究所編『現代日本人の意識構造（第六版）』日本放送出版協会、二〇〇四年。
（12）同右、二〇九頁。
（13）「中央公論」編集部編『論争・中流崩壊』中央公論新社、二〇〇一年、五頁。論争を次の三つに整理している。①所得分析（経済学）―橘木俊詔　②世代間地位再生産（社会学）―佐藤俊樹『不平等社会日本――さよなら総中流』二〇〇〇年、中央公論新社　③世代間の学歴再生産（教育社会学）―苅谷剛彦。
（14）「'06激流政局　小沢民主の挑戦（上）」『中国新聞』二〇〇六年九月一四日。
（15）文春新書編集部編『論争　格差社会』文藝春秋、二〇〇六年、九頁参照。
（16）金子勝「三つの格差『所得・世代・学歴』を突き抜ける道」『論争・中流崩壊』中央公論新社、二〇〇一年を参照。
（17）苅谷剛彦『階層化日本と教育危機――不平等再生産から意欲格差社会へ』有信堂、二〇〇一年、一七六～一八〇頁。自己責任とか自助・自立という言葉をしばしば使っているのは小泉首相である。この言葉は、小さな政府、市場主義を目指すネオリベラリズムの中核にある。この点については、例えば、小泉首相の次の所信表明演説がある。「明確なルールと自己責任原則に貫かれた事後チェック・救済型社会への転換に不可欠な司法制度改革についても、重要課題として取り組みます」、「社会保障の三本柱である、年金、医療、介護については、『自助と自律』の精神を基本とし、世代間の給付と負担の均衡を図り、お互いが支え合う、将来にわたり持続可能な、安心できる制度を再構築する決意です」（一五一回国会における小泉内閣総理大臣所信表明演説、二〇〇一年五月七日）。
（18）勉強時間は中学生で見ると、八二年一一三分、九二年一〇五分、〇二年七三分となっている。減少時間数は八二年からの一〇年間は八分、九二年から一〇年間は三二分と後者の方がより減少幅は大きくなっている（NHK放送文化研究所『放送研究と調査』二〇〇二年一二月号、日本放送出版会、一六頁)。苅谷剛彦はテレビ視聴やテレビゲームの時間数が増えていると分析している(『教育改革の幻想』筑摩書房、二〇〇二年、一二四頁)。

(19) 山田昌弘『希望格差社会』筑摩書房、二〇〇四年、一八八、四一、一三〇頁。

(20) ロナルド・ドーア『働くということ――グローバル化と労働の新しい意味』中央公論新社、二〇〇五年、九八頁、および玄田有史・曲沼美恵『ニートーフリーターでもなく失業者でもなく』幻冬舎、二〇〇四年、九頁を参照。

(21) 大沢は「世界的最強システムを作っていくためには、柔軟な生産体制と安い労働者を活用することが不可欠であり、コスト削減の目的でフリーターが活用されることになる」(大沢真知子『ワークライフバランス社会へ』岩波書店、二〇〇六年、八七頁)。

(22) フリーターの定義は、一九八二年から九七年までと二〇〇二年以降については異なり、男性の継続就業年数が一～五年未満という条件が外れ、後者の定義が広くなっている。「年齢は一五歳から三四歳で、男性は卒業者、女性は卒業者で未婚の者とし、①雇用者のうち勤め先における呼称が『パート』又は『アルバイト』である者、②完全失業者のうち探している仕事の形態が『パート・アルバイト』の者、③非労働力人口のうち希望する仕事の形態が『パート・アルバイト』で、家事も通学も就業内定していない『その他』の者としている」(『労働経済白書』二一頁)。

(23) 安田雪『働きたいのに…高校生就職難の社会構図』勁草書房、二〇〇三年、二四頁。

(24) 『ニートーフリーターでもなく失業者でもなく』二〇頁。

(25) 同右、三六～四八頁。

(26) 『ワークライフバランス社会へ』一二二頁参照。本文に書いた以外にも、「自殺者は三五歳～四四歳の男性で九六年から〇二年にかけて約三倍に増加し」、「生活保護者も〇四年には制度発足以来はじめて一〇〇万世帯をこえた」という問題がある(同上、一〇四～一〇五頁)。

(27) ロバート・ライシュ『勝者の代償――ニューエコノミーの深淵と未来』東洋経済新報社、二〇〇二年、三五三頁。

(28) フランシス・フクシマ『大崩壊の時代』早川書房、二〇〇〇年。

(29) パットナムは、社会関係資本を「個人間のつながり、すなわち社会的ネットワーク、及びそこから生じる互酬性と信頼性の規範である」と定義している(ロバート・パットナム『孤独なボウリング』柏書房、二〇〇六年、一四頁)。

(30) 同右、五〇一、五〇三頁参照。

第2章　琉球レビューと額縁ショー

菅野　聡美

はじめに

戦前のレビュー華やかりし頃、琉球レビューなる異色の企画が上演された。昭和一一年に創設された日劇ダンシングチーム（創設時の名は東宝ダンシングチームであり、昭和一五年に東宝舞踊隊と改称）の演目である。昭和一四年の琉球レビューのほかに、八重山、奄美大島、薩摩、飛騨、東北など日本各地の郷土を取材した演目が上演され、さらに朝鮮、タイ、バリ島、などアジア各地にもスタッフが取材に訪れ、昭和一九年に劇場が閉鎖されるまで活動は続いた。

時代を考えれば、大東亜共栄圏思想の鼓舞であり国威発揚・国策協力の一環とも解されよう。事実、同時代の宝塚や松竹の舞台企画も、戦意昂揚物に傾斜していったことは事実であるし、舞台芸術のみならず、映画・文芸作品などあらゆる芸能・文化に対して、国策への協力・推進が要請された時代でもあった。

こうした芸能・文化の政治利用や自主的戦争協力の諸相にたいしては、様々なアプローチが行なわれており、映画に比して演劇関係への研究はごく少ないとはいえ、宝塚の演目にたいする研究などが存在している(1)。愛国心や郷土愛が喧しく語られる昨今、こうした観点から過去における郷土や民俗の語られ方、使われ方を精査することも重要であろう。

また、琉球レビューに限定して考えれば、本土側の沖縄幻想、沖縄イメージの創出過程の手がかりとして位置付けることができよう。事実筆者も、こうした観点からの研究を行っており、琉球レビューとの出会いも、この過程でのことであった(2)。

しかし本稿では、琉球レビューの仕掛け人である一人の人物・秦豊吉の思想と行動に照準をあわせようと思う。秦豊吉は小林一三に引き抜かれて三菱商事を退社、東京宝塚支配人に就任、日劇ダンシングチームを企画し育て上げた人物である。そして琉球レビューを含めた戦前の舞台企画の責を負って公職追放となる。

公的地位を失った彼は、しかし戦後に別の形で舞台にかかわり、その名をあげる。今度は丸木砂土――かつての文筆上のペンネームであり東宝就職と同時に封印された名前で、額縁ショー即ち日本初のヌードショーの仕掛け人として脚光を浴びるのである。

戦前、時局に適合する「国民劇」を創出し、ご当地レビューを企画した人物が、戦後には反体制とまでは言わぬまでも公序良俗に反するヌードショーや猥褻雑誌で活躍する――秦豊吉と丸木砂土――二つの名前をもつ男が、舞台に何を夢見て何を創出しようとしたのか。それは、戦前・戦後、総戦力戦体制下と占領期、という政治的な場の変転と文化の関係を読み解く一助ともなるであろう(3)。

1　丸木砂土と秦豊吉

(1)　二足のわらじをはく男

秦豊吉は明治二五年日本橋生まれ、父の弟は養子に入って七世松本幸四郎となった人物で、芝居好きの祖母に連れられて舞台を見ることしばしばであった。明治四三年に一高入学、同年には芥川龍之介、久米正雄、菊池寛がいた。大正六年東京帝国大学法学部を卒業し、三菱合資（大正七年に三菱商事となる）に入社する。

大正九年ベルリンに赴任し足かけ七年の滞在中、商社マンの傍ら独文学・演劇の研究を行なう。当時、すなわち一九二〇年代のベルリンは第一次大戦後のインフレで、日本人はにわか成金状態、豊富な資金で外国暮らしを満喫することができた。また敗戦後の苦境にもかかわらず、ベルリンには演劇等絢爛たる文化が花開いた時代であり、秦は後に舞台に生きる上での基盤をなす知識・教養・鑑賞を蓄積した(4)。

秦は学生時代から文芸志向が強く、在学中の大正六年に訳書『若きヱルテルの悲み』（新潮社）を出版し、本名での翻訳活動は本業と並行して継続される。中でも昭和四年の『西部戦線異状なし』（中央公論社）は、半年で二〇万部の大ヒットとなり、翻訳家としての秦の名声を高からしめるものであった。

秦は、商社マンと文筆という二足のわらじだけでなく、文筆活動の上でも二つの名前を使い分け、二種類の活動を展開した。もう一つの筆名が丸木砂土。戦前に関しては、本名で翻訳をし丸木砂土名で執筆活動、と使い分けているが、翻訳でもエロティックな系統のものは丸木砂土の名である。

たとえば、『世界猟奇全集』（平凡社）全一二巻の第一巻、ミュッセの『歓楽の二夜』（昭和六年）を翻訳、第一一巻のジャビタン妃殿下『女の迷宮』（昭和六年）を共訳している。また『性科学全集』（武侠社）全一二巻の第六巻『世界艶笑芸術』を執筆。しかしあいつぐ弾圧・発禁で丸木砂土の活動は次第に狭められてゆくのであった。

(2) 東宝への転身＝砂土の封印

昭和八年、三菱を退社し外遊後、東京宝塚劇場に転職、支配人となる。転職の決め手になったのは、ベルリン滞在時の豊富な舞台観賞経験と演劇に関する豊富な知識である。また、昭和一三年の宝塚少女歌劇団初の海外公演に同行、劇場の手配からリハーサルまで秦なくして初の海外公演の成功はありえなかったのである(5)。そして秦自身もまた、この経験によって、彼なりにショービジネスのあり方、舞台芸術観を構築するのだが、これは後の章で紹介することにする。

東宝就職とともに丸木砂土は封印された。老若男女誰もが楽しめる健全娯楽を目指す小林一三と東宝のイメージのために自主的に猟奇・艶笑物執筆をやめたのだろうか。それどころか学者顔負けの語学力と博識に裏付けられた演劇論・評論の類すら書かれることはなかった。そして、東宝勤務以来、演劇に関する意見を書くことを全く避けてきたのは、演劇は議論ではなく実行だという秦自身の意図したことであった(6)。

以後の秦の社内的地位を先に述べておくと、東宝支配人解任など紆余曲折はあったものの、昭和一五年には社長に就任し、昭和一八年の東京宝塚劇場と東宝映画合併の際は、秦は取締役副社長となっている。昭和二〇年の敗戦当時は東宝の演劇担当副社長であった。

(3) 日劇ダンシングチーム創設

東宝における秦豊吉の顕著な功績のひとつが昭和一一年の日劇ダンシングチーム創設である。

日本劇場は昭和四年に着工されたものの資金難等で中断し、ようやく昭和八年十二月に開場した時は、三千人収容の「陸の龍宮」と喧伝されるも、収支悪化で昭和九年七月には閉鎖されてしまった。経営主である日本映画劇場株式会社と東京宝塚劇場との間で賃貸借契約が成立し、昭和一〇年三月から映画館として営業を開始、五〇銭均一という低料金制を敢行した。同年八月に落語と漫談を映画と併演したのが初のアトラクション導入である。

したがって、日劇ダンシングチームの公演とは、映画館である日本劇場のアトラクションという位置付けで、秦の意図は「世間でいうレビューでなく、どこまでもショーです。内容的にいえば、短時間に強烈な印象を与える点は、映画と同じようにしたい(7)」というものであった。

ちなみに秦の前に日劇再建にかかわったのが猥褻本出版の梅原北明である。チャップリンの『街の灯』をかけ、これは大当たり。続いてマーカス・ショーを招聘している(8)。

しかし、日劇ダンシングチームの評価があがるにつれ、単なる映画の添え物ではなく独立した舞台演目として論評されるようになり、踊りのレベルは、松竹少女歌劇や宝塚少女歌劇のレビューをしのぐと絶賛されるようになった。その秘訣は、ニューヨークのラジオシティ・ミュージックホールのステージショーを手本にした秦が、一人のスターも作らずに一糸乱れぬライン・ダンスを売りものにしようと厳しい訓練を課したことと、秦の慧眼によって日劇のスタッフが非常に充実したものになったことにあった。

主力ダンサーとなった葉村みき子、三橋蓮子らは松竹少女歌劇からの引き抜きであり、琉球レビューや各種民族舞踊の演出を担うことになる佐谷功や当時のトップ・ダンサー益田隆も松竹出身であった。加えて、宝塚で日本初のレビュー『モン・パリ』を大成功させた演出家岸田辰彌、タップダンスの第一人者黒崎清も参加した。これらの才能の結集によって、日劇の華麗な舞台は作り上げられたのである。

また、本格バレエの習得と紹介によって、日本バレエ界の基盤を作ったのも日劇ダンシングチームであったことを忘れてはならない。昭和一二年、ソ連からオリガ・サファイアを招請し、選抜ダンサー達に日本で初めてロシア・バレエの正式レッスンを受けさせた。日劇出身の松山樹子と谷桃子は後にバレエ団を築き、それらは今日も存続している。

東宝国民劇も当時東宝社長であった秦の創案であった。宝塚でパリ風レビューを創出し絶賛されていた白井鐵造を製作責任者として招聘し、「国民全層が娯しめる、明るく、美しい、面白い」（第一回公演につけられたフレーズ(9)）舞台を作り上げようとしたのである。具体的な興行形態は、演劇、音楽、舞踊を融合させ、映画スターをも含めた各分野のベストメンバーで組まれた新しい形式の音楽舞踊劇（広義のミュージカル）一本をメインとし、若干の出し物がつけくわえられた。ここに日劇ダンシングチームも東宝舞踊隊と名を変え参加するのである。

2 『琉球レビュウ』と戦意昂揚

(1) 「琉球レビュウ」の実相

『琉球レビュウ』は昭和一四年に上演された。この企画は、大阪商船開催の沖縄団体旅行の広告ビラを見て秦が思いついたものである。「私は即座に決心して」ダンサーの葉村みき子、演出の佐谷功、舞台装置の島公靖の三名を沖縄に送り込んだ。那覇に三日の滞在で一行は鳩間節、谷茶前節、浜千鳥節を教わった(10)。

舞台には、梯梧（でいご）の大樹が、真紅な重たい花をつけ、青い瓦、白い壁の低い屋根が、いかにも南方異国風であった。開幕第一場は、特に私の案として、蛇と眼球の模様の琉球の漁船「山原船」（やんばらせん）の大きなのを出し、海上の嵐にはためく帆が落ちると、そこに白髪の老人の妖霊が現われた。これはワグナアの「さまよえる和蘭人」の真似である。この清新で、異国的な場面、軽快なリズムとテンポ、新鮮な色彩、これが現代の日本の生活かと思うほど、私は驚嘆した。これでこそ新しい日本のバレーが出来ると確信した。…… 私らも琉球通りに舞台に出したのではない。群舞にし、組合せを変え、筋を加え、振を変え、衣装を描き直して作ったものである。これだけのものを、たった三日間の現地滞在で作り上げた佐谷功と島公靖の感覚は、敬服すべきものであった。東京に住む沖縄県人は、競って見物して、激励やら感謝の手紙を沢山に呉れた。(11)

というわけで、琉球レビューの成功に気を良くした秦は、翌一五年には先の派遣メンバーに音楽担当者を加えて八重山に派遣し『八重山群島』を上演、「全く私らの見たこともない日本の踊りであり、これらをすべてバレー化した私らは、これならば自分の経験から言って、欧州の舞踊界でいうスウェーデン・バレーとか、ウィン・バレーに、優に匹敵し得るものだと信じた(12)」というほど満足のいく出来栄えであった。

さらに両者を一本化して『琉球と八重山』なる作品に仕上げたのだが、「芭蕉の木一本と水平線という、たったそれだけの背景で、『琉球と八重山』一篇にまとめた。これはたった二十分のバレーである。私はこのバレーを、日劇八年の間に作ったものの中の、最高のものだと信じている。欧州の舞台にこれを出したら、必ず驚嘆される自信がある(13)」と述べている。

沖縄企画は偶然の思いつきのようだが、さにあらず。すでに昭和一二年に『大島レビュウ』を上演し、「日本で日本人が作るレビュウが、日本風俗と題材によって、美しく楽しいものが出来るのが当然であり、それが当り前であると信じていた(14)」秦にとって、当然の帰結ともいうべき企画である。事実、アジアを含めた各地の民族舞踊の上演を行なっている。

日劇ダンシングチームと東宝国民劇における郷土・民俗にかかわる演目を挙げると以下のようになる。昭和一二年には、先述の『大島レビュウ』に続き、『九州レビュウ』『大阪レビュウ』。昭和一三年には『東洋の印象』の第二部を「東洋舞踊祭」として、トルコ、アラビア、エルサレム、インド、ジャワ、タイ、バリ島、トンキン、支那、台湾、朝鮮、日本など各地の踊りを紹介。同年には『印度舞踊の試み』も上演されている。そして、昭和一四年に『朝鮮レビュウ』、昭和一五年『八重山群島』『燃ゆる大地・台湾（山の巻）』『日向』『泰国舞踊の試み』、昭和一六年『朝鮮の春』『南米の小品』、昭和一七年『琉球と八重山』『奄美大島の花嫁』『富士山』『薩摩組曲』『飛騨の唄』『東洋舞曲』、昭和一八年『泰の音楽と舞踊』『八重山乙女』『薩摩と長崎』、そして、大劇場が閉鎖される昭和一九年、最後の演目が『バリ島』であった。「バリー島の舞踊は、今までの私らの研究と製作の集大成といっていい。舞台は豪壮、振は絢爛、全場にみなぎるエキゾオティックな香気は、さすがに日本土俗のものの遠く及ぶところでない[15]」としている。

スタッフを現地に派遣する手法は一貫しており、三橋を朝鮮京城に二度も派遣し、「日本人として最初で最後の弟子」として「朝鮮舞踊最後の大師匠というべき韓成俊」に古典舞踊を習わせた[16]。タイもバリ島も同様である。「昭和十四年以来、秦社長の御意見により、東宝舞踊隊はその一方向として、従来田舎くさいものとして省みられなかつた所謂、郷土舞踊の舞台化を計画し、その調査、研究、蒐集に努力し、その成果を日本劇場の舞台に上演して来た。日本の各地には多くの優れた踊りと歌が、人に知られずに埋れてゐる。それを発見することは、我々の大きな喜びであつた。我々は一切の情熱を傾けてこの仕事に熱中した[17]」。

(2) レビューと時局

秦や東宝側の意図とは別に、郷土・アジア民族物は時局が要請するものでもあった。いや、「時局にふさわしくない」娯楽への規制が強まる中、日本・アジア物路線に活路を見出さざるを得なかったことも事実であろう。

「いまや、国をあげて大東亜共栄圏確立を目ざして戦ひつゝある我国の演劇界における、レビュウなり、ショウの取材方法、又は表現形態が、従来の欧米模倣主義より脱却して、その内容を大東亜共栄圏より取材した作品が、めだつて多くなりつゝある。勿論この現象はひとり演劇界の範囲にとゞまらず、あらゆる文学、絵画、音楽等、その他の文化的部門にたづさはる一切のものが、かうした変化をなしつゝある」(18)。

そして、「この郷土の色彩の豊富な郷土舞踊を愛することは、自分達の郷土愛を一層深くし、且又我等の祖国を愛することであり、われわれはそこに、日本民族性の一端を窺ふことが出来、日本民族の誇りをもつことが出来る」(19)からこそ、こうした演目は戦意昂揚に利用され、また戦後において「帝国主義の手先」と糾弾されることにもなったのである。

ここで、もっと露骨な戦意昂揚的演目を、日劇ダンシングチームと東宝国民劇の中から探してみよう。まず昭和一二年の『開戦レビュー』は軍事ものの先陣を切った作品とされており、蒙古襲来、日清戦争時のラッパ手、上海事変、爆弾三勇士、出征シーンなどが描かれた。同年には『進軍バレエ』も上演されている。

以降、タイトルだけを列挙すると、昭和一三年に『燦たり皇軍』『ハイル・ヒットラー』、昭和一四年『乙女と兵隊』、昭和一六年『大陸の印象』『連隊の娘』『爆撃』『東宝慰問隊物語』『志願兵』『大爆撃』、昭和一七年『華やかな進駐』『海道東征』、昭和一八年『阿片戦争』『敵都大爆撃』『楽しき満州』『空征かば』といった具合である。

先述の東宝国民劇にしても第一回公演は『エノケン龍宮へ行く』で、第二回以降は『木蘭従軍』『蘭花扇』『輝く明治』（陸軍省報道部後援）『桃太郎』『少年野口英世』『荒城の月』『印度の薔薇』と、日本を素材とするかアジア物である。

次に比較のため同時代の他のレビュー劇場での演目を見てみよう。『モン・パリ』など欧米風レビューで人気を集めた宝塚でも、昭和一二年「皇国のために」「砲煙」、昭和一三年「満州より北支へ」「軍国女学生」、昭和一四年「花と兵隊」「少国民に栄光あれ」「愛国大学生」、昭和一五年「すめらみくに」「支那の夜」「航空日本」「銃後の合唱」「愛馬進軍歌」、昭和一六年「薩摩軍楽隊」「進め軍艦旗」「総力」「楽しき隣組」と軍国臭濃厚な演目が目白押しであった。

一方松竹では、昭和一二年七月の浅草国際劇場（三六〇〇人収容）開場時に『メイド・イン・ニッポン』、そして日中戦争開始で『輝く艦隊』『愛国行進曲』『世界に告ぐ』『興亜の春』など時局物が続々登場する。以後昭和一四年『見て来た大陸』『防共の誓い』『白虎隊』『少年航空兵』、昭和一六年には大ヒット映画『蘇州の夜』のレビュー化、昭和一七年『アジアの力』、昭和一八年『一億の合唱』『銃後の尖兵』というわけで、戦意昂揚的演目は数多いが、日本の地方民俗に着目した企画、アジア各地の民族舞踊の紹介という点では、東宝の企画が突出している。

(3) 演劇と帝国主義

昭和一〇年代のレビューは戦時色一色に塗りつぶされていたと思われそうだが、それは違う。時局適合演目を創出する一方で、全く無関係な演目も提供されていたし、また人気を集めていたのである。

日劇に限っていえば、昭和一二年の『魔術の秋』には秦の好んだ魔術団が登場し、人体胴切りや首のすげ替えなどの奇術を公開し、毎日何回かの客止めを行なうほどの盛況ぶりであった。昭和一三年にはアメリカ映画『オーケストラの少女』上映にちなんで『ダンシング・タイムス』と題したショーで見事なライン・ダンスを披露。「当時のモダン・ボーイにとって、銀座のトリコロールで美味しいコーヒーを飲んで、日劇のライン・ダンスを見ることが、モダニズムの象徴とまでいわれるようになった[20]」のであった。

また同年の『南十字星』は、ボールルーム・ダンスと音楽の研究でヨーロッパを回り、南北アメリカにまで足を伸ばした旅から帰国したばかりの高橋忠雄の才能に目をつけた秦が、彼にショーの製作を依頼し、南米の郷土的な音楽と踊りをレビュー化したものである。特別出演の淡谷のり子が「ラ・クンパルシータ」「ルンバ・タンバ」を歌い、ヒット曲となった。高橋は同年に第二作『踊るランチェラ』、昭和一四年に『タンゴとは何ですか』の構成・演出・振り付けを行っている。

また、昭和一四年の『波蘭レビュー』『メキシコの旅』（いずれも欧米遊学から帰国した益田の構成・演出・振付）など大東亜共栄圏に関係のない地域ものも存在しており、アメリカ帰りの伊藤道郎による『プリンス・イゴール』も一カ月近くのロングランとなっている。昭和一七年になっても『アルルの女』（白井演出）が上演されていたことも指摘しておきたい。

一方「享楽的な南方では、演劇と音楽によつて指導するのが最も効果のあること(21)」とされ、例えばフィリピンの音楽文化は、インテリがジャズやタップダンスなどアメリカ文化に盲従していると指摘し「斯かるアメリカ主義の耽溺を正しい教育に依つて完全に打ち砕き、……正しい東亜音楽の真の魂を基礎として真剣なる大東亜共栄圏の文化を建設するやうに極力指導して行かなくてはならない(22)」といった演劇・舞踊の露骨な政治利用が目論まれていた。「戦争に勝つた日本人は、文化工作にも勝たねばならない。石油とゴムの研究に劣らず、芸術の研究もされねばならぬ。ジヤワやバリの舞踊をたゞ珍奇なものとして見物するのでなく、その宗教的な起源も、生活との深い結び付きをも研究しなければならぬ(23)」のである。

しかし、そうした意図のもとに上演されたとしても、観客層にそうした政治的効果を及ぼしたとは限らない。「日支の交戦正に酣《たけなわ》ならんとするとき『開戦レビュー』という主題を捉え、銃後の市民の愛国的情熱を煽ることは、千や二千の寄附金の及びもつかぬ国家奉仕である。それほど堅苦しく言わないでも、こういう主題のショーによって市民を吸収することは、興行師として洵《まこと》に立派な智謀である。だが、甚だ残念なことに、企画と内容とは必ずしも一致しない。……観客は感激するどころか、げらげら笑いつづけていた(24)」。

人々は非時局的な娯楽に殺到したし、時局的な演目に接したとしても当局が望む受けとめ方をするとは限らないのである。また戦後の視点から演目・内容を単純に「時局便乗」と切り捨てることは、事の本質を見失うことにもなるであろう。

琉球レビューやその他一連のアジアもの企画を、時局便乗の戦意昂揚物とかたづけるのは考えものである。なぜなら、秦はこれらの企画にたいして戦後においても誇りと自負を表明しており、自らの戦争協力を「なかったこと」のように封印・無視する凡百の文化人とは一線を画すからである。

日本のものでも、舞楽に手をつけ、何とでもして「日本のバレー」を完成したいと努力した。しかしこれも手をつけ初めてから、僅か五年間の仕事であったが、日劇ダンシングチームは、日本舞踊史に一時代を作ったものと称せられ、もし大戦によって中絶さえしなかったら、更に五年の後には、世界の劇場に出して恥じない「日本バレー団」として完成出来たものと、今でも私は固く信じ又残念に思っている。(25)

琉球レビューについても、「終戦後東京でも、琉球舞踊会を催しているが、これを戦前にすでにバレー化し、管弦楽化し、外国に出して恥ずかしくない、立派な形のものに仕上げておいたことは、日本のために、私達の大いに誇りとするところである(26)」と述べ、事実、昭和二三年の日劇ダンシングチーム復活公演の演目は『琉球と八重山』であった。

秦において日本の舞台芸術構築の論理は戦前戦後と一貫しており、それが次章で述べる戦後の帝劇ミュージカルにも結実している。戦時下だったからアジア・日本だったのではない。

3　丸木砂土復活

(1)　公職追放とヌードショー

戦前戦時下と東宝において秦豊吉は顕著な活動をしてきた。だが皮肉にも、この時期の成功こそが彼の戦後における活躍の場を奪ったのである。かつて賞讃されたもの、大劇場において「正当な」地位を有し、意図はともかく時局の要請にも適合し、少なくとも体制に抵抗・批判をしなかった「真っ当な」活動こそが、糾弾の対象となる時代が訪れたのである。公職追放によって、秦豊吉は表立った活動を許されなくなった。様々な規制が解除され、自由な舞台芸術創設が可能となった時代に、全く身動きがとれなくなったことは、秦にとって実に残念なことであった。

秦豊吉が表舞台から消え去ることを余儀なくされた時、東宝就職とともに埋もれていた丸木砂土が再び顔を出す。執筆活動も大々的に再開した。昭和二二年に公職追放、これを機に文筆活動を再開し、東宝時代に控えていた丸木砂土名を堂々と使い出した。追放によって秦の名こそがむしろ遠慮される時代となったのである。昭和二四年『夫婦生活』が創刊されると、ハウツー・セックス物の連載を丸木砂土名で行ない、『内外タイムス』の「粋人酔筆」欄の常連でもあった。

そして、秦ならではの舞台活動が、今度は丸木砂土の名において展開される。それらは追放によって大舞台から遠ざけられたからこそ可能となった企画である。その嚆矢が日本初のストリップショーと称される、帝都座での額縁ショーであり、続く『肉体の門』の舞台化、『チャタレイ裁判』上演など小劇場における活躍なのである。

昭和二一年秋、東宝が所有する新宿帝都座五階の演芸場の運営が宙に浮いていることから、秦は社員ではなく個人

として プロデュースをもちかけられる。かくして昭和二二年正月、日本初のヌードショー、いわゆる額縁ショーが帝都座小劇場で行なわれた。秦のアイデアの原型はベルリンの「生きた大理石象」であり、スタッフには画家東郷青児も加わった。

「小さな劇場で、少人数で、その代りにおもしろいものを、すぐ目の前に見せ、大劇場のやっていることと全く反対のやり方をしようとして、昭和二十二年正月元旦に、帝都座五階劇場は開場した」[27]。「せめて出し物で見物をあッと驚かし、しかも見て気持のよいものを見せたいと色々工夫した揚句、やってみたのが、いわゆる『名画アルバム』」であり「西洋のショウでいえば、極めて古くさい案で、壁画とか扇の柄の彫刻とか、……裸の美人を、そのまま動かずに使ってみせるやり方は、パリでも一時流行したもの」[28]で「ごく古くさい、自慢にもならぬ案」「裸の女を小さい額縁の中に入れて、内外の名画の真似をさせて、ほんの四五秒見せる、というごく幼稚な活人画である」[29]と、秦は自嘲気味に語るが、僅か数秒のヌードを見るために客は殺到、長蛇の列をなし、帝都座の名は大いに高まったのである。

かくして額縁ショー「名画アルバム」は帝都座の名物としてシリーズ化し、この年四月後半からは「丸木砂土ショー」と銘打たれて『女の学校』などを上演、丸木砂土の名も高からしめたのであった。ちなみに表立って活動できない秦と契約をかわして帝都座責任者となり演出に携わったのが、『琉球レビュウ』の佐谷功である。彼は初の額縁ショー『ヴィーナスの誕生』の脚本も執筆している[30]。

また、これを機に「方々に醜悪な、歪曲した真似が出来たのには、全く閉口した」[31]と秦を嘆かせるほどのヌードショー・ブームも到来したのであった。秦自身はヌードで大当たりをとりながらも、単に裸体を見せればよいという風潮には批判的で、新たな企画にとりくんでいく。

(2) 小劇場での試み——『肉体の門』と『チャタレイ裁判』——

「私はどうかしてこの小さな帝都座五階劇場を、ほかに類のない、異色ある小劇場にしたかった。ここでなければ見られないものを上演する劇場である」という秦は、「熟考の上、ショウを休んで」、上演を引き受ける劇場がなかった空気座の『肉体の門』を上演する。敗戦日本でたくましく生き抜く娼婦たちを描いたベストセラー小説の舞台化は、「全日本のどこの劇場をも圧倒した評判を得て、東京だけでも四ヶ月の続演となった。終戦後二ヶ年間に、これだけ大当りの芝居はなかった」という。(32)『肉体の門』は他の劇場でも持ち回り上演され、上演回数七百余回、異常な観客動員数を記録した。

中でも評判となったのが、パンパン同士のリンチ・シーンで、終盤では、両手首をつるし上げられた女が上半身を裸にされてぶたれる。客席から見えるのは裸の背中だけだが、「真っ白な背中の肉が、何も隠さぬ胸へかけて、盛り上って白く輝く」美しさで、「ショウの形でなく、芝居の中に裸体を見せて、沈滞しきって、何の新鮮さもない東京の劇団に、爆弾を投げつけたような効果を挙げた(33)」快挙であった。

そもそも小劇場の演目を考案するうえで秦がイメージしたのがパリのグラン・ギニョールである。秦の言葉を借りれば、グラン・ギニョールとは「殺人劇好色劇と喜劇ばかり上演して、パリ名物となっている」。秦は『肉体の門』を「これに近い脚本」と考えたわけだが、その成功は「戯曲そのものが、敗戦後の日本の現状を、大胆に、如実に描写し、作品も演技も、一切の虚飾も伝説も捨て、はだかまる出しの芝居となり、見物は、何らの知識なく、言葉もなく、作中の人物と同化したからである。これは大劇場では上演出来ない、又新劇の諸君の形式や思想でもやれないものであった(34)」。

次に、戦後にバラックの新宿ムーラン・ルージュを新築した林以文から私見を求められた(35)秦は、グラン・ギニョール的な「女に硫酸をぶっかけられて変相した男が、同じ方法で女に復讐するとか、死んだ女房の葬式が出せなくて、その死体を骸骨の標本に売って、薬品で解かしてしまうとか、そういう一幕物を上演した(36)」。

戦前のムーラン・ルージュの「諷刺、からかい、悪口に富んだコント劇」にたいして、再建後は、「これに凄みとエロティック趣味を盛り込んで」「悪どいといやがられる位の、時代の落首劇場にしたい」「どこまでも、笑わせ、くすぐり、アチャラカで、皮肉で、世の中の悪口を集めた小劇場にしたかった」[37]秦は、昭和二五年には『チャタレイ裁判』を上演する。これは、チャタレイ夫人と門番との逢引シーンを裁判の公判廷でやってみせる趣向で、大道具も不要、小道具はテーブルとイスと台、法服が三着あればできる芝居なので、地方のどこでも上演可能というわけで、地方専門の一座すらでき、それぞれが「東京ムーラン」の名で勝手に公演していたという。

「戦後に私が真先に、舞台に女の裸体を出したのは、十年に渉って骨身に沁み込んだ検閲のつらさのなくなった悦びが、幾分手伝ったようである」[38]というように、戦後のいくばくかの自由のなかで、丸木砂土は、禁断の対象であったエロスを舞台に乗せた。砂土と秦の関係は、どちらかが脚光を浴びる時、もう一方は封印される運命にある。次なるチャレンジは秦豊吉として大劇場を舞台になされることになる。

(3) 追放解除と日本型ミュージカル

昭和二五年一〇月、秦は追放解除となり、一カ月後には帝劇社長となった。社長就任後直ちに秦が着手したのが、帝劇ミュージカルのプロデュースである。第一回公演に越路吹雪を抜擢し『モルガンお雪』を上演。劇中で裸女の活人画を導入、劇評はさんざんだが客席は満員となる。以後、日本を素材とする『マダム貞奴』『お軽と勘平』『浮かれ源氏』『美人ホテル』『天一と天勝』『赤い絨緞』『喜劇蝶々さん』を手がけた。

なぜミュージカルだったのか。「私は日本の演劇が、もっと国際的になるべきだと追放中から思っていた。とにかく東京のどこを歩いても、滞日外人にぶつからないところはない。この位多い外人におもしろいものを見せることは、海外へ輸出したと同じことである。苦労して海外へ出かける前に、まず日本にいる手近な外人に買ってもらう方が、先きである[39]」と考えた秦だが、それは外国人の受けを狙っておもねる路線とは全く異なるものであった。「日本の芸能を外国へ持っていって、どうすれば外国人の理解を得られるかという問題よりも、将来の日本の芸能は、国際芸術として、どういう内容と形式に持ってゆくべきか」が問題なのである[40]。それには外国の形式と手法で、日本の材料をこなし、日本の伝統と地方色を作り直し、国際化し、新しいものにすることだと秦は考えた。

戦前宝塚欧州公演に同行して秦が思ったのは、一、外国でも通用する日本の舞台芸術としては歌舞伎よりも舞踊、特に日本のバレエの方が実現可能性が高い。二、この舞踊の伴奏は、必要な日本音楽以外はオーケストラを使用すべきである。それは土俗的な民族舞踊ではなく舞台芸術として構築するためであり、「西欧の劇場で、ハンガリイでもスペインでも、その国の特有の舞踊を、オーケストラが伴奏するように、日本の舞踊も同様に扱うべき」である。三、将来の日本の舞踊は、重大要素である花柳情趣から、全く独立したものでなければならない[41]。

花柳情趣と縁のないものといえば、日本の田舎にある地方舞踊である。しかし従来の紹介の仕方は「音楽も振もそのままの上演であり、素朴な、力強い振や、単純な衣装の美しさはありながら、まだこれを整理し、複雑化し、さらに舞台芸術化してはいない。しかし日本のフォークダンスを、郷土舞踊から作り上げることが、足の曲ったトウ・ダンスより、はるかに必要であるという確信は、毫厘も変らなかった[42]」。この構想は日劇ダンシングチームのレビューにおいておおむね実現された。

しかし、その頃から秦はレビューという形式の限界も感じとっていた。ヨーロッパではレビュー時代は一九三〇年頃に終わった。それは「世間の見物は、レビユウに飽き、舞台の作者は、種に盡きたからである。なぜ飽きたか。レビユウがいつまでも美しいもの、花やかなものに止ったからである。日本のレビユウでもこれと同じである[43]」。豪華な衣裳や舞台装置、ダンスだけでは観客に飽きられる。ヨーロッパでは「今日ではレビユウの影響を享けて、レビユウ・オペレットとして発達して、最も見物を喜ばしてゐる[44]」。

秦が高く評価するオペレッタ『白馬亭』（シャレル作でベルリン、ロンドン、パリとすでに三年興行が続いていた大ヒット作）は「レビュウ的要素を多分に盛り入れ」「出てくる人物も、背景も場面も、悉く欧州人の誰にも見馴れ聞き馴れた地方の風俗（チロル風俗――引用者）」で「どこまでも平民のレビユウ、大衆のオペレット」であった。(45)

これを東宝国民劇でいくらか実践していた秦は戦後においても、「私は日本の演劇界を圧倒し得るものは、『ミュージカルス』（音楽劇）だと今でも確信している。戦前にも『木蘭従軍』をやって大入の経験がある。……戦前戦後を通じて、ブロードウェイ、ロンドン、みな音楽劇の大勝利ではないか(46)」という。

だからこそ帝劇での初仕事として「『音楽劇』（ミュージカルス）という、音楽による演劇を選び、これを『帝劇コミック・オペラ』（後に帝劇ミュージカルスに改称――引用者）と名づけたのであった。題材をすべて日本に求めたのは、「日本的なおもしろさ、楽しさを、決して忘れてはならない、それを新しい国際的な美しい形に盛り上げる事が、今日の日本の芝居の一つの仕事(47)」と考えたからである。

越路吹雪は大スターとなったが、準備期間が充分にあった第一回、第二回以外は、作品として成功とは言い難く、昭和二九年に帝劇はシネラマ上映に方向転換する。「かくして私は帝劇を去った(48)」。

(4)　大人文化の敗退と美意識なきエロの氾濫

「清く正しく美しく」をモットーとする小林一三のもとで舞台を作りあげた秦豊吉であったが、この二人には決定的な相違があった。小林が育てあげた宝塚少女歌劇のレビューは、「少女歌劇といふ、甚だ変つた組織」による「西洋には絶対に見られない(49)」しろもので、パリ直輸入とうたわれた「モン・パリ」は、「輸入方法には、根本的に誤があつて、どこ迄も一人の裸の女性も現れてこないレビユウになつたので、レビユウは少年少女の好む砂糖菓子のような観る物になり(50)」と嘆いている。

秦にとっては、「美しい裸の女、これこそレビユウの真髄……決して少年少女の観る物ではなく、どこまでも大人の見るもの」で、「私は終戦後に、漂渺として夢幻的な美しいレビユウの舞台を、一日も早く作り、西洋で出来る事、西洋で珍しくも何ともない事なら、やはり日本でも出来る事にしたいと思つて、未だにその意を得ないのを遺憾」と述べている(50)。

帝劇ミュージカルスの「お軽と勘平」は、読売新聞誌上の劇評で「子供づれで見にゆくのは、チトはばかられるので、この種のジャンルを確立した帝劇社長（秦のこと――引用者）」に「再考」を求めるとされた。これにたいして「オペレットというものは、欧米いかなる国の劇壇でも、子供づれで見にゆくジャンルではない。それは飛んでもない見当違いである。パリの二大レビユウも、子供づれで見にゆくものでないと同様である。……色気のないオペレットというものは世の中にはない。……歌舞伎も子供づれで見にゆくものではない。私は大人の男女の娯楽『オペレット』を作るのが目的である(52)」と秦は反論している。

また、『天一と天勝』上演時期に、映画観客実態調査が公表され、浅草新宿の映画入場者七万人の平均年齢は二一歳、二五歳以下が五三％と出たことをひいて、劇評で「青年層は逃げますゾ」と書かれたが、逆に（そんなことを言ってる間は）「日本の新劇もショウもオペラも映画も音楽も、断じて進歩することは出来ないのである。青年層には学生諸君が沢山入っている。オペラの見物が学生諸君である。そんなことは外国では想像できない現象である。……なぜ歌舞伎がつぶれないか。その観客の大部分が金を持った中年以上だからである。日本の映画、演劇、ショウは、すべて中年以上老年の観客を放てきしている(53)」と言い返した。

彼が目指したのは、あくまでも色恋や色気にあふれた大人の娯楽であった。

しかし秦（砂土）が目指した路線はついに成功・定着しなかった。ヌードを禁じる小林の方針を曲げてヌードショーへ方向転換した日劇ミュージックホールも終焉を迎え、現代日本では「可愛いい」ものの偏重が支配的となっている。戦前は客層が若者であった宝塚歌劇に中高年が押し寄せ、ディズニーランドにアニメ、劇団四季など子供連れで見られる類の娯楽に人々が殺到する。いわば大人文化の子供文化への屈服である。

ヘア・ヌードも解禁され、ヌードや性風俗産業は氾濫、「大人の娯楽はたくさんある」という人もあるだろう。だが、秦が目指したような、美意識に裏付けられたエロスではない。

舞台のヌードで名をはせた秦であったが、たとえば「『モルガンお雪』の中に、いわゆるヌード美人を出したのは、日本に少い女性の美しい躰を、美しい姿そのものとして見せるため[54]」であり、美しくない単なる裸体の提示は、いかに観客に歓迎されようと秦の認めるものではなかった。

いかに女性を美しく見せるかに腐心した額縁ショーであったが、「この真似が嵩じて、動かない活人画から動く舞踊めいたものになり、今日のように何でも女がハダカになって、……これがストリップ・ショウと名をつけられ、私などが空想した、パリやニューヨークで見た、小さい美しい新しいショウとは、似ても似つかぬものになってしまいました[55]」「昭和二十四年から二十五年へかけて、東京の小劇場には、西洋ならば、遊女屋の引きつけのように、ただ裸の女が続々と現れるという、バアレスクとも何とも名のつけられない、芸なしのハダカ・ショウが氾濫した。私の予想もしなかったことである」「ガール諸君が、頭が大き過ぎ、乳房が恰好悪く、胴が長過ぎ、その代りに足がへちまのようで、短か過ぎて、その上に曲っていて、こんな醜悪な女性が、生活のためとはいえ、舞台上に、こんな身体をさらすとは、実に気の毒であった」「日本の若い女性にも、こんな立派な体格の女がいる」のかと感心するような稀な女性も「不摂生や荒稼ぎで、みるみる美しさを失い、次ぎ次ぎに姿を消していった[56]」。つまり、美意識なきエロ嗜好によって、ヌードショーは即物的な見世物へと変容し、鑑賞眼なきエロ親父の群れによって消費されることになった。

大きく転換する政治状況を、秦は二つ名を使い分けることによって乗り切った。しかし、一貫した活動の場が与えられていたなら、とも思わざるをえない。戦前戦後と形を変えて立ちふさがる規制と圧力に抗して独自の舞台を創出した秦であったが、いずれも路半ばの感がある。追放解除を「待ちに待った」ためにヌードショーから手を引いたとも言われるが、松竹社長の大谷竹次郎が追放を免れたことは、面白くなかったようである。(57) 秦豊吉は、その舞台芸術にかける夢とエロティシズムへの夢、いずれをも場の変容とその政治性によって阻まれた。そして、そうした障壁は決して過去のものではないのである。

注

（1）たとえば、渡辺裕『日本文化――モダン・ラプソディ』（春秋社、二〇〇二年）、ジェニファー・ロバートソン（堀千恵子訳）『踊る帝国主義』（現代書館、二〇〇〇年）が挙げられる。
なお、筆者は元号表記に賛同する者ではないが、明治・大正・昭和という捉え方が、時代の空気を伝える上で有効と考えるので、昭和までは元号を用いることにする。

（2）拙論「楽園幻想の起源を求めて①火野葦平が愛した琉球」（『琉球大学法文学部政策科学・国際関係論集』第七号、二〇〇五年三月）。

（3）秦豊吉、及び劇場、レビューについて引用文献以外に以下の文献を参照。森彰英『行動する異端　秦豊吉と丸木砂土』（TBSブリタニカ、一九九八年）、大原由紀夫『小林一三の昭和演劇史』（演劇出版社、一九八七年）、東宝三十年史編纂委員会編『東宝三十年史』（東宝、昭和三八年）、永山武臣監修『松竹百年史』（松竹、一九九六年）、帝劇史編纂委員会『帝劇の五十年』（東宝、昭和四一年）、『宝塚歌劇の70年』（『歌劇』別冊）（宝塚歌劇団、昭和五九年）、渡辺裕『宝塚歌劇の変容と日本近代』（新書館、一九九九年）、増井敬二『日本のオペラ』（民音音楽資料館、昭和五九年）、中村秋一『レヴユウと舞踊』（三笠書房、昭和八年）、中村秋一『レヴュウ百科』（音楽世界社、昭和一〇年）、『新興芸術研究3　舞踊・演劇・映画』（刀江書院、昭和六年）。

（4）当時のドイツの状況については以下を参照。秦豊吉『独逸文芸生活』（聚英閣、昭和三年）、村山知義『演劇的自叙伝2 1922-27』（東邦出版社、昭和四六年）、平井正・川本三郎他『都市大衆文化の成立』有斐閣、昭和五八年）。

（5）秦豊吉『宝塚欧州公演日記抄〔私の演劇資料第四冊〕』私版、昭和二八年。
（6）秦豊吉『宝塚と日劇――私のレビュウ十年』いとう書房、昭和二三年、二六二頁。
（7）神谷正久との一問一答（『舞踊新潮』昭和一二年三月号）。
なお、本文中の引用文については旧漢字を新漢字に直している。
（8）拙著『〈変態〉の時代』講談社現代新書、二〇〇五年。
（9）東宝五十年史編纂委員会『東宝五十年史』東宝、昭和五七年、三七二頁。
（10）秦豊吉『劇場二十年』朝日新聞社、昭和三〇年、一〇五頁。
（11）同書、一〇六頁。
（12）同書、一〇七頁。
（13）同書、一〇八頁。
（14）秦豊吉先生を偲ぶ会編『日劇ショウより帝劇ミュージカルスまで〔私の演劇資料第5冊〕』私版、昭和三三年、八七頁。
（15）前掲『劇場二十年』一一一頁。
（16）同書、一一〇頁。
（17）佐谷功「後記」（東宝舞踊隊・佐谷功『日本民族舞踊の研究』東宝書店、昭和一八年）三四六頁。
（18）野口善春「『雪国』に就て」（前掲『日本民族舞踊の研究』所収）二四八頁。
（19）同書、二四九頁。
（20）橋本与志夫『日劇レビュー史　日劇ダンシングチーム栄光の50年』三一書房、一九九七年、四三頁。
（21）寺崎浩「南方の芸能・現状と指導」（『演劇界』昭和一八年一一月）二九頁。
（22）田辺尚雄「南洋の音楽と舞踊」（田辺尚雄他『南方の音楽・舞踊』六興商会出版部、昭和一七年）四頁。
（23）中西武夫「編訳者の序」（中西武夫編訳『東亜の舞踊』教育図書、昭和一八年）一～二頁。
（24）双葉十三郎「日劇ショーに対する常識論」（前掲『日劇レビュー史　日劇ダンシングチーム栄光の50年』）三五頁。
（25）前掲『劇場二十年』一一一～一一二頁。
（26）同書、一〇八頁。

(27) 同書、一七四頁。
(28) 秦豊吉『演劇スポットライト』朋文堂、昭和三〇年、八七頁。
(29) 前掲『劇場二十年』一七四頁。
(30) 「特集　ヴィーナスの誕生　新宿・帝都座五階劇場の一年九ヶ月」（『季刊　the 座』第二二号、一九九二年）参照。
(31) 前掲『劇場二十年』一七六頁。
(32) 同書、一七七〜一八〇頁。
(33) 同書、一七六頁。
(34) 同書、一七八〜一八一頁。
(35) 同書、一八八頁。
(36) 同書、一七九頁。
(37) 同書、一八九頁。
(38) 同書、二九頁。
(39) 同書、一九六頁。
(40) 同書、九〇頁。
(41) 同書、一〇三〜一〇四頁。
(42) 同書、一〇五頁。
(43) 秦豊吉「最近欧洲のレヴユウとヴライエチイ」（『新文芸思想講座』第十巻、文芸春秋社、昭和一三年）三二八頁。
(44) 同書、三三一頁。
(45) 同書、三三二〜三三三頁。
(46) 前掲『演劇スポットライト』一二八頁。
(47) 同書、九六頁。
(48) 前掲『劇場二十年』二三七頁。
(49) 前掲「最近欧洲のレヴユウとヴライエチイ」三二七頁。

(50) 前掲『宝塚と日劇——私のレビュウ十年』一五四頁。
(51) 同書、一五三～一五四頁。
(52) 前掲『演劇スポットライト』一〇〇～一〇一頁。
(53) 同書、一四九～一五〇頁。
(54) 同書、九〇頁。
(55) 同書、八九頁。
(56) 前掲『劇場二十年』一八二～一八五頁。
(57) 同書、一九五～一九六頁。

＊なお本論文は二〇〇四—二〇〇六年度科学研究費補助金・萌芽研究「消費される沖縄——悲劇と楽園／異国と故郷の二重イメージ創出の構造と系譜の思想的解明」に基づく研究である。

第3章　持続可能な発展が意味するもの

丸山正次

はじめに

一九九二年リオデジャネイロで「環境と開発に関する国際連合会議」、いわゆる「地球サミット」が開催され、「リオ・プラス・テン」とされた二〇〇二年ヨハネスバーグでの「持続可能な開発に関する世界サミット」に至るまで、国際的な環境政治の世界でもっとも頻繁に使われるようになった言葉の一つが「持続可能な発展」[1]であることは、後者の会議名称に使われていることに象徴的なように、恐らく間違いのないことであろう。この概念は、世界的な承認を得ているだけではない。日本でも、「環境基本法」の第四条に「環境への負荷の少ない健全な経済の発展を図りながら持続的に発展することができる社会」の形成を基本理念とするとあるが、この条文は一般的には、この概念を考慮して法の基本理念に入れられたと説明されている（阿部・淡路 2004: 33）。

この概念は、それまで「トレード・オフ」とされてきた環境保護と経済成長との関係に関して、両者をいわば統合し、ある種の「ウィン・ウィン・ゲーム」による解決策を提唱する考え方だと見なされている。同時にまた、それは、これまで「環境保護」をめぐって利害が対立しあうと考えられてきた諸種のアクターにとっても、一致点を見出しやすい内容を備えていると考えられている。利害の対立が顕著な国際社会で「コンセンサス」が得られているのも、そうした特徴のゆえだと思われる。

では、この概念によって、われわれは自然と経済との関係を適切に設定できるようになるのであろうか。ここでは、概念の内包と外延を検討することで、この可能性を探りだしてみたい。

1　概念の歴史

最初に概念の歴史から振り返ってみよう。よく知られているように、この「持続可能な発展」の概念が最初に文書として登場したのは、国際的な環境NGOである国際自然保護連合 International Union for the Conservation of Nature（IUCN）が国連環境計画と世界野生生物基金（後の世界自然保護基金）とともに一九八〇年に刊行した『世界環境保全戦略——持続可能な発展のための生物資源の保全 *World Conservation Strategy: Living Resource Conservation for Sustainable Development*』（以下では『保全戦略』と略称する）であった。その序文には、この概念が提唱されるようになった経緯と、それまでの環境保護運動についてのある種の反省が記されている。

環境保全と発展とが結び付けられることはきわめてまれでしかなく、両者は和解しがたいと思われてきた。環境保全主義者自体がこうした誤解を、無意識のうちにではあるが、促進してきた。かれらはあらゆる開発に逆らおうとしているとみなされることを、あまりにも頻繁にかまわないできた。その結果、開発が止まらないだけでなく、とくに発展途上国で、開発に関わる多くの実務家に対して、環境保全は重要でないだけではなく、有害で反社会的だと思い込ませてきた。（序章九節）

この反省にあるように、一九六〇年代以降誕生した新しい環境保護運動では、経済発展と環境保護とはトレード・オフの関係にあり、だからこそ環境を保護するためには、開発の抑制はむしろ当然だという声が、先進国の環境保護運動家の間には一般的に存在した。その際、重要なのは、こうした呼びかけは、すでに「豊かな社会」を迎えていた先進国の人々に対しては、たしかにユートピア的ではあっても、けっして希望を失わせるものにはならなかったことである。「小さいことは美しい」と呼びかけた、シューマッハーの「足るを知る節制の経済」の訴え（Shumacher 1973=1986: 385）は、先進国の物欲に疲れた人々には、むしろ共感を覚えるメッセージとなりうる現実があった。

しかしながら、同じ呼びかけでも、生存レベルぎりぎりの生活をしている人々にとっては、何の魅力もない呼びかけにしかならなかった。否、それどころか、目の前の資源を消費しない限り、明日の命すら望めない人々にとっては、「十年後の満足のためには今日の空腹を我慢せよ」という呼びかけは、単に机上の空論でしかないというよりも、一〇年待たずに死ぬ可能性を高める教えであるがゆえに、犯罪的なものにも思えたであろう。こうした現実認識に立って、『保全戦略』はこう述べている。

まさにその生存が危機に瀕しており、つかの間の幸せの見込みすら断ち切られている人々に対しては、かれらの短期的な欲求よりも長期的な見返りの可能性を優先させるような呼びかけに共感をもって応えるように期待することはできない。したがって、環境保全は短期的な経済的欲求を満たすような処置と結びつかなければならない。しかし、それが自己破滅的なものであってはならないならば、それは持続可能な発展でなければならないし、環

境保全は開発がそのようなものになることを助けるのである。(序章一一節)

この問題認識にあるように、「持続可能な発展」とは、開発をしない限り食いつなぐことすら困難なレベルにある人々を抱える発展途上国の開発を承認しながら、しかもその開発が短期的な欲求充足だけで尽きてしまわないようにする考え方を指していた。言い換えれば、それは発展途上国における新たな開発戦略を指していた。

しかも、ここで注目すべきことは、この持続可能性は、具体的には「生物資源 living stock」の持続可能性であったことである。生物資源とは、天然資源と同じもの、あるいはより厳密には天然資源のなかの非生物資源を除いた生物に由来する資源を指している。こうした資源は、生物自体の生命力のおかげで更新可能な資源となっているが、それが人間による過剰な消費によって、更新不可能な状態に追いやられることが危惧されていたのである。そこで、この『保全戦略』では、具体的な生物資源保全について、次の三つの目標を掲げていた。すなわち、「〔第一に〕人間の生存と開発の基礎となっている基本的なエコロジー的過程 ecological processes と生命維持システム life-support systems の維持、〔第二に〕遺伝子の多様性 genetic diversity の維持、〔最後に〕種とエコシステム species and ecosystems の持続可能な利用を確保することである」(序章七節)。この目標にあるように、持続可能性とは、基本的に、生態系の持続可能性 ecological sustainability を指していたのである。

さて、この具体的な目標を見ると、この概念の形成過程を追ったS・レレが指摘しているように、「持続可能な発展」は、二つの異なる要請を合体させたものであることが判明すると思われる。なぜなら、「開発」に際して考慮されているのは、途上国の人々の社会的条件であるのに対して、もともと林業資源や漁業資源など、将来にわたって資源枯渇が生じないような保全管理での目標に設定されてきた「持続可能性」のほうは、人々を取り巻くエコシステムがもつ自然的制約性、つまり自然的条件への配慮を指しているからである(Lélé 1991: 608-610)。しかも、『保全戦略』は、まさに社会的条件と自然的条件というこの異質な要請の接合を提起したわけだが、それは決して単なる折衷ではなかった。「持続可能性」が「開発」に対する自然的制約原理となるべきだと主張している点を考慮すれば、その「主要な焦点は生態学的な持続可能性にあった」(Baker et al. 1997: 2, 強調はベーカーら)ことが明らかなのである。

ところが、この概念をもっとも有名にしたブルントラント委員会報告『われら共通の未来』(一九八七年、以下では『委員会報告』と略記する)になると、「持続可能な発展」には、いくつかの異なった要素が入ってくることになる。このことは、『委員会報告』におけるこの概念の定義からも伺える。その定義は次のようである。

> 発展を持続可能なものにする、つまり、将来の世代が自らのニーズを充足する能力を損なうことなく、現在の世代のニーズを開発が満たすようにする、そうした能力を人類は保有している(WCED 1987=1987: 8(28))。

これは、一般的に、「持続可能な発展」と言えばこの定義だとされるものであるが、先に見た『保全戦略』と比較したときに強く浮かび上がってくるのは、『委員会報告』の定義では、「現在に生きる人類のニーズ」と「将来に生きる人類のニーズ」という形で人間の欲求充足の持続可能性が目標とされ、生態系の持続可能性は目標からはずされたことである。もちろん、『委員会報告』にも、生態系の持続可能性についての言及がなくなったわけではない。たとえば、「開発のために生態系は複雑な仕組みがくずれ、……一旦絶滅した種は再生しない。動植物種の損失は、将来の世代の選択肢を大幅に狭くすることにもなる」(ibid.: 46(69))ことは認めている。しかし、生態系の限界については、「それを超えると生態学的破綻をきたすという、成長の明確な限界はない」(ibid.: 45(68))というのが、『委員会報告』の基本的姿勢であった。開発にはある種の限界が設けられるべきことを認めながらも、それはけっして自然的に制約される絶対的な限界ではない。むしろ「資源の開発、投資の方向、技術開発の傾向、制度的変革が、現在及び将来のニーズと調和のとれたものになるような変化の過程だ」(ibid.: 9 (29)) として、人間の主体的な判断が限界を定めるというのが、『委員会報告』の主眼であった。その意味では、報告書が「持続可能な発展は、まさに政治的意思にかかっている」(op. cit.) と述べるのは、ここでの「持続可能な発展」概念の非自然主義的な特徴をきわめて簡潔な形で表現したものといってよいであろう。

2 持続可能な発展の類型

前節のわずか二文書における概念の異同にも認められるように、「持続可能な発展」概念は、理解の仕方によって相当な違いが生じてくる。意味論的に見ても、「開発」は明らかに人の意図的で、「管理し、統制された変革過程」を示唆するのに対して、「持続可能性」のほうは、エコシステムの環境収容力内部での継続性を示すので、それ自体は人の意志とは関係のない過程を示している。しかも形容詞の「持続可能な sustainable」と、名詞の「発展 development」との英単語の接合では、名詞に力点が置かれるという英語表現上のレトリックの問題もある。したがって、両者を接合した「『持続可能な発展』の概念は、社会的なるものと自然的なるものの関係を意識的・意図的に統制することを示唆する」(Garcia 2000: 230–231) 点で、まさに環境保護の最深の主題を指し示すことになる。

こうしたことを想起すれば、「持続可能な発展」の概念が、『委員会報告』の定義にもかかわらず、非常に多様な解釈を生み出したことは何ら驚くには値しないと思われる。一九九二年に書かれた「持続可能な発展」関連の文献を検討した論文では、ブルントラント委員会以後、一九九〇年に至るまでで少なくとも四〇もの異なる定義が提起されたとしているし (Brooks, 1992: 408)、後で触れるアンドリュー・ドブソンによる概念整理が試みられた一九九八年の著作では、およそ三〇〇もの定義を集めることができる（Dobson 1998: 33）とも記されている。

こうした多様な定義の存在こそこの概念の特徴でもあるが、それらすべてを逐一見ていくことはできないので、ここでは類型化の試みを基にしてそれらの内実を捉えることにしたい。紙幅の関係で、二つの類型論を見ることにしよう。二つとは、スーザン・ベーカーらのものと、今言及したドブソンによるものである。

(1)　スーザン・ベーカーらの類型化

表3－1はスーザン・ベーカーらが作成した類型化の表（Baker et al. 1997: 9, Table 0.1）である。ここでは、「持続可能な発展」概念の相違が具体的な政策構想において、どのような違いをもたらすかがまとめられている。この表が何をもっとも重要な類型基準としているかは、「階梯」を規定する基準からわかるであろう。それは、表のもっとも下側の項目に挙げられている「哲学」である。この哲学自体についてベーカーらは特段説明をしていないので、簡単な注をつけておきたい。

ここで、「哲学」とされているのは、環境思想の諸言説を区分する際にもっとも言及されることの多い類型基準で、環境思想研究家のティモシー・オリオーダンによって定式化された「技術中心主義」と「エコ中心主義」（O'Riordan 1981）に淵源をもっていると考えられる。

オリオーダンによれば、一九世紀から二〇世紀初頭にかけての環境保護運動の誕生に起源をもつ二つのイデオロギーから派生してきた潮流を反映して、現代の環境保護思想 modern environmentalism には、根深い対立が存在しているという。ひとつの考え方は、「エコ中心主義 ecocentrism」と認定できるもので、それは、「その内部においてあらゆる物事が自然法則にしたがって動いており、その法則は、もっともデリケートで完璧なバランスが、人間がその無知と傲慢さでそこに侵入してくる時点までは、維持されていたのだ」（ibid.: 1）という仮説に依拠する考え方で

表3－1　先進産業社会における持続可能な発展（SD）の階梯

SDへのアプローチ	踏み車	弱いSD	強いSD	理想モデル
経済の役割と成長の特性	幾何級数的成長	市場依存的環境政策、消費パターンの変革	環境的に規制された市場、生産と消費パターンの変革	正しい暮らし方、ウォンツではなくニーズの充足、生産と消費のパターンとレベルの変革
地理的焦点	地球的市場と地球的経済	地域的な経済自足性への初歩的な動き、地球的規模の市場の力を軽減しようとするイニシアティブは軽微	地域的な経済的自足性の強化、地球的規模の市場とのからみでの促進	生命地域主義、包括的な地域的自足性
自然	資源の徹底的な利用	資本による有限資源の代替、更新可能資源の徹底した利用	環境管理と環境保護	生物多様性の促進および保護
政策と領域的統合	非変更	セクターが主導するアプローチ	諸セクターを横断する環境的政策統合	全体論的な領域横断的統合
テクノロジー	資本集約的な生産テクノロジー、自動化の推進	末端処理型の技術的解決、混合型の労働集約的・資本集約テクノロジー	クリーン・テクノロジー、製品ライフサイクル管理、混合型の労働集約・資本集約テクノロジー	労働集約的な適切なテクノロジー
諸制度	非変更	諸制度についての最低限の修正	ある程度の諸構造の改革	政治的・法的・社会的・経済的諸制度の分権化
政策手段と政策手法	伝統的な会計	環境的指標の名目的利用、限定的な分野での市場主導型政策手法	持続性指標の先進的な利用、広範囲に及ぶ政策手法	全領域に及ぶ政策手法、社会的な諸次元に及ぶ指標の洗練された利用
再分配	公平さはイシューではない	傍流イシューとしての公平さ	再分配政策の強化	同世代、および異世代間の公平
市民社会	国家と環境保護運動との極めて限定された対話	トップ・ダウン型のイニシアティブ、国家と環境保護運動との限定された対話	無期限の対話と将来構想	ボトムアップ型のコミュニティ構造と統制、労働を評価する上での新しいアプローチ
哲学	人間中心主義的哲学		エコ中心的ないし生命中心的哲学	

ある。他方、もうひとつの考え方は、「技術中心主義 technocentrism」で、「専門的なエリートによる合理的で『価値自由な』科学的・管理者的なテクニックの応用であり、そこでは、自然環境は、人間が自己に有利な形で自らの運命をそれを使って形成していく『中立的な材料』とみなされる」(loc. cit.)、考え方なのである。「技術中心主義」は後にオリオーダン自身が「人間中心主義 anthropocentrism」と言い換えており、現在では、この対極図式が一般化している。ベーカーらもおそらく、この図式を念頭に置いたと考えられる[2]。

さて、ここでは、こうした「哲学」の相違がどのような「持続可能な発展」観をもつことになるのかを簡単に見ておきたい。

最初に「階梯」のもっとも左側から見ていくと、まず「踏み車 treadmill」アプローチがある。この「踏み車」という用語について、ベーカーらはその由来を述べていないが、おそらく、資本主義システムが不断の拡張性を必要とし、たとえ生態系の破壊があったとしてもその成長を止めることはないとの主張を展開した、アラン・シュネイバーグの「生産の踏み車システム」の語から採ってきていると思われる[3]。言うまでもなく、シュネイバーグは、「踏み車」を否定的な意味で使っているが、ベーカーの表ではそうした価値的な意味が込められているわけではない。むしろ、西欧型の資本主義の拡張によってこそ、発展途上国もその恩恵を受けるようになり、環境破壊がたとえ一時的には起きても、それは技術革新によってやがては解決される。だからこそ、経済成長、それもいわゆるGDPで測定されるような経済成長は望ましくないどころか、むしろより一層進展させるべきだとする考えを、ここでは表示している。こうした見解は、『成長の限界』でのテーゼへの反論として、ウィルフレッド・ベッカーマンやジュリアン・サイモンなどが一九七〇年代から八〇年代にかけて主張していた[4]ものと、基本的に変わってはいないと思われる。そうであるとすれば、ダグラス・トーガーソンが『委員会報告』の「持続可能な発展」概念のあいまいさに関連して指摘していた言語連想が、ここでは起きていると思われる。つまり、この理解においては、「持続可能性 sustainabilty」は「持続的なsustained」という形容詞と等値され、「発展development」は「成長growth」と等値されやすくなる。そうなれば、「持続可能な発展」は、「持続的な開発」あるいは「持続的な経済成長」だとすることに何の疑問もわかなくなり、結局、持続可能な発展はその対極にあるともいえる持続的なGDPの成長と同一視されることになるのである（Torgerson 1995: 13）。

次に、「弱い持続可能な発展」概念に移ろう。ベーカーらは、この立場の代表として、英国環境省からの政策提言の要請に応えて環境経済学者のデービッド・ピアースらが提出した通称ピアース報告と呼ばれるもの、すなわち『緑の経済のための青写真』（Pearce et al. 1989=1994）を挙げている。このレポートおよびピアースその人は、サッチャー首相の下での環境政策に多大な影響を与えたことでも有名であるが、かれの提言は、「持続可能な発展」の理念を経済理論的にもまた具体的な政策論としても展開してみせたことで、英国だけでなく「ＯＥＣＤ、世界銀行、国連の環境政策にも採用されている」（和田 1994: iii）と言われている。もしこの評価が正しいのだとすれば、非常に影響力が大きかったことになる。では、その人物が提示した報告書にはどのような提言が盛り込まれているのであろうか。

ここはかれの提言のすべてを紹介したり、その環境経済理論を説明したりする場ではないので、特徴的だと思われる点を三点だけ指摘しておきたい。第一点は、持続可能な発展の中心的なテーマを世代間の資源享受の公平性に求めたことである。ピアースらは、持続可能な発展概念が異論を含むものではあっても、おおよそ合意できる含意としては三つの要素があるとする。それらは、環境に価値があることを認めることと、考慮すべき時間が五～一〇年に及ぶ短・中期的な時間地平から孫やその先に至るまでの長期的な時間地平にまで広げられること、そして最後には、社会のなかでもっとも恵まれていない人々のニーズが充足されること（世代内公平）と将来世代の公平な取り扱いである。ただし、ピアースらによれば、これら三つの要素は根底的に一つの考えから派生したものであり、その考えとは「現在世代の行為によって引き起こされた資源贈与の削減に対しては、将来世代は補償されるべきだ」（Pearce et al. op. cit.: 3（5））という考え方だという。つまり、現在の世代よりも将来の世代に引き渡される資源が少なくならないこと、あるいはその資源がより豊かになることが、持続可能な発展だというのである。

第二点は、この資源享受の公平さを具体的に考えるために、遺贈されるべき資源を二つのタイプに分けて考えたことである。かれらによれば、遺贈されていく資源（これをかれらは資本ないし富と言い換えるが）には「われわれが良く慣れ親しんでいる富、つまり、資本的な富で、それは人工的なもののすべてのストック」と「自然的な富、つまり自然資本で、それは土壌や森林、野生生物や水のような環境から与えられる資産のストックから成っている」（ibid.: 3（6））ものとの二つの資本があるという。もちろん、植林や家畜の飼育のように、どちらとも言いかねるような資本もあるが、将来世代の「補償」を考える場合には、この「人工資本」と「自然資本」との区別が重要な意味をもってくる。というのも、仮に自然資本が傷つけられたとしても、それを補うような人工資本があれば将来世代に対しては「補償できた」とも考えられるし、自然資本の保全のための現在コストがあまりに高くつく場合には、人工資本との資産総量が減ることになるから、問題を先送りしてしまったほうが良いとの判断も考慮できるからである。いずれにせよ、自然資本と人工資本の代替可能性とか、自然資本のなかで「不可逆的特性」とか逆に「復元性」とか、富の継続性についてのより具体的な考察が、この区分によって可能になっている。

最後に、そしてこの点こそ、かれらの提案の最大の特徴だと思われるが、かれらは、自然の価値がこれまでの経済では正当に評価されてこなかったことが環境問題の根本的な原因だ、と捉えるのである。かれら自身が語っているのだが、「環境経済学の中心的テーマの一つは、そしてまた、持続可能な発展という考え方にとって中心的でもあるものは、自然環境によって提供されるサービスに適切な価値を付与する必要性だ」（ibid.: 5（7））と捉えるのである。

ここでかれらが「価値」と言っているのは、経済的な価値、つまり価格で表示できる価値のことである。かれらに言わせれば、「中心的な問題はこれらのサービスの多くが『ただで』提供されていることなのである」(loc. cit.)。というのも、ただで提供されるものは、価格がついている場合よりも過大な需要を生んでしまい、過剰な消費が自然環境の荒廃をもたらすことになると言うのである。そこで、かれらが提唱することは、こうした外部不経済の内部化のために、天然資源に価格を付与することである。もちろん、そうした市場は自生的に誕生するわけではないので、実際は政府によって擬似的な市場をつくるために、汚染税や汚染者負担原則などの制定によって、環境からのサービスへの価格付けを図れというのが、かれらの提案になった。

では、ベーカーらの類型に戻ろう。次の「強い持続可能な発展」であるが、ベーカーらは、この立場がヨーロッパでは「エコロジー的近代化」とも称されている(Baker et al. 1997: 15)としている。この「エコロジー的近代化」については、拙著(丸山 2006)で検討を加えているので、そちらを見てほしい。

さて、最後が「持続可能な発展」の「理想モデル」である。この類型に入るとベーカーらが見ているのは、ディープ・エコロジーの提唱者アルネ・ネス、「地球的霊性 earth spirit」とキリスト教との融合を語る神学者エドワード・エクリン、さらに英国の『エコロジスト』誌の創刊者で新しい環境保護運動の一潮流を作り上げたエドワード・ゴールドスミスである。これらの人々は、必ずしも同じ提案をしているわけではないので、ここでは、産業社会からの逆転を提起したゴールドスミスの論説に注目して、この類型の特徴をみることにしたい。

ゴールドスミスは『成長の限界』が世界的にセンセーションを巻き起こした一九七二年に、イギリスで『生存のための青写真』を発表(Goldsmith 1972=1972)し、世界観としての「エコロジー」に従った社会構想を提唱した人物だが、その構想のより体系的な議論は、『道――エコロジー的世界観』(Goldsmith 1996=1998)で展開されている。そこでは、生物学や物理学はもとより、政治学、経済学、社会学、民俗学、人類学、さらには神話学や宗教学など、およそ人間社会にかかわる諸学の最新の知見を動員して新しい世界観が説明されている。だが、その基本的な着想は意外とも言えるほどシンプルである。彼はこう述べている。「変更されねばならないのは概念の枠組みそのものである。……近代主義の世界観が捨て去られ、それらがエコロジーの世界観に取って代わられねばならないのである」(Goldsmith 1996=1998: 434-435(491))。では、このエコロジー的世界観とはどのようなものであろうか。ゴールドスミスはこう説明している。

〔エコロジー的世界観の根底にある基本的原理についての〕インスピレーションが、土着的な vernacular 社会の世界観、とりわけ、太古の地母神的な chthonic 世界観に由来せざるをえないことは、私には常に自明なことであった。……太古の土着的な社会は、エコロジー的世界観の基礎とならざるをえない二つの基本的な原理を力説する。その一つは、生命世界つまり生態圏 ecosphere こそがあらゆる便益の、したがってそれゆえあらゆる富の基本的な源泉であるが、しかし、そうした便益がわれわれに配分されるのは、われわれがその決定的な秩序を維持するかぎりにおいてのみだ、という原理である。〔そして〕この基本的な第一の原理から第二の原理が導き出される。それは、エコロジー的な社会におけるこの行為パターンの最優先目標は、この社会を包み込んでいる自然世界ないし宇宙という決定的な秩序を維持することでなければならない、という原理である (ibid.: xv(9))。

この説明にあるように、ゴールドスミスに言わせれば、エコロジー的世界観とは基本的に太古の土着的世界観と共通のものなのである。そうであれば、その社会経済も当然そうした社会のものと同様のものにすべきだと提案するのではないかと予想できる。そして実際、かれは「現代の問題は、こうした〔科学、技術、産業、グローバルな市場システム、近代国家の〕発展を逆転させることによって、すなわち、『進歩』を逆転させることによってしか解決できないという、未だに受け入れられてはいない結論を認めざるをえなくなるのだ」(Goldsmith 1988: ii) として、その経済を次のように描写している。「〔経済において〕求められることは、ほぼ自給自足する共同体の世界への転換であり、その経済活動は家族や小規模な職人企業や共同体それ自体のレベルで遂行され、地域的なニーズは地域的な市場を通じてほぼ充足されるようになることである」(Goldsmith 1996=1998: 384(432))、と。「持続可能な発展」は、「経済発展」と「環境保護」のトレード・オフ観を乗り越える概念として提起されたことは、すでに述べた。その点を考慮すると、ベーカーらはゴールドスミスのこのような提案を「理想モデル」としているが、より正確に言えば、ゴールドスミスの提案は、「持続可能な発展」の外側に存在していると思われる。というのも、太古の土着的経済への指向性に見られるように、ここでは経済は発展ではなく、むしろ縮小が求められているからである。

(2) アンドリュー・ドブソンの類型化

以上、ベーカーらによる「持続可能な発展」の四理念型を「強い持続可能な発展」論を除いて、簡単に見てきたが、これらの類型化は、言葉こそ違うが、基本的な分類軸と分類基準だけを見れば、ティモシー・オリオーダンによる環境保護主義における二分枝四類型、すなわち技術中心主義がコルヌコピア派 cornucopian と適応派 accommodater、エコ中心主義が自足・ソフト技術主義派 self-reliance, soft-technologist とディープ環境保護主義派 deep environmentalist (O'Riordan 1981: 376) に分けられたのと、同じ視点で構成されている。そもそもの分類軸に「哲学観」を設定し、それがオリオーダンのものと同じであるから、こうなるのは当然と言えば当然ではある。しかし、この哲学的な相違で区別する類型化は、「持続可能な発展」概念とは異なる文脈で誕生したものである。そのため、それぞれの「哲学観」からすると「持続可能な発展」がどう解釈できるかについては説明していても、概念自体の基本的な構想に関しては説明力が弱いように思われる。そこで、幾分繰り返しの要素もないわけではないが、次にアンドリュー・ドブソンによる類型化も見ておきたい。

この類型化では「持続可能な発展」ではなく「環境的持続可能性 environmental sustainability」が類型の基本概念となっている。これは単なる言葉の言い換え以上の意味を持っている。前節の用語の歴史でも触れたように、持続可能性と開発ないし発展とは、それぞれ注目する対象が異なっている。持続可能性が見ているのは、人間も含まれているとはいえ、基本的に自然ないし生態系全体である。他方で、開発ないし発展が見ているのは、人間の福利ないし繁栄である。これら二つの視点を融合させようとするのが「持続可能な発展」概念であるが、主題を人間の福利・繁栄に置くのか、それとも生態系の持続可能性に置くのかでは、おのずと議論の力点が異なってくる。そして、「環境の保護」を構想することが目的である場合には、どのような「持続可能性」であれば人間の福利・繁栄と適合的に環境を保護することが可能になるかが、当然主題になるであろう。やや単純化して言えば、環境保護主義者にとっては、経済開発や経済発展は副次的な問題であって、そうしたものが結果的に環境にとってプラスとなるならば望ましいが、もしそれが環境保護にとって重大なマイナス要素となる場合には、「非開発」や「非発展」を擁護するのが環境保護主義である。この視点に立てば、「持続可能な発展」は「環境的持続可能性」を考慮して環境保護を進める立場の中のひとつの立場でしかないことになる（Dobson 1998: 36）。このように、類型の基準を「環境的持続可能性」にすると、われわれは、「持続可能な発展」それ自体を相対化する視点を獲得できるようになるのである。

さて、以上の留保を前提にして、ドブソンの類型化を見てみよう。それは表３-２（ibid.: 39, Table 2.）にまとめられている。表の構成からわかるように、ドブソンは、維持の対象を主軸にして類型基準を作り、あとは、その理由、その方法、具体的な考慮対象（人間と非人間、現在と将来、ニーズとウォンツ）、そして人工資本による代替可能性の程度、を描き出している。

ここでは、もっとも重要な、「何を維持するのか」の欄を見てみたい。ここを見ると、それぞれ「決定的な自然資本 critical natural capital」、「不可逆的自然 irreversible nature」、「自然の価値 natural value」の三つが挙げられてい

表3－2　環境的持続可能性 environmental sustainability の諸概念

	A	B	C
何を維持するのか	決定的な自然資本	不可逆的自然	自然の価値
理由	人間の福祉	人間福祉と自然に対する義務	自然に対する義務
方法	更新・代替・保護	代替・保護	保護
関心対象 主対象 副次的対象	 1. 2. 3. 4 5. 6.	 （1. 5）（2. 6） 3. 4.	 （5. 1）（6. 2） 3. 4.
人工資本と自然資本との間の代替可能性	人工資本と決定的な自然資本との間では必ずしも常に可能と言う訳ではない	人工資本と不可逆的資本との間では必ずしも常に可能と言う訳ではない	代替可能性の議論は回避

関心対象番号
1：現世代人間のニーズ、2：将来世代人間のニーズ、3：現世代人間のウォンツ、4：将来世代人間のウォンツ、5：現世代非人間のニーズ、6：将来世代非人間のニーズ

る。ここでは、それぞれの名詞とそこに付された形容詞がかなり慎重に選ばれていることを指摘しておきたい。概念Aでは、「決定的な」という形容詞と「自然資本」という名詞が挙げられている。ここで「決定的」というのは、ドブソンによれば、「人間生活の生産と再生産にとって決定的」（ibid.: 43）だという意味で、人間の生存にとっての不可欠性を意味している。また、「資本」という言葉については、ドブソンはカール・マルクスの『賃労働と資本』における「資本は、原材料、労働手段、そしてあらゆる種類の生活手段からなり、それらは、新たな原材料、新たな労働手段、新たな生活手段の生産に使用される」を引きながら、概念Aにおいては自然が原材料として、つまり、あくまでも経済的な価値をもつ資産としてのみ考慮されることを「自然資本」の語で表そうとしている（ibid.: 40）。

他方、概念Bと概念Cでは「資本」の語は使われていない。その意義については、ブライアン・バリーによる「自然資本」という用語それ自体についての問題性の指摘にドブソンが首肯させられたと記している（loc. cit.）ところから理解できると思われる。というのも、バリーは、「持続可能性」における自然の代替可能性をめぐる論争に関連してこう指摘しているからである。「問題

の要点を紛らわしくさせるのに与しているのは、『資本』という用語それ自体である。……『資本』というのは本来的に経済的言説の内部に位置付けられている用語である。山というのは、まずは、まさに山である。〔ところが〕それをどのような種類のものであれ『資本』のカテゴリーのもとに置いてしまうということは、それをある光の中で、つまり、ある種の経済的な資産としてみることになるのだ」（Bary 1999: 103）、と。この指摘にあるように、概念Aにおいては、自然はまさにその経済的な効用においてのみ捉えられるが、概念Bより右側では、そうした効用では捉えきれない自然の意義が「維持すべきもの」として想定されるのである。

では、概念Bと概念Cの異同は何なのであろうか。ドブソンによれば、「概念Bはヤヌスのような相貌をしている。一方で、それは概念Aを振り返り、自然に対する義務よりも人間福祉を特権化している。〔だが〕他方で、それはまた、内在的な価値 intrinsic value の概念を導入することによって〔自然資本を人工資本によって〕補償するという〔考え方〕に疑問を投じ、概念Cを予告している」（Dobson 1998: 50）という。この説明にあるように、概念Bにおいては、人間の福祉のためという目的においては概念Aと共通性をもちながらも、しかし同時に、「自然それ自体の価値」の承認を含む点で、概念Cとの共通性をもっている。しかし、この「それ自体の価値」を概念Cは直接の維持の対象とするのに対して、「それ自体の不可逆性」という特定の機能を根拠として維持の対象が設定される。なぜ機能が限定されるかというと、それが人間福祉にとってもつ機能から評価されているからである。たとえば、生物多様性が持続されるべきものだとされる場合、それが人間にとって「決定的なもの」だからという理由ではなく、絶滅種は再生できない（可逆的ではない）という機能的な限界が理由となって、多様性が求められることになる。そして、それを維持しようとする目的は、今はわからないけれども将来は人間福祉に役立つような遺伝子情報を死滅しない種が保有している可能性があるから、などと考えられるかもしれない。あるいはまた、富士山をそのまま維持すべきだとするのは、人間にとっての決定的な経済価値からというよりも、日本人にとっての審美的な価値や歴史的な価値からそう考えるのだといえるであろう。つまり、他のものに代えることができないという意味で「不可逆的なもの」ではあっても、それはあくまでも人間にとっての文化的な機能の観点から捉えられているのである。

　これに対して、概念Cでは、自然は「内在的価値」をもつと設定されている。この自然の「内在的な価値」とは何なのであろうか。「内在的な価値」は環境倫理学の世界では良く使われる概念ではあるが、ジョン・オニールが指摘しているように（O'Neill 1993: 8ff.）、内在的価値についても論者によっていくつかの異なる意味内容が割り振られている。ドブソンは、そうした点を踏まえているのか、「内在的な価値」をさらに「自然的価値 natural value」と言い換え、それが、結局は、ロバート・グッディンが「価値についての緑の理論 green theory of value」と呼んだものと同じだとしている（Dobson 1998: 51）。そこで、グッディンの言うところを見てみると、グッディンはたとえば、次のようにこの理論について述べている。「価値についての緑の理論によれば、物事を価値あるものとするうえで重要なことは、人間の人為的な過程によるのではなく、自然的な過程によって作られてきたという歴史をもっているという事実である」（Goodin 1992: 27. 強調は丸山）、と。ここにあるように、「自然的価値」とは「人為が関与せずに作られてきたという歴史性」それ自体を価値として認めることを指している。[5] そうなると、ドブソンは、「自然的価値」の維持が概念Cを特徴付けるとしているが、より正確に言えば、「自然的歴史性」の維持が概念Cの中心概念だと言ってよいと思われる。

　さて、このドブソンの類型化は、「持続可能な発展」の概念に対して、どのような貢献を果たすであろうか。それは、「持続可能な発展」の概念の特徴が、ここで挙げた三つの「環境的持続可能性」概念との比較によって、際立つようになることにあると思われる。「持続可能な発展」の視点では「維持されるべき」ものは利用可能な天然資源である。つまり、ドブソンの先の表の概念を使えば概念Aの「決定的な自然資本」であった。そして、仮に概念Bの「不可逆的な自然」が維持されるべきだとされたとしても、その「持続可能性」の目的は概念Aと同様に「人間の福利」からしか考えられてはいないのである。

逆に言えば、「持続可能な発展」論は、「環境的持続可能性」というより包括的なテーマから見た場合には、そのなかのかなり限定された視点を取っていることが浮き彫りになる。ドブソンはこの検討から、「環境的持続可能性」と「社会的正義」との「予定調和」論に対して警告を発しているが、(6) ここでは、別の問題も指摘できるであろう。つまり、このように限定的な特性をもつ「持続可能な発展」の概念は、果たして適切に「自然」のメカニズムないし構造性を捉えるものになっているのか、という問題である。概念の歴史でも見たように、当初の「持続可能性」は生態学的な概念として提起されていた。ところが、それが国際社会のなかで一定の支持を得るようになる過程で、人間社会の持続可能性、それも特に第三世界の持続可能性に焦点が移っていった。このことは、一方で経済社会のメカニズムや構造に対する徹底した批判的検討をもたらしはしたが、しかし、他方でそうした経済社会を支える自然の要素、あるいはまた、経済社会だけでなく、人間社会一般の暮らしにとっての自然がもつ意義に対する検討を弱める可能性をもたらしたのである。

おわりに

これまでの検討から、「持続可能な発展」についてはどのような問題点を指摘できるであろうか。持続可能な発展がいかに多様な解釈の余地を残しているかは、すでに見た。自然の内在的な価値への配慮の「持続」をこの概念に読み込もうとするものもいれば、経済成長の「持続」を見ようとするものもいた。こうした解釈の多様性は、裏を返せば、その概念のあいまいさを示すものでもあるが、しかし、概念のあいまいさはそれだけで否定されるべきことではない。というのも、重要な概念が異論含みであることは政治の世界ではけっして珍しいことではないからである。ジョン・ドライゼクが民主主義との対比で持続可能な発展について語っているように、持続可能な発展は、民主主義と同じように、「今日の政治世界のなかで影響力をもつあらゆる人々がそれに対して信を置いていることを主張している」し、「民主主義が政治制度となった時に、それが街中での唯一のゲームとなったように、持続可能な発展は、環境問題における、少なくとも地球的な環境問題における、(唯一ではないけれども)主要なゲームとなっている」(Dryzek 2005: 147)のである。

しかし、「持続可能な発展」が言語ゲームになっていることは、それがどのような解釈でも許容することを意味するわけではない。エコロジー的近代化と持続可能な発展との二つの言説を比較したオラフ・ラングエレが指摘しているように、エコロジー的近代化は基本的に「一国内部」における言説であるのに対して、持続可能な発展は、地球環境全体を視野に入れた言説である。「持続可能な発展の文脈は、ある点では、地球的(北と南)関心から、ある点では(地球的な)世代間の関心、そして、ある点では、地球的な環境問題への認識の高まりに由来している」(Langhelle 2000: 308)のである。この関心こそ、持続可能な発展に独特の視点を与えている。

では、この視点からはどのような問題が生じるであろうか。この点を考察するには、ドブソンの「環境的持続可能性」概念の分類の第四行「関心対象」を思い出すと良いと思われる(表3 - 2参照)。ドブソンが挙げているように、ここには、現世代人間のニーズ、将来世代人間のニーズ、現世代人間のウォンツ、将来世代人間のウォンツ、現世代非人間のニーズ、将来世代非人間のニーズ、が入ってくる。もちろん、概念AからCまででは、維持すべき目標の違いに応じて、関心対象の優先順位には違いが生じる。持続可能な発展が、実際にどの概念に近づくかは、経験的な検証事項であるが、この関心対象への配慮がいずれも「富の社会的な分配」に関わっていることは明らかであろう。「資本」の概念で自然を見ることへの疑問が概念Cにはあるが、しかし、その場合でも、非人間的自然の価値の尊重は、非人間的自然の生命活動とそのための諸資源の利用を含意しているから、そうした資源の分配がここでも配慮の対象となる。したがって、生きるうえでの資源分配への関心、言い換えれば「社会的正義」をどのように実現するかが、「持続可能な発展」ではもっとも重要な主題となっていくのである。しかも、ここでドブソンが「ニーズ」と「ウォンツ」を分けていることに見られるように、富の利用にあたっては、その「需要」のあり方に質的な差異を設けるか否かも問題になる。通常の市場経済の論理では金銭的な裏付けのある需要であれば、需要の中身がどのようなものであってもそれを充足することが原則として正当化される。これに対して、人間の基本的な生活に必要な需要をニーズとし、浪費をも許容するような主観的な需要をウォンツとして分けることを求める配慮がなされるならば、それは通常の市場経済とは異なるシステムを求めることになる。「持続可能な発展」とは、したがって、需要に対する「質的な差」をどのようにして設定していくか、そして一体誰の（人間はもちろん、人間以外のものまで考慮するなら「誰」だけでなく「何の」と表現する必要があるが）需要に配慮するかが要となるといえるであろう。だが、この点こそ、「持続可能な発展」の概念がまさにあいまいにしているポイントである。

＊引用文の文献表示では、（著者名、出版年：頁）を本文中で示した。邦訳がある場合には、＝で邦訳刊行年を示した。なお、引用で邦訳を使用した場合は邦訳頁のみを掲げ、邦訳はあるがあえて拙訳を使用した場合は、原著頁とその後に（　）で邦訳の該当頁を参考として示した。

注

（1）Sustainable development の development は、「開発」と訳されることが多いが、development は「内発的発展 endogenous development」に典型的なように、「発展」と訳すほうが適切なケースも多い。本稿全体では、「sustainable development＝持続可能な発展」を基本とするが、会議名称など一般化しているケースでは「development＝開発」とする。

（2）ただし、環境倫理学では、ベーカーらの表では「哲学」として一括されている「エコ中心的哲学」と「生命中心的哲学」との間には、価値評価する対象として生命「個体」をとるか、それとも生態系「全体」をとるかという点で、大きな違いが存在することが知られている。しかし、「人間中心」か「非人間中心」かという設定自体は、特殊なものではない。

（3）そのシュネイバーグは、この用語をたとえば次のように定義している。「生産の踏み車は二つの過程の相互作用からなっている。第一の過程とは、以前の生産から得られた剰余価値を生産システムに再投資することで増強された技術力が、生態系に再度作用することである。……第二の過程とは、その結果生態系破壊が起こると予想されても、政策決定者がほとんどの場合経済成長を選択してしまうことである。予想される生態系破壊は、一時的な混乱にすぎないとして無視されることが多い。破壊はないとされる場合もあるし、生産に伴う破壊は潜在的に経済成長にとってプラスになるとして評価されることさえある」（Schnaiberg and Gould, 1994=1999: 86-87. 強調はシュネイバーグ）。

（4）ベッカーマンはオックスフォード大学の経済学者で『経済成長擁護論』（一九七四年）や『小さいことはばかげている Small is Stupid』（一九九五年）を著して、諸種の重要な産業資源の価格の長期低落傾向を根拠にして、経済成長の無限の持続には何の問題もないとして『成長の限界』に反論し、価格メカニズムによる需要抑制と代替資源への転換、技術発展の多大な効果を主張した。またサイモンは、アメリカのメリーランド大学の経済学者で『無限の資源』（一九八一年）や『資源あふれる地球——地球二〇〇〇年への反論』（一九八四年、ハーマン・カーンとの共著）で、資源価格の議論に加えて、平均余命、一人当たりの食料供給、可耕地量、大気と水の質、公園の量、森林面積、漁獲量、などの人間の福利指標にまで議論を拡大し、それらの長期的な傾向が示しているのは、世界のあらゆる場所で人びとがより恵まれた環境で長生きするようになってきていることだとして、環境悪化ではなく環境改善こそがむしろ正しい現状認識だとした（Dryzek 2005: 53-54）。

（5）ちなみに、グッディンは、価値についての分類論を行っていて、人類はほぼ三つの価値理論をもっているとしている。一つは、「消費者の満足」に価値を見出すもので、これはほぼ「資本主義」の新古典派経済学に対応しており、二つ目は「労働の投入」に価値を見出すもので、ジョンロックとマルクス主義経済学に対応しており、そして三つ目が「自然資源の投入」に価値を見出すもので、それが『緑の理論』に対応している、としている（Goodin 1992: 22）。

（6）ここで取り上げた図表を含むドブソンの著作で、かれはその目的を次のように記している。「本書のねらいは、環境的持続可能性と社会的正義との間の理論的関係を評価することにある。これをねらいとする主たる理由は、われわれはこれらの目標を両立できないし、この潜在的な両立不能性がどちらの目標に対しても政治的正統性の問題を提起すると思うからである」（Dobson 1998: 3）、と。

参考文献

阿部泰隆・淡路剛久『環境法［第三版］』有斐閣、二〇〇四年。

Baker, Susan, et al., "Introduction", in Baker, Susan, et. al. (eds.) 1997, *The Politics of Sustainable Development: Theory, Policy and Practice within the European Union,* London: Routledge.

Barry, Brian, 1999, "Sustainability and International Justice", in Dobson, Andrew (ed.), *Fairness and Futurity: Essays on Environmental Sustainability and Social Justice,* Oxford: Oxford U. P.

Brooks, David, 1992, "The Challenge of Sustainability: Is Integrating Environment and Economy Enough? *Policy Science,* Vol. 26, No. 4, pp. 401–408.

Dobson, Andrew, 1998, *Justice and the Environment: Conceptions of Environmental Sustainability and Dimensions of Social Justice,* Oxford: Oxford U. P.

Dryzek, John S., 2005, *The Politics of the Earth: Environmental Discourses,* 2nd ed., Oxford: Oxford U. P. 丸山正次訳『地球の政治学』（仮題）（風行社、近刊）

Garcia, Ernest, 2000, "Self-organizing Complexity, Conscious Purpose and 'Sustainable Development'", in Spaargaren, Gert, Mol, Arthur P. J. and Buttel, Frederick H. (eds.), *Environment and Global Modernity,* London: Sage.

Goldsmith, Edward (ed.), 1972, *A Blueprint for Survival,* London: Tom Stacy. 上村達雄・海保真夫訳『人類にあすはあるか——生き残り運動の基本綱領』時事通信社、一九七二年。

——, 1988, *The Great U-Turn: De-industrializing Society,* New York: The Bootstrap Press.

——, 1996, *The Way: An Ecological World-View,* revised and enlarged ed., Totnes: Themis Books. 大熊昭信訳『エコロジーの道——人間と地球の存続の知恵を求めて』法政大学出版会、一九九八年。

Goodin, Robert E., 1992, *Green Political Theory,* Oxford: Polity.

IUCN 1980, *World Conservation Strategy: Living Resource Conservation for Sustainable Development,* IUCN-UNEP-WWF.

Langhelle, Oluf, 2000, "Why Ecological Modernization and Sustainable Development Should Not Be Conflated", *Journal of*

Environment and Planning, Vol. 2, pp. 303－322.

Lélé, Sharachchandram, 1991, "Sustainable Development: A Critical Review", *World Development,* Vol. 19, No. 6, pp. 607－621.

丸山正次『環境政治理論』風行社、二〇〇六年。

O'Neill, John, 1993, *Ecology, Policy and Politics: Human Well-Being and the Natural World,* London: Routledge

O'Riordan, Timothy, 1981, *Environmentalism,* 2nd ed., London: Pion.

Pearce, David, Markandya, Anil and Barbier, Edward B., 1989, *Blueprint for a Green Economy,* London: Earthscan. 和田憲昌訳『新しい環境経済学――持続可能な発展の理論』ダイヤモンド社、一九九四年。

Shnaiberg, Allan and Gould, Kenneth, Alan, 1994, *Environment and Society: The Enduring Conflict,* New York: St. Martin Press. 満田久義他訳『環境と社会――果てしなき対立の構図』ミネルヴァ書房、一九九九年。

Shumacher, E. F., 1973, *Small is Beautiful: A Study of Economics as if People Mattered,* New York: Harper and Row. 小島慶三・酒井懋訳『スモール　イズ　ビューティフル――人間中心の経済学』講談社、一九八六年。

Torgerson, Douglas, 1995, "The Uncertain Quest for Sustainability: Public Discourse and the Politics of Environmentalism", in Fischer, Frank and Black, Michael (eds.), *Greening Environmental Policy: The Politics of a Sustainable Future,* New York: St. Martin's Press.

和田憲昌、一九九四「訳者まえがき」Pearce, David, Markandya, Anil and Barbier, Edward B., 1989, *Blueprint for a Green Economy,* London: Earthscan. 和田憲昌訳『新しい環境経済学――持続可能な発展の理論』ダイヤモンド社、一九九四年所収。

WCED, 1987, *Our Common Future,* Oxford: Oxford U. P. 大来佐武郎監修／環境庁国際環境問題研究会訳『地球の未来を守るために』福武書店、一九八七年。

第4章　市民文化論の統合的機能——現代政治理論の「自己正当化」について(1)——

越智　敏夫

1　市民文化とテロリズム

冷戦の終焉以降、東欧の民主化や世界経済のグローバル化とともに市民社会概念が広く議論されるようになった。それは社会主義という対立概念を失った西欧型民主主義が自己変革し、政治生活を充実させる方法を模索するものにも見える。しかしそれはまた先進資本主義諸国の既存の政治制度を無批判に正当化する危険性もはらむ。本稿はそれらの市民社会論の限界を指摘し、より広義なパースペクティブのもとで再構成することを目的としている。

たとえば市民社会論におけるメルクマールのひとつとして議論されてきた市民の自発的政治運動も、現在ではそれら自体が利益集団化し「私化」しつづけている点が指摘されうる。また多文化社会における「アイデンティティの政治」も各集団の利害闘争、文化戦争へと矮小化していると批判されてきた。こうした変化は政治の新たな理論化を必要としているといえるだろう。政治社会における争点や行為主体の属性からだけでは、現実政治のあり方を市民的であるとは規定できない。したがって社会の存続に必要だと想定されている社会資本や信頼の機能を明らかにする必要が生じるだろう。

さらに市民社会論において使用されてきた「市民」概念は価値中立的だったのか。それが担ってきた現状肯定的機能も考察されなければならない。そこで本稿においては多文化社会としてのアメリカ合衆国における市民宗教概念と〈9・11同時多発テロ〉以降の政治体制論を問題対象とすることによって先述の問いに答えたい。

アーモンドらによる『現代市民の政治文化』（一九六三年）以降、アメリカ政治理論において「文化」概念は精緻化されつづけてきた(2)。それまで「国民性」や「政治意識」などと多義的に呼ばれていた人間的志向性が「政治文化」と概念化されることによって比較政治学は従来の西欧諸国を対象とした静態的な政治制度論を脱却し、第三世界諸国をふくむあらゆる政治社会を対象とした動態的比較政治学を発展させてきた。しかしその文化概念を詳細に検討してみると、そこには先進資本主義国を政治的到達点とした単線的発展論や、政治システムの安定を最大価値とした共産主義革命批判という論理が指摘しうる。

特にアメリカ合衆国における国民形成過程を分析する際にこれらの文化概念が用いられた場合、それは民主主義の普遍性を媒介としつつ既存のアメリカ社会とその政府を正当化する機能を果たしてきた。しかし一九六〇年代以降の人種闘争、女性解放などの大規模な政治運動はアメリカ政治社会の自画像を描きなおす契機となった。さらに八〇年代以降のアメリカにおける多文化社会状況もこの正当化に疑問を提起しているといえよう。

しかし二〇〇一年九月一一日に発生した〈同時多発テロ〉以降、アメリカ政治文化に関する議論は予想外の展開を見せた。テロ後の議論においては政府による国民統合が市民社会論を基礎として正当化されてきたといえる。さらに政府の権能の強権的拡大さえも民主主義や自由といった普遍的観念によって正当化されるという倒錯した状況が現われたのである。そこで以下の部分ではマイケル・ウォルツァーの近年の言説、特に市民宗教や寛容に関する彼の議論を検討することによって、現在の政治理論状況の問題点を明らかにしたい。その文脈においてウォルツァーが展開する「ハイフンつきのアイデンティティ」論は、たしかにリベラルな多文化社会を保証する側面はもつ。しかしそれがフランスなどのヨーロッパ諸国と対比されつつアメリカに適用される場合、どのような論理的帰結をもたらすだろうか。

この論点はウォルツァー自身も署名した共同声明“What We're Fighting For”の分析によってさらに敷衍したい。アメリカによるアフガン攻撃を支持したこの声明のなかで人間的価値という普遍性と一国の単なる外交政策の正当化を結びつける論理が展開されている。これを批判することで既存の市民文化論に伏在する問題点を指摘したい。

以上のように政治理論形成そのものを批判的に検討する作業は、より大きな枠で考えれば政治社会の主体がつねに「国民化」せざるをえなかった、従来の政治構造としての国民国家と政治理論の関係を再検討することでもある。そうした主体による政治が国家による強権に依拠せずに「絶対化」から「相対化」に移行する可能性を追求するための予備的作業でもある。本稿の基底にあるのはその「相対化」の行為主体を市民と考え、そのプロセスを市民政治として考える視点である。

2　ウォルツァーと市民宗教

ウォルツァーにとって市民社会とは「非強制的な人間の共同社会 association の空間の命名であって、家族、信仰、利害、イデオロギーのために形成され、この空間を満たす関係的なネットワークの命名」である。(3) この市民社会を構成する「市民文化」の一形態として近年のウォルツァーは「市民宗教」に頻繁に言及する。また近年のリチャード・ローティもアメリカニズムへの素朴な信奉を表明する際にこの用語を使用することが増えている。

ルソーやトクヴィルが使用した「市民宗教」概念をロバート・ベラーが現代的に再生したのは一九七〇年から八〇年代にかけてであった。(4) 公民権運動やベトナム反戦運動、女性解放運動の高揚によってそれまでのアメリカ的価値に疑問符がつきつけられ、まさに多文化的状況が生起し既存の国家統合に対する政治的正当性の根拠が疑われ始めていたのである。その時期にベラーはアメリカ的共和主義を擁護するためにこの概念を使用した。ベラー本人はこの概念を九〇年代以降、ほとんど使用していないにもかかわらず、他の論者は継続的に使用している。

ウォルツァーは『寛容について』において社会内の寛容と体制との関連を論じているが、それは市民宗教論を中心に展開されている。まずウォルツァーは「さまざまな市民宗教がたがいを寛容にあつかうことができるのは、国際社会においてだけであって、単一の国内体制においては不可能である」と述べ、主権国家の一元的な統合を補強するエートスとしての市民宗教を提起する。(5)

さらにウォルツァーにとって市民宗教は不可視で多義的なものとして考えられている。「市民宗教は通常、神学をもたないから、差異を、宗教的な差異さえも、あるいは特に宗教的な差異を調整することもできる」のであって、「たいていの市民宗教は曖昧で、練りあげられておらず、教義・形式にとらわれない宗教性を、つまりあきらかな信仰や確固たる信仰にではなく、物語や祝日にかかわる事柄としての宗教性をなんとか賢く使いこなす」。だからこそ市民宗教としてのアメリカ共和主義は「当事者たちのあいだにおける別様の市民宗教の慣行とでも呼べるものとかなり具合よく共存することができる」ことになる。(6)

そして「市民宗教は部分的な差異を寛容に取りあつかう」のであるから、「多重のアイデンティティを調整することによって成功する」ことになり、アメリカにおける各集団の文化変容は「改宗ではなく政治的社会化」だということになる。こうした市民宗教が機能しているからこそ、「政党は権力をめぐって競合し、イデオロギーによって形成される行動計画を実行しようと闘争する。しかし勝利をおさめた党は、そのイデオロギーを一連の法律に変えること

はできても、市民宗教の公式の信条へと転換することはできない」とウォルツァーは主張する。(7)

たとえばアメリカにおいてレイバー・デーは国民の祝日になっているが、メイ・デーは祝日となっていない。これは政府が「何ができて、何ができないか。何をすべきで、何をすべきでないか」を示す好例だということになる。だからこそウォルツァーは「公立学校はアメリカの市民宗教を教え、アメリカ市民を生み出すことをめざすべきである」と主張する。(8) アメリカ社会において国家システムに要求されることは「ハイフン付の市民」を産みだすことであり、ウォルツァーにとって望ましい国家とは「差異の再生産システム」なのである。(9)

さらにウォルツァーは市民宗教の危険性についても指摘している。「市民宗教は国境のこちら側での生活にたいするパロキアルな誇りを鼓舞し、向こう側での生活にたいする不信の念や不安をうながすことによって国際社会に不寛容をもたらすことがある」。しかしウォルツァーにとって基本的に市民宗教の「国内での効果は慈悲深いもの」であり、現実を見ても「狭量なアメリカニズムはありえたのにそうなってない」と主張している。歴史的に見てもマッカーシズムに典型的な「非アメリカ的活動への批判」は現在は支配的にはなってないと彼は述べている。アメリカにおいて「反共右翼のような排他的な市民宗教はどれひとつとして支配的なものとはなっていない」と彼は考えている。(10)

ウォルツァーにとって「排他的な市民宗教」が短期的に展開することはあっても、政治の長期的な時間軸においてアメリカは良い社会に向かっているとされる。なぜならば被抑圧者の「黙従のレベル」が低くなっており、人々は「自分たちが抑圧されていることを以前に比べれば表現できるようになった」からである。こうしてウォルツァーにとっては市民宗教を中心としてアメリカ社会は「健全に発達している」ことになる。(11)

つまりウォルツァーは市民宗教の機能を事後回顧的に措定するのであり、その時間のなかではあらゆる人々が差異のために存在するかのように描かれる。たとえば「イタリアン‐アメリカン」というハイフン付のアイデンティティについて述べる際、ウォルツァーは彼らイタリア系アメリカ人たちは自発的な努力と貢献によって自分たちの文化を維持してきたし、今後ともその義務を果たさなくてはならないと主張する。そしてこうした事情は「マイノリティにかぎらず、ありとあらゆる文化集団や宗教集団の場合でもかわらない」ことを示したうえで、アメリカ社会には「永劫不変のマジョリティは存在しない」と述べる。(12)

ここにウォルツァーの市民社会論に特有の問題点がある。たしかにマジョリティが時間を経てマイノリティに変化することもあるだろう。歴史とはその繰り返しかもしれない。このようにウォルツァーは有史以前の過去から未来永劫へと長く伸びた時間を想定し、その極端に長い時間軸の上で現前の不平等な社会における寛容を主張する。ウォルツァーにとって極論すれば「ネイティブ・アメリカンも北米大陸にやってきた移民」となり、あらゆる集団に対して同質の義務が課されている。イギリス系アメリカ人もアフリカ系アメリカ人も平等にその「移民性」を「尊重」されるべきだという論理である。

しかしその論理構成は現存の差別構造の是正を永劫に遅延させるという現状肯定の主張以外に何を意味するのだろうか。多くの差別構造は各政治社会内の権力構造によって常に「正当なもの」として容認されてきたという前史をもつ。特に近代国家において差別が発生するとき、被差別者は国家が規定する法によって市民不適格者として「合法的に」排除されてきたのではなかったのか。後になってそれらの差別が解消されたとしても、それまでの時間、差別そのものは依然として存在する。その暫定的な時間における問題をウォルツァーは意図的に看過しているのではないか。(13)

またウォルツァーは国家がマイノリティに対して寛容であることよりも、集団相互に寛容が成立することを優先させるが、この視点がイスラエルに向けられれば、その主張はいっそう異形なものとなる。「移民（もしくはユダヤ人）の文脈のなかで相互の寛容が機能するようにさせる努力は、ユダヤ人国家をアラブ人マイノリティにたいして完全に寛容なものにする努力に優先する」と彼は述べるが、この相互の寛容が機能しないような条件をユダヤ人国家が作り出しているのではないだろうか。(14)ユダヤ人国家をイスラエルに打ち立てることになった主たる動因もユダヤとアラブのあいだに連合国家（二民族国家）を構成する合意が成立しなかったことにあるとウォルツァーは述べている。

こうした主張は彼のユダヤ人としての出自だけの問題ではなく、その論理構成の問題点だと考えられよう。アメリカなり、イスラエルなり、それらの国民国家内での議論としての市民社会論が複数の国家間関係において議論される場合、ウォルツァーの論理構成はどのような意味をもつのだろうか。この問題の現実態については第4節で論じるが、その前にウォルツァーの市民宗教論が市民資格についての議論ではなく、まさに宗教的理念の政治統合における機能に関する議論として成立している点について考えたい。そこで次節では現代アメリカのコミュニタリアンによる言説における市民的自由と宗教の関連について、その代表的論者であるエツィオーニの主張を事例として検証したい。

3　コミュニタリアンと政教分離

一九六〇年代におけるアメリカ的価値への異議申し立ては、そのドラスティックな運動のあり方だけでなく、思想レベルにおけるラディカルさにおいて特筆されるべきものである。それだけに思想的反動も大きく、七〇年代以降には「過度の個人主義」や「ゆきすぎた自由」がアメリカ社会に重大な「道徳的空白」をもたらしたと主張されることになった(15)。自由という概念に「ゆきすぎ」があるのかどうか、あるいは道徳的な空白がいったい何を具体的に意味するのかということが明確でないまま、七〇年代以降のアメリカ社会の変容に対する批判は、政治理論においてはジョン・ロールズのリベラリズムに対する批判として集中的になされたと指摘できる。

ロールズが『正義論』を発表したのは一九七一年である。ロールズは社会正義に関する原理を功利主義以外に求めることによって、いわゆる「行動論革命」以降の実証分析を中心としていたアメリカ政治学において規範理論を再生させた。しかしマイケル・サンデルはロールズが論じている人間は「負荷なき自我 unencumbered self」しか持っていないと批判し、「共通善」による社会統合を構想した。ロバート・ベラー、チャールズ・テイラー、マイケル・ウォルツァー、フィリップ・セルズニック、アラスディア・マッキンタイアらもロールズ流のリベラリズム批判をサンデルに続いて発表し、こうした一連の批判者が「コミュニタリアン」と総称されることになった(16)。

自由という観念についてはエツィオーニもその過剰について懸念している。彼は「有り余る自由 excessive liberty」について論じ、「個人の自由の拡大は、ある点に達すると、その行為者の負担を重くし、自由を究極的に支える社会秩序を掘り崩してしまう」と述べ、「放縦」のひとり歩きが社会を危険な状態へ陥れると批判する(17)。エツィオーニの議論においては、その「有り余る自由」として「人を殺す自由」といったものが想定されているのだが、そもそもそういう自由が実体的に存在したことが近代社会においてあるのだろうか(18)。

「過度の自由」に対するコミュニタリアンの批判にはアメリカ史に対する読み直しも含まれる。エツィオーニはノエル・エプスタインがワシントンポスト紙に書いた短文を引用しながら、ピルグリム・ファーザーズがアメリカに移住したのは「イギリスの専制政治と国教会から逃れるためではなく、むしろ、オランダでのあまりの開放性から逃れるためだった」と述べている(19)。過去の歴史を解釈する権利は誰にでもある。しかし長期にわたるピルグリム・ファーザーズの地理的移動のなかからオランダ脱出のみを恣意的に選択したうえで、その短期的状況を彼らの移動すべての根拠として提示し、そこに自由の希求ではなく自由の拒否のみを読み込むことは「歴史の占有」として批判されるべきではないだろうか。

また自由に関連して権利と義務に関する議論もエツィオーニは展開しているが、それらに共通して表明されているのは、権利ばかりを主張する個人へのエツィオーニ本人の嫌悪である。権利と義務がどのような関係にあるかを議論するのではなく、現在のアメリカ社会には「多すぎる権利と少なすぎる責任」というアンバランスが存在し、個人はより多くの責任を負うべきだと論じる(20)。しかもその際に個人が負うべき責任の内容も具体的には議論されず、ただアメリカ市民の無責任性のみが抽象的に批判されている。しかしミールクーポンなどを支給されなければ生活することさえできない貧困層に対して責任のみを過剰に要求することは、結果的には福祉対象の縮減以外にどのような帰結を生むのだろうか。

以上のように「自由」についての疑念を表明しているエツィオーニにとっては社会問題を解決するプログラムも各市民の「過度の」自由を制限しつつ達成されるものとなる。そこでエツィオーニが期待するのはコミュニティの機能ということになるのだが、特にコミュニティと宗教を関連づけることによってアメリカに存在する問題を解決しようとする。

エツィオーニにとって、信仰心によって形成された集団は「コミュニティーを構築する際に、特に反社会的行動を抑制し、社会サービスを提供するにあたって大きな役割を果たしている」と理解されている。[21] したがってエツィオーニは「信仰に基づく集団への依存度を増やし、政府や民間部門への依存度を減らす」ことを主張するのである。[22] こうした宗教団体への期待はコミュニタリアンに共通するものであるが、この点においては宗教の統制的機能が期待されている。ウォルツァーも述べるとおり「宗教は個人の行動を統制するために組織される」ことが重視されているのである。[23]

しかし彼らの文脈において問題なのはこうした統制的機能があらゆる宗教、宗派には期待されていない点である。たとえば『ネクスト』の巻頭ページにはカントの言葉と並んで以下の二つの言葉が紹介されている。

「自分自身を愛するように隣人を愛しなさい」（レビ記19・18）

「人にしてもらいたいと思うことは何でも、あなたがたも人にしなさい」（マタイによる福音書7・12）

ベラーやウォルツァーの市民宗教論にも共通することだが、こうした道徳による社会統合の論理は、個人間の価値観の同一性を前提としており、自分自身の欲求と他者の欲求が異なることを予期していない。本来は「人にしてもらいたい」ことは各自異なるはずである。にもかかわらずレビ記やマタイ伝における行動規範が提示されるとすれば、それは相互の価値観の一致を前提とした上での道徳の唱道であり、その道徳によって社会統合を達成しようという政治的スローガンとなる。特に現代のアメリカのような多文化的状況が政治問題となっている状態では、このようなスローガンが強者によってなされたとき、それは単に相対的弱者に対して沈黙を要求するものとなる危険性が高い。

こうした宗教と秩序の関係はエツィオーニが宗教と政治を関連づける場合の問題点を軽視していることをうかがわせる。たとえば保守派の活動家ポール・ウェイリッチ Paul Weyrich の「われわれはアメリカをキリスト教化することだけを主張しているのである。政治の世界に、ひたすら神の福音を宣布しようとしているだけである」という発言をエツィオーニは「やや穏健な立場」と評価している(24)。たしかにエツィオーニはキリスト教原理主義を批判はしているが、このウェイリッチの発言を「穏健」だと容認することは政治社会としてのアメリカにおいてキリスト教だけを優遇し、最終的にはその国教化を主張することにつながらないだろうか。それは宗教によって秩序を一元化しようとすることでしかない。こういう表現からエツィオーニのキリスト教と国家の関係についての恣意的な理解が指摘されうる。

たとえばアメリカ政治においてGodという単語は頻繁に使用されるが、それはキリスト教に限定された「神」ではなく、より広義の抽象的概念としての神なのだから政教分離の原則を逸脱することにはならないという主張が一般に見られる。たとえば大統領就任式典においても大統領自身はキリストという単語は発しないからそれは政教分離原則を尊重していることになるという。しかし大統領は宣誓時に聖書に手を置くことになっている。無神論者が大統領になることなど想定されてないかのようだ。こうした事態においては原理的な政教分離を評価するよりも、暗黙のうちにキリスト教を想起させるという現実的な機能の政治性について議論するべきである。

近代社会において政教分離原則が無視されたことによる災厄は限りなく存在する。そうした問題点についてもエツィオーニは選択的に指摘する。たとえばエツィオーニはアジアにおける儒教と政治文化との関連について述べ、アジアの宗教は全体主義化には寄与するが民主化には寄与しないと指摘する(25)。したがってアジアのコミュニタリアニズムは全体主義化の危険性をもつのに対してアメリカのコミュニタリアニズムはそうした危険性を免除されることになる。しかしこれはアジアとアメリカのあいだの宗教の機能、コミュニティ概念の差異だけの問題ではなく、他の多くの要因に関わることである。実際の社会状況の差異をある概念枠組みの差異に無根拠に関連づけているだけであって、それを論拠に各政治社会において宗教が果たす政治的機能を評価することは不可能である。

政教分離の原則について地球規模で見てみれば、それが厳格に守られている社会は多くない。この点においては視野をヨーロッパとアメリカ大陸に限定しても、アメリカ合衆国とフランスは制度的には政教分離が相対的に明確になっている政治社会といえる。この両国における政教分離原則の厳格さは、国教会をもちながらも他の宗教に対する寛容を制度化することによって信教の自由を実質的に確保しているイギリス、あるいは国家と教会が分離独立していながらも競合する事項に関しては協約を締結して合意を得るように慣例化しているドイツなどに比べると明確なものとなる。

したがってフランスにおける政教分離原則の論じる方法と比べてみると、いかにアメリカのコミュニタリアンがアメリカの現実政治を所与のものとして語っているか明確になる。フランスにおける「ライシテ」の原則に関する議論はアメリカでの議論と対照的である。フランス語の laïque（英語では lay）という形容詞は聖職者に対する「俗人の、平信徒の」という意味をもつ。この名詞形が laïcité である。一般には「公共空間における非政治性の原則」などと訳される。

フランス革命期、一七八九年の人権宣言において国家はあくまでも「政治的団結」であることが確認され、その団結によって自然権を保護することが確認された。また教育へのカトリック教会の介入を排除することはフランスにおける共和制の確立と深い関係がある。こうした背景をもつライシテの原則はその後の一八八四年の憲法改正や一九〇五年の「教会国家分離法」、現行の第五共和国憲法（一九五八年制定）などにおいても確認され続けている。この原則が現在のグローバリゼーションのなかで問われ、象徴的にはイスラム系住民である女子学生の「スカーフ」が問題となった。その結果、フランス政府は二〇〇四年に教育法を改正し、公立学校における宗教色の強い服飾品の着用を禁止した。「服装の自由」という権利を制限してまでもライシテの原則を維持したのである。

このライシテの原則はフランス型の共和制の維持には必要不可欠である。この点において現在の多文化主義に立脚するアメリカ型民主主義とは異なるものだとコミュニタリアンは主張するかもしれないが、まさにイスラムのスカーフの問題に象徴される状況はアメリカでも同時進行的に生起している。

ではなぜ政教分離の原則がアメリカではフランスのように問題とならないのか。フランスは一種の国家介入型社会であり、国家が自覚的に私的領域に介入することにより共和制という公的利益を維持している。それに対して、以前からシェルドン・ウォーリンやバーナード・クリックが批判してきたように、アメリカにおいては私的利害の調整のみが「公的なもの」であり、その方法こそが「民主主義」あるいは「政治」だとする多元主義国家論および市場志向型社会論の影響力が顕著であった。つまりアメリカとフランスのあいだには「公的なもの」自体の差異が存在するといえるだろう。

フランスにおける公立学校でのスカーフ着用を禁止しようとする共和主義者は、アメリカ的「差異への権利」を主張する多文化主義を否定しようとする。そうしたマイノリティ集団の存在を公的空間において認めると、フランス共和制の存立そのものが崩壊するからである。この点においてフランス共和制主義者はアメリカよりも強権的に政治統合を達成しようとしているように見える。

しかしアメリカにおける同様な問題を不可視化したまま、暗黙のキリスト教的価値によって統合しようとするコミュニタリアンの「解決方法」は、それが特定の文化的強制となることを避けられない。政治社会を複数のマイノリティ集団の分割・並存によって理解しようとするコミュニタリアンは、実はその多文化主義という表層に反して、現行の「文化戦争」を「穏健なアメリカ主流文化」によって解決可能なものとして想定しているのである。その結果、キリスト教を中心としたアメリカの主流文化（アングロ・コンフォーミティ）に属する宗教のみが民主化に有用なものとして恣意的に肯定され、他の宗教は否定される。アジアにおける宗教とコミュニティの政治的機能へのエツィオーニによる評価方法を考えれば、こうした論理は「キリスト教の『神』だけを神としているわけではない」と主張しながら、実際は他の神、あるいは無神論者を排除しようとする主張に結びつき、また「ムスリムは敵ではない」と言いながら、実際は敵としかみなさない言説へと容易に結びつく傾向をもつといえよう。次節においてはそうした不幸な事例として、また自己理解としての政治文化論が対外関係の文脈で議論される場合の問題点を考えるために〈9・11〉以降の状況をとりあげてみたい。

4　〈10・7〉と市民社会

二〇〇一年九月一一日の「同時多発テロ」以降、アルカイダ討伐とそれを支援していると言われたタリバーン政権攻撃を名目として、充分な調査もなされずまともな議論さえ欠いたまま、アフガニスタンへの軍事攻撃が計画された。それが実行されたのは同年一〇月七日だったが、この時点でアメリカの知識人、特にそれまで「リベラル」と見られていた人物までが「世界の変化」を根拠に雪崩をうったようにブッシュ政権の決定を支持しはじめた。

〈9・11〉が世界のあり方を変貌させたのは事実かもしれない。しかしアメリカの国家構成に関する議論に対しては〈9・11〉より、この〈10・7〉のほうが大きな影響を与えたのではないだろうか。なぜならば、攻撃を受ける国家に理念は必要ないが、攻撃をしかける国家には自らを正当化する理念が必要だからである。その点においてネグリ＝ハート的に言えば「10・7」は無記名の「帝国」を固有名詞としての「帝国」へと変貌させたのである。

六〇名にもおよぶアメリカの知識人が"What We're Fighting For: A Letter from America"と題した書簡に署名し、それを公表したのは二〇〇二年二月一二日である。[26] The Institute for American Values によって援助されていたこの書簡に署名したのは以下のような人物だった。マイケル・ウォルツァー、ジーン・ベスキー・エルシュタイン、ロバート・パットナム、アミタイ・エツィオーニ、フランシス・フクヤマ、ウィリアム・ガルストン、サミュエル・ハンチントン、ダニエル・P・モイニハン、シーダ・スコチポル、ジェイムズ・Q・ウィルソンなどである。

この文章をここで取り上げるのは、アメリカによるアフガニスタン攻撃の政策としての妥当性を問うためではなく、アメリカの知識人が自国の政府を正当化しようとする論理の一例として示すためである。アメリカに比べて日本においてのほうがこの書簡について議論されているように見られるのは、知識人の政治参加の態様が日米で異なるためでもあろうが、やはりそこにウォルツァーやエツィオーニの名前があり、文章の内容がアフガニスタン攻撃という個別具体的な外交政策の肯定というよりは、政治体制としてのアメリカの全面肯定となっているためではないだろうか。

この書簡の第一部 What are American Values? はまず次のような自問から始まる。

9・11以降、何百万人ものアメリカ人が自問し、お互いに質問していたのは次のような問題だった。なぜ、どうして私たちはこの憎むべき攻撃の標的になったのか。私たちを殺そうとした彼らは、なぜ私たちを殺したいと思ったのか。

このような自問が本当にアメリカ人のあいだでなされたかどうか疑問だが、この書簡全体の表現自体はこのように謙虚である。この文章に続く部分のみならず、多くの箇所でアメリカの傲慢さが繰り返し認められている。たとえば「ここに署名した者のうちの多くもアメリカにおいて示される価値のなかには魅力もなく有害なものが多いと認めている」。ところが、それらの批判すべきアメリカ的価値として列挙されているものは、消費主義、過剰な自由主義、過剰な個人主義、結婚生活と家族生活の衰退などである（こうした列挙から本書簡のイデオロギー的位置は推測しうるが、その問題は本稿の目的とは直接には連関しない）。

そしてそれらの否定すべきアメリカ的価値とは異なり、肯定すべきアメリカ的価値として、人間の尊厳、普遍的な道徳的真理、理性的な議論の信奉、良心と宗教の自由という四点が独立宣言やワシントン大統領、リンカーン大統領、キング牧師の演説が例示されながら挙げられている。What about God?　と題された第二部では宗教の問題が論じられ、アリストテレスなどが引用されつつ、アメリカにおいて信仰の自由がどのように自由主義政府と両立してきたのかが論じられる。

続く第三部の A Just War?　では「戦争に直面して道徳的に沈黙することはそれ自体、ある道徳的立場ではある――しかしそれは理性の可能性を拒否し、国際問題における無規範性を受容し、シニシズムに降伏するものだ。戦争に対して客観的な道徳によって理性的考察を試みることは、市民社会の可能性と正義に基づく世界的共同体の可能性を擁護することである」と宣言される。そしてアウグスティヌスを援用しながら正戦論が展開される。俗世から暴力を消滅させるのは不可能であるから、それを無視するよりはそれをどのように統制し人類に寄与させるか。そうした論理によって武力行使が「倫理化」されていく。

この書簡によれば「正義の戦争は公共の秩序に対して責任を負う正統な権威のみによって遂行しうる」のであって、

アメリカ合衆国にはその権利があるとされる。その一方、アメリカに敵対する暴力は「無制限の暴力、機会主義的な暴力、個人主義的な暴力」であって、それらは道徳的に許容できないものとなる。さらに、戦争においてはやむを得ず非戦闘員が殺される場合があるが、それが許容される道徳的条件が示される。

結論部では、正しい戦争をする者は「人間の生命の聖性」と「人間の尊厳の平等性の原則」に立つ必要があるとされ、それを遵守しているアメリカは正しい戦争をしていると肯定される。そして、そのアメリカが「戦争状態にある国が陥りやすい有害な誘惑――特に傲慢さとジンゴイズム arrogance and jingoism ――に陥らないためにあらゆることを私たちがおこなうことを誓約」してこの長文は終わる。

この文章には詳細な注もついている。たとえば "The basic subject of society is the human person" という表現についてはアリストテレスの『政治学』を参照するよう指示されている。また "Human beings naturally desire to seek the truth about life's purpose and ultimate ends" については、アリストテレスの『形而上学』に加えて、ヨハネ・パウロ二世の発言も参照するように注がつけられている。「社会は人間によって作られる」とか「人間は人生の目的や究極の目標についての真理を知りたがる」といった内容をこのような注で飾り、その他にもアメリカ独立宣言、国連世界人権宣言など西洋世界の「文化遺産」が膨大な注としてちりばめられている。

この装飾過多な文章の特質について述べておきたい。第一に、この文章は基本的に9・11の被害者は「私たち」だったという構成で書かれているにもかかわらず、その「私たち」が誰なのかは不明なままである。当然だが書いた本人たちは生きているわけだから、実際はテロリズムによって殺された人たちではない。その点をぼかしながら本文の多くの箇所でその「私たち」は、漠然とした「アメリカ」として提示される場合もあれば、知識人を指す場合もある。

この六〇人の知識人がいったい何の被害者として存在しているのかという問題はおいておくとしても、なぜ彼らが「アメリカ合衆国の政策が道徳的に正しいこと」を証明する必要があるのか。彼らの論理は「政府権力が被治者の合意に基づいているような私たちのデモクラシーにおいて、政府の政策は文化や社会全体の価値や選好に少なくとも部分的に根拠を置いている」以上、その文化や社会全体の価値、選好が正しいことを証明することができれば、その政府権力、そして政府の政策も肯定されるというものである。それが知識人としての義務だという認識なのかもしれないが、彼らが実際におこなっているのは、アメリカ的価値を解釈する権利と能力を所有していると自称しているだけである。

第二の特徴としてこの文章の難解さがあげられる。世間に対する公開書簡とは思えないほど内容の不明確な文章である。全体を貫く論理は、正邪、善悪、文明と野蛮など、極端な二元論であって、それは驚くほど簡明であり、その内容も個人的人権と道徳的尊厳に基礎をおくアメリカ的自由主義への信頼を示し、そうした社会において政府機能は国民を守る義務を負うという簡潔な宣言である。

ところが以上のような単純な内容が極端に複雑な文体で語られている。なるべく多くの署名者を集めるために、できるだけ合意の幅の広い文章にしようと修正を重ねた結果なのかもしれないが、曖昧な留保と多義性に満ちた表現となっている。しかしこの単純すぎる主張をスコラ的難解さで語ることにこそ、この文章の意義があるといえないだろうか。

なぜならこれは「政治神学」だからである。証拠もなくアフガニスタンを攻撃し、「副次的被害」として一般人も虐殺することを正当化する論理など通常ありえない。にもかかわらずその行為を正当化するには、その攻撃する主体となる体制を総体として正当化することがもっとも容易な方法である。そしてその体制の正当化が政治神学、体制神学として提示されているのである。その目的と表現のあいだに齟齬があればあるほど、それはさも難解な論理が展開されているかのように表面上は見えるだろう。

考えてみれば不思議なことだが、この文章はいったいだれに向けられて書かれたものなのだろうか。「私たち」と同様に「あなたがた」も不明確なままだ。これから攻撃する「アフガニスタンの人々」とも読めるし、他の国のイスラム教徒の場合もある。アメリカに反対する非イスラム教徒に呼びかけているようでもある。しかし、この複雑な文体と牽強付会とよべるほどの引用、またこれが英語で書かれていて、掲載されたメディアが西ヨーロッパとアメリカの新聞であったことなどを考えると、この書簡は西ヨーロッパ、アメリカの知識人を対象に書かれたものと考えて良いだろう。欧米の一般人は対象とされていないし、ましてやイスラム人など完全に対象外である。つまりこの書簡は、徹頭徹尾、西欧とアメリカ国内の反ブッシュ的意見を持つ知識人を読者として想定している文章なのである。

この点においてエマニュエル・トッドが逆説的に述べているように「戦争は戦略的には副次的問題にすぎない。それよりも地域的には大問題であり、道徳に関わる根本問題」となる。[27] トッドはイラク戦争について述べているのであるが、この書簡ではアフガニスタン戦争を肯定するための議論が道徳を語る議論へと置き換えられ、さらには体制としてのアメリカがその「道徳」を保有していることを証明する議論へと展開されている。しかしこの書簡の著者たちが「アメリカ的価値の道徳的普遍性」を主張すればするほど、その「普遍性」には決定的な問題点があり、現代世界において普遍的な力を持ちえてないことを示している。その限界はアメリカ的価値を否定する人々が世界中に存在するという事実によってのみ指摘されるのではない。その「普遍性」がアメリカという特殊具体的な状況においてのみ主張可能になっているという事実によっても、彼らの述べる「普遍性」の限界は明らかになるだろう。

したがってこの「神学論争」の論理はあらゆる国家に適用可能なものとなっている。たとえばこの書簡のなかの個々の具体例さえ交換すれば、フセイン大統領を支持するイラク知識人の書簡として書き直すことさえ可能であり、この書簡の論理によってアメリカ攻撃のためにイラクが軍隊を派遣することも肯定できることになる。ただ、それを不可能にしているのは、イラク・アメリカ間の論理上あるいは倫理上の優劣ではなく、アメリカの圧倒的な軍事力を含む政治的不均衡にすぎない。

だからこそ、この書簡の注は不公平にできている。イスラム教徒による過去二〇年にわたる暴力は詳細に列挙されているのに対して、アメリカ政府の暴力については「アメリカ政府の政策にはたしかに間違いもあった」と抽象的に述べられるだけであり、それらの「事実」はいっさい紹介されていない。エドワード・サイードの言う「知ろうとしないこと」の実践がここでも行われているかのようである。ヒロシマ・ナガサキへの原爆投下も、アメリカにおいてはおそらくはこのように語られうるのだろう。この書簡がアメリカの「道徳的正当性」を語れば語るほど、それはこれらの知識人の歴史的無知、あるいはその意識的な隠蔽という不道徳を認めることになる。

また、こうした書簡が成立すること自体もアメリカ中心の世界構造を示していると言えるだろう。第二次世界大戦前の日本における「日本精神」論や「国体」論に近いものさえ感じるこの文章を現代世界において他国の知識人が発表してみたとしても、国際社会から嘲笑しか受けないのは明らかである。イラクやアフガニスタンの知識人の意見を、戦闘開始前にアメリカの知識人は読む準備があっただろうか。

ウォルツァーらによる先の書簡から約二カ月後の二〇〇二年四月一〇日"Letter from United States Citizens to Friends in Europe"と題された書簡が公表された(28)。一〇〇名を超える署名者にはジュディス・バトラー、ゴア・ヴィダール、アラン・ソーカル、ハワード・ジン、ポール・スィージー、バーテル・オールマン、ノーマン・バーンバウムなどが含まれる。これは明らかに"What We're Fighting For"に対抗したもので、先の書簡に比べればはるかに短い文章だが、内容も対照的でアメリカによるアフガニスタン攻撃を全面的に否定するものである。

この書簡によれば、ブッシュ大統領の主張する自衛権はまったく国際的に平等なものでなく、強者の論理、いわばジャングルの掟 law of the jungle によって行使される特権であり、「普遍性」などとはまったく無関係だと批判されている。そして、二〇〇一年秋以降、アフガニスタンに対してアメリカ合衆国が行ったこと、つまり空爆を含めた軍事力による政府の転覆は、アメリカが以前から世界各地で継続的に行ってきたことであって、初めてではないということが指摘されている。

さらに「多くのアメリカ市民は、アメリカ国外でのアメリカによる権力行使が、国内で賞賛されている『価値』とは無関係であり、それどころか他国の人々からこうした価値を享受する可能性を奪うことに役立っていることのほうが多いという事実を認識していない」と批判し、「戦争肯定派の最大の誤謬はアメリカ国内で理解されているような『アメリカ的価値』を国外での合衆国による経済力と軍事力の行使と同一視する」ことだと指摘する。

むしろテロリズムの真のターゲットは、海外でのアメリカの経済力と軍事力であり、だからこそブッシュ大統領の戦争は海外でのアメリカの権力を防衛しているのだという。また、その戦争はアメリカ国内における「アメリカ的価値」にもとづく自由や生活の防衛とも無関係であると主張されている。それどころか、「現実には国外で遂行する戦争は国内の市民的価値を破壊している」点が指摘されている。

そうした状況において知識人は「レトリックを駆使して野蛮な力に『崇高な価値』を発見し、その野蛮な力を祝福するコーラスに加わるか、あるいは権力の傲慢な狂気をあらわにするというもっと重要な作業に加わるか」、その二者択一を迫られているとされる。そして、米国の軍事力の犠牲者と連帯しないかぎり、豊かな国に生きるわたしたちは「普遍的な価値」を防衛することはできないと宣言される。

「普遍性」の争奪戦のような書簡の応酬だが、この書簡はウォルツァーらの書簡以上に、アメリカ（特にマスメディア）においては議論の対象にならなかったように思われる。このバトラーたちの書簡では「アメリカ的価値」の称揚の政治性が批判されており、“What We're Fighting For” の基本的な論理が否定されている。その点における説得力はあると言えよう。

にもかかわらずこの書簡に対してもアメリカ体制論に関わる問題点は指摘しておきたい。それはこの書簡が示す方向性である。題名にもあるように、この「手紙」の受取人は「ヨーロッパの友人」となっている。この書簡はヨーロッパの「友人」への政治行動の依頼文である。「ヨーロッパ諸国の政府がより強力にブッシュ批判をすれば、アメリカ国内の反ブッシュの声も大きく報道される」ので、反米というレッテルを恐れずにブッシュ政権を批判するようにぜひ各自が属する政府に働きかけてもらいたいと彼らは依頼している。

これはまるで欧米だけが世界であるかのような認識であり、大西洋を越えた知識人の共同体を前提とした議論である。アフガニスタンへのクラスター爆弾の投下を議論する「場所」がなぜヨーロッパなのか。本来なら彼らが語りかけなければならないのはブッシュ大統領本人ではないのか。ソビエトという「他者」が消滅した冷戦終焉後のアメリカにおいては国家レベル、共同体レベルでのグローバル化が肯定されているといえる。それは日本においてグローバル化することへの抵抗主体として政府や共同体が想定されているのとは対照的である。こうした状況下でアメリカの「良心的知識人」が語りかけうる唯一の理解者が「ヨーロッパの友人」であるということも現在の世界政治の構成を物語っている。

しかしこのバトラーたちの書簡は、奴隷制廃止運動をラディカルに進めたジョン・ブラウンや、同時期に徹底的に政府批判をして自ら投獄されることを選んだヘンリー・D・ソローなどの市民的不服従の系譜につらなるものだと指摘することができる。統合原理を常に問い直し続ける「アウトサイダー」になることによって現実の政府を批判し、その批判が結果的にはより望ましい国家統合を作り上げることを期待する人々である。しかしその系譜が危機に瀕しているのが〈9・11〉以降、戦争状態が日常化しているアメリカ社会ではないだろうか。

政府を批判することが「無責任」だと非難されるような状況においてこそ、国家統合の原理そのものを再検討する必要がある。現実的には統治機構としての国家を捨てられない以上、そうした国家に対する批判的作業によって、いくらかでも災厄を引き起こさないような統合を構想すべきである。この点においてウォルツァーらの書簡はアメリカ国内へ向けて既存の政治統合の正統性を唱道しているだけだと言えよう。それに対してバトラーらの議論のなかには、アメリカ国内の分裂や差異を意識的に発見し、それらをすべて取り込みつづけながら国民国家形成を維持しようとする姿勢が見える。その統合原理の模索までも特殊アメリカ的なナショナル・イデオロギーとして葬り去ることは政治理論の損失でしかない。

注

（1）本稿は二〇〇四年度日本政治学会年次総会における「分科会C　市民政治を可能にするもの――その政治理論的応答」での研究発表「市民文化論の統合的機能：アメリカ的政治理論の自己正当化について」に基づいている。同分科会に協力していただいた千葉眞（司会）、辻康夫（報告）、田村哲樹（報告）、栗原彬（討論）の各氏、ならびに日本政治学会関係者各位に謝意を表したい。また本稿は上記報告原稿にほぼ近い形で発表した「市民文化論の統合的機能：現代政治理論の『自己正当化』について」（『新潟国際情報大学情報文化学部紀要』第九号、二〇〇六年）を加筆修正したものである。

（2）Gabriel A. Almond and Sidney Verba, *The Civic Culture: Political Attitudes and Democracy in Five Nations*, Princeton Univ. Press, 1963.（石川一雄・片岡寛光他訳『現代市民の政治文化』勁草書房、一九七四年）。また、戦後アメリカにおける政治文化論の展開については、拙稿「政治文化」（内山秀夫編『政治理論』三嶺書房、一九九九年、所収）を参照。

（3）Michael Walzer, "The Concept of Civil Society," in Michael Walzer ed., *Toward a Global Civil Society*, Berghahn Books, 1995, p. 8.（マイケル・ウォルツァー編『グローバルな市民社会に向かって』石田淳・越智敏夫・向山恭一・佐々木寛・高橋康浩訳、日本経済評論社、二〇〇一年、一〇頁）。

（4）たとえば以下を参照。Robert N. Bellah, *The Broken Covenant: American Civil Religion in Time of Trial*, The Seabury Press, 1975.（ロバート・N・ベラー『破られた契約――アメリカ宗教思想の伝統と試練』松本滋・中川徹子訳、未来社、一九八三年）。またベラーの市民宗教論の政治理論的意義については拙稿「政治文化と市民宗教：市民社会論への展開」『立教法学』第38号、一九九四年を参照。

（5）Michael Walzer, *On Toleration*, Yale University Press, 1997, p. 76.（マイケル・ウォルツァー『寛容について』大川正彦訳、みすず書房、二〇〇三年、一二一頁）。

(6) *Ibid.*

(7) *Ibid.*

(8) Walzer, *op. cit.*, p. 110.（邦訳、一六八頁）。

(9) *Ibid.*,（邦訳一七〇頁）。

(10) Walzer, *op. cit.*, pp. 79f.（邦訳、一二五〜一二七頁）。

(11) *Ibid.*

(12) Walzer, *op. cit.*, p. 33.（邦訳、五九頁）。

(13) このウォルツァーの論理は小林秀雄の「無常といふ事」における主張と酷似している。小林の唯物史観に対する攻撃は、「社会変革を指向する歴史観は歴史観として稚拙である」という思想的外観をとることによって、虐げられた者がその窮境を社会に訴え変革を希求する可能性を圧殺する。

(14) Walzer, *op. cit.*, p. 43.（邦訳、七三頁）。

(15) こうした主張はベラー他による『心の習慣』において典型的に表明されている。Robert N. Bellah, Richard Madsen, William M. Sullivan, Ann Swidler, Steven M. Tipton, *Habits of the Heart: Individualism and Commitment in American Life*, University of California Press, 1985.（ロバート・N・ベラー他『心の習慣――アメリカ個人主義のゆくえ』島薗進・中村圭志訳、みすず書房、一九九一年）。

(16) これらの論者の主張には明らかに共通性があり、それがコミュニタリアンと呼ばれることにも根拠はあると思われるが、彼らの多くがコミュニタリアンと呼ばれることに違和感を表明している点は重要である。たとえばウォルツァー本人の異議については、Michael Walzer, "Communitarian Critique of Liberalism," *Political Theory*, vol. 18, no. 1, 1990. を参照。また他の論者についてはたとえば以下の論文における違和感の表明を参照。Alasdair MacIntyre, "The Spectre of Communitarianism," *Radical Philosophy*, no. 70, 1995.

(17) Amitai Etzioni, *The New Golden Rule: Community and Morality in a Democratic Society*, Basic Books, 1996, p. xv.（アミタイ・エチオーニ『新しい黄金律――「善き社会」を実現するためのコミュニタリアン宣言』永安幸正監訳、麗澤大学出版会、二〇〇一年、五頁）。

(18) コミュニタリアンの議論における自由概念の恣意的な論じ方に対してスティーブン・ホームズは自由概念そのものを無化するものだとして批判する。たとえば、Stephen Holmes, "The Community Trap," *The New Republics*, Nov. 28, 1988. pp. 24-29; id., *The Anatomy of Antiliberalism*, Harvard University Press, 1993, p. 8. を参照。ホームズの主張が正当性をもつかどうかは別にして、コミュニタリアンと他称される各論者がその名称に違和感を表明するのはこうした外部からの批判にも関連すると思われる。

(19) Etzioni, *op. cit.*, p. xv.（邦訳、六頁）。

(20) Amitai Etzioni, "Too Many Rights, Too Few Responsibilities," in Walzer ed., *op. cit.*, pp. 99f.（ウォルツァー編、前掲書、一二二頁）。

(21) Amitai Etzioni, *Next: The Road to the Good Society*, Basic Books, 2001, p. 15.（アミタイ・エツィオーニ『ネクスト――善き社会への道』小林正弥監訳／公共哲学センター訳、麗沢大学出版会、二〇〇五年、四四頁）。

(22) Etzioni, *op. cit.*, p. 16.（邦訳、四六頁）。

(23) Walzer, *On Toleration*, p. 71.（邦訳、一一三頁）。

(24) Etzioni, *The New Golden Rule*, p. 17.（邦訳、三七頁）、またウェイリッチの主張については、David Cantor, *The Religious Right: The Assault on Tolerance and Pluralism in America*, Anti-Defamation League, 1994, p. 6.

(25) Amitai Etzioni, *The Spirit of Community: Rights, Responsibilities and the Communitarian Agenda*, Crown Publishers, Inc., 1993, p. 159.

(26) 公開書簡 "What We're Fighting For: A Letter from America" は以下のサイトにおいて閲覧可能である。本稿の引用はすべて本サイトによる。http://www.americanvalues.org/html/wwff.html（access date: September 11, 2005).

(27) Emmanuel Todd, *After the Empire: The Breakdown of the American Order*, Columbia University Press, 2003.（エマニュエル・トッド『帝国以後――アメリカ・システムの崩壊』石崎晴己訳、藤原書店、二〇〇三年、九頁）。

(28) 公開書簡 "Letter from United States Citizens to Friends in Europe" は以下のサイトにおいて閲覧可能である。本稿の引用はすべて本サイトによる。http://www.americanvalues.org/html/us_letter_to_europeans.html（access date: September 11, 2005).

第5章　北米における妊娠中絶手術に関する政治学的考察——米国とカナダの対比から——

加藤　普章

はじめに

(1)　妊娠中絶手術をめぐる問題状況と課題

妊娠中絶手術に関する議論は、ジェンダーやフェミニズムを取り上げる際には極めて中心的な課題のひとつである。たとえば荻野美穂の研究に見られるように、これについて詳細な考察がすでにまとめられている。(1) 本章では政治学の観点、とくに政策の展開という視点からこの問題を取り上げ、より実証的に考察することにしたい。また9・11事件とは直接の関係はないが、一九七〇年代以降のアメリカ政治の動向と妊娠中絶手術をめぐる政策はアメリカ外交と密接に関連している。そのため、アメリカという単独の国が世界に与える影響という点では、興味深い事例と言えよう。もちろん、妊娠中絶手術に関する議論は政治学だけではなく、憲法や法学、運動論、社会学、女性運動やフェミニズム、そして倫理学などの領域からも考察することが可能である。
より具体的には三つの観点から、この論文においてアメリカとカナダにおける妊娠中絶手術に関する問題状況と政策的な対応について検討したい。第一の観点はアメリカ政治のスタイルを「規制と反規制」という点から考察することにある。アメリカ政治の基本は多様な政治的アクターが影響力を行使し、オープンではあるが、複雑な政治過程が成立していることにある。この多様なアクターのなかには強力な圧力団体や業界団体があり、これらが豊富な資金や政治・社会運動の展開、そして選挙への直接的な影響力の行使などで大きな発言力を持つことが多い。

第二の観点として、アメリカとカナダの比較という切り口がある。一般的にはカナダはアメリカと類似した社会と考えられているが、妊娠中絶手術に関する政策的対応は隣国とかなり異なっている。カナダとアメリカという北米社会におけるこの問題の対比や比較を行うことで、アメリカの独自性や基本的な特徴をより浮き彫りにすることが可能である。

もちろん二つの国に共通する点や現象もあるが、政治的制度、政治原理、政党政治のメカニズムなどの違いから、現在ではきわめて対照的な状況にある。なぜそうした違いが生まれてくるのであろうか。

第三の観点は広い意味での女性の権利、そして妊娠・出産・育児といった領域におよぼす国際的なインパクト（とりわけマイナスの影響）についての考察である。本来、妊娠中絶手術に関する政策は国内問題のひとつと考えられるが、実際には国際社会や国際機関に与える影響も大きい。また大統領ポストや議会をコントロールするのが、民主党か共和党かにより、政策の動向が大きく変化してきている。たとえば、一九八四年、R・レーガン大統領が発表した声明（メキシコ・シティ政策と呼ばれる）において、アメリカ政府の新しい立場を明確にした。つまり、アメリカの対外援助を行う機関（国際開発庁、ＵＳＡＩＤ）から援助を受けている外国の政府や民間団体が少しでも家族計画に関連する資金援助を受けていれば、中絶手術ができない（禁止する）という政策である。このため、発展途上国の多くの女性たちの中絶手術の機会を失わせ、多大なるマイナスの効果が世界的に拡大したとされる(2)。

(2)　社会的争点の規制と反規制

アメリカの政治制度では、立法府、行政府、司法府という三権分立を取り、それぞれが相互にチェックし、バランスをとることが期待されている。またこれが連邦レベルと州レベルとに分割されているので、政策決定の主体は多く存在することになる。加えて、国民の政治参加への指向性は高く、またマス・メディアなどによる権力への厳しい目があり、政治や行政を一握りのエリートにより独占することはほぼ不可能になっている。

他方、複雑な利害を誰が、どのように集約し、発言しているのであろうか。イギリスや日本のような議院内閣制度を採用する国であれば、政党が基本的には利害を集約し、政治過程に反映するようなシステムが作られている。しかし、アメリカでは連邦政党は（一定の理念や利害を共有するとしても）、州レベルの政党の集合体であり、全国的に統一のとれた利害の調整を行っているわけではない。その結果、政治過程においては、圧力団体やマス・メディア、各種団体、議員など多数の政治的アクターが出現し、きわめて錯綜した状況が生まれてきている。たとえば、連邦議会における法案の成立率はわずか三・四％（一九九五〜九六年、第一〇四会期）である。提出された法案の数は六八〇八、うち成立したのはわずか二三六というデータとなっている。もちろん、立法過程も複雑であり、政治的アクターが多数のために法案成立率が低いわけではない。しかし、議会には多数の利害が法案という形で提出され、そのうち三〇本に約一本しか法律として成立しない、という事実はアメリカ政治における政治過程の厳しさを示していると見て良いだろう(3)。

この結果、アメリカ政治では政党が錯綜する利害を包括的に集約する、というスタイルではなく、利益団体が政治過程に圧力をかけて、そして議員に立法活動を依頼することで、目標を達成しようとするスタイルが有力となってきた。これを「単一争点政治」(single issue politics)と呼び、アメリカ政治を特徴づける用語のひとつとなっている。こうして市民の活発な政治参加、多数の利益団体、オープンなロビー活動、議員たちの政策立案と立法活動、そして連邦議会における立法化にむけた激しい攻防戦(そして低い法案成立率)、というアメリカ政治に固有なスタイルが見いだされるのである。(4)

また、立法府にとどまらず、司法的手段による問題への取り組みも熱心に行われている。日本とは異なり、社会的・政治的な問題を裁判で解決しようとする政治文化があり、また司法機関もこうした要請に積極的に応えようとする努力を行っている。

こうしたアメリカ政治の特質を前提とし、多くの政策がこうした枠組みのなかで検討され、意思決定が行われている。規制と反規制の政治学では、社会的問題を規制する立場と規制に反対する立場の二つがあり、この両者が立法的・行政的・司法的手段により目標実現にむけた運動を展開している、という枠組みを設定したい。さらに両者にとり、目標が連邦レベルで実現できる場合もあれば、州レベルで達成できる場合もあるので、運動のターゲットは適宜、変更されることになる。規制と反規制の政治学では「主体」、「手段」、「理由や根拠」、として「誰を対象に」という四つがポイントとなろう。この四つを軸とし、対立の構造、協調のパターンということが研究を進める上で重要になろう。

1 「妊娠中絶手術」をめぐる歴史と政策

(1) 歴史的展開とロー判決

妊娠中絶手術については、国際的に見ると、全面的に禁止という国はあまり多くなく、医学的な理由や妊娠に至る特別な理由（強姦、近親相姦など）、そして極度の貧困などの経済的な理由により、例外として認められる国が多い。ただし、こうした例外に当てはまらない場合（自発的に出産を望まない）には、非合法的な手術を受けることがあり、その際の手術の医学的レベルや経済的な負担に問題があると指摘されている。

アメリカでも一九世紀初頭までは、州も連邦も妊娠中絶手術について特別な規定を置かず、いわば個人のレベルで判断すべき事柄であった(5)。しかし、一八二〇年、コネティカット州で最初に規定され、それまでの放任状態から、規制し違反者にはペナルティを課す方向へと進んだ。その後、大半の州が同じような対応をとることになった。二〇世紀初頭から女性運動の高まりもあり、規制を緩める（自己判断を尊重する）ような働きかけが行われた。しかし、こうした要求を受けて妊娠中絶手術の自由化や緩和が導入されるのは一九六〇年代からであり、その数としては一六州とされる。また一九七〇年には四つの州（ハワイ、ニューヨーク、アラスカ、ワシントン）において、妊娠中絶手術を禁止する法律を廃止し、これを合法化した。一九六〇年代以降の女性運動の高まりやリベラルな社会変革を求める世論の動きなどが、規制緩和を求めた原動力であったが、反面、カトリック教会や保守的な指導者たちは自由化に反対し、強い危機感を持つようにもなっていた。

妊娠中絶手術についての画期的な判決が連邦最高裁から出るのが一九七三年一月二二日である。この一九七三年までに、アメリカの女性たちは三つの異なるパッチワーク状態のなかで生活していたことになる。つまり、自由化・合法化された四州、手術を行うにあたり緩やかな条件をつけた一四州、そして厳しい条件に置いた三二州、という三つのパターンが生じていたのである。一九七三年、テキサス州の妊娠中絶手術に厳しい条件を課した法律（一八五七年制定）、そしてこれに関連した法律に異議を唱えた原告（ジェーン・ローという仮名）に対し、連邦最高裁が判断を下した。

当時の連邦最高裁判所の判事たちはリベラルな判決を下す傾向があり、この判決では七対二、という多数でテキサス州の法律を憲法違反とする決定が下された。多数派の意見をまとめたのはハリー・ブラックマン判事であり、プライバシーの権利（修正憲法第一四条、ないしは修正憲法第九条）に根拠し、原告には妊娠を中絶するかどうかを決定する権利を有するとした。ただし、無制限ということではなく、妊娠期間を三つに分割し、最初の期間（first trimester）において、女性が中絶するか否かどうか、判断する権利を有するとした。第二期目では政府による介入があることを認めた。そして最後の第三期では州政府が規制し、中絶手術を禁止できる権限があることを認めた。

この結果、全米五〇州のうち、四六州の中絶に関する法律が無効となり、中絶手術が合法化されることになった。また、これまでこの事柄は州政府の管轄であったが、最高裁が全国的な基準を設定したことにより、連邦レベルでも議論されるようにもなった。中絶に賛成する側はプロ・チョイス、反対勢力はプロ・ライフという陣営に別れ、その後、激しく対立を繰り返すことになっていく。また政党としては共和党がプロ・ライフ寄り、そして民主党がプロ・チョイス寄り、ということで中絶問題が政党間で対立する争点の一つにもなっていったのである。一九七〇年代からこれが大統領選挙の争点にもなっていった。

ロー判決以後の司法について検討してみよう。(6) 政党では共和党や保守派、そして宗教団体ではキリスト教原理主義の人々（fundamentalists）、カトリック教会などがリベラル化するアメリカに対して批判を展開した。またリベラルな判事が最高裁判所の多数派を占めたという苦い体験から、共和党の大統領は（判事の引退という機会があれば）、可能な限り保守派の判事を任命しようと試みた。レーガン大統領は三名（S・D・オコーナー、A・スカリア、A・ケネディ）、そしてブッシュ（父）大統領は二名（D・スーター、C・トーマス）という新しい判事を連邦最高裁に送り込むことができたのである。長期的に見れば、保守派判事が多数派を占めることで、ロー判決を覆すような判決、あるいは骨抜きにするような判決を生み出すことが期待されていたのである。確かに、ロー判決以降、中絶に関する判決が多数でてきたが、保守派と思われた判事たちは中道派、あるいはリベラル派へと変身することがあり、圧倒的に保守派優勢になっていないのが現状である。またクリントン大統領も最高裁判事を二名任命する幸運に恵まれ、リベラルな法律家を任命した（R・ギンズバーグ、S・ブレイヤー）。最近の判決動向からは、判事たちの立場は、保守派三、中道派二、そしてリベラル派四という区分となっていた。二〇〇五年夏、ブッシュ（息子）大統領は高齢のため亡くなった保守派判事の重鎮で最高裁長官のレーンキストの後任として、五〇歳というJ・G・ロバーツ氏（連邦控訴裁判事、保守的と指摘されている）を指名し、また上院での審査をパスし、二〇〇五年九月二九日に正式に決めることが可能となった。加えて、中道派のオコーナー判事が引退を表明したので、その後任人事も二〇〇五年一〇月、中絶問題ではプロ・ライフ派のS・アリート氏を任命した。連邦上院もこの人事を二〇〇六年一月三一日に承認した。ブッシュ大統領（息子）はわずか半年の期間で二名の判事（うち一名は長官）を任命することになった[7]。二名の新しい判事を迎え、最高裁の意思決定の今後のバランスは、保守派四、中道派一、そしてリベラル派四という構成になるものと予想される。

もちろん、ブッシュ大統領は連邦最高裁の判事に止まらず、それ以外の連邦裁判所の判事を任命する際、可能なかぎりプロ・ライフ派の人物を任命してきており、プロ・チョイス派には中絶手術に関する権利が司法面で後退するものと憂慮されている。

(2)　州政府の対応と動き

ところで医療や病院などについては州政府の役割と権限が大きいので、プロ・ライフ派はロー判決には制約を受けるが、州議会へ圧力をかけ、中絶手術を阻止するようなさまざまな手段を導入することになった。そうした事例を紹介してみよう。もちろん、ロー判決の原理を否定することは許されないが、さまざまな抜け道を見つけて、中絶手術ができないようにすることがポイントとなっている。基本的には中絶手術そのものを規制する方法と中絶手術に関連した事柄で規制する方法という二つの対応策が見出されるようである。

中絶手術を行う医師や医療関係者が設立したプロ・チョイス系の団体（全米中絶協会、ＮＡＦ）によれば、次のようなものが指摘されている。(8)

・中絶手術そのものに関する規制やルール

ア　三九の州では資格を有する医師だけが中絶手術をできるとしている。

イ　ＴＲＡＰ法（Targeted Regulation of Abortion Provider Act）の規制。

（たとえば中絶手術の回数制限＝年間五〇件、クリニック施設などに関する恣意的な許認可）

・中絶手術に関連する規制やルール

ウ　四四の州では両親の合意を取り付けること、ないしは通告することを要求。

（一〇代の少女が中絶を受けようとしても、親の合意が得られない）

エ　手術まで二四時間から四八時間（ないしはそれ以上）の待機時間の設定。

（申込から少なくとも一日、待たされるので、余分なホテル代など必要）

オ　助言者からの反中絶カウンセリングの実施。

（意図的に中絶手術を回避させるような助言を与える）

カ　その他の方法。

（貧困層向けの医療保険であるメディケイドでは中絶手術をカバーしない）

こうしたことで、ロー判決の原理（妊娠期間の最初の三分の一）には直接触れることなく、事実上、不可能にするような対応策が多くの州で導入されてきた。経済的に自立していない一〇代の少女たちが妊娠したとすれば、実際のところ、中絶手術をうけられないような事態となってきたのである。

プロ・チョイス派にとり、これは重大な挑戦である。そのため、司法的手段により、こうした手段の合法性にチャレンジした。しかし、州レベルの司法機関から連邦最高裁においてこうした手段の是非を議論し、もし認めるようなことになれば、ロー判決は事実上、後退することを意味する。実際のところ、これまで多くの連邦最高裁の判決により、ロー判決を骨抜きにするような対応策が認められてきた。また一九八九年には、有名なウェブスター判決があり、これで事実上、州政府による中絶規制権が復活した。また一九九一年五月には中絶に関する相談を禁止する法律を合憲とする判決を連邦最高裁が下した。これは医師による妊婦への中絶に関する助言を禁止する（ギャグ・ルールと呼ぶ）法律が憲法違反とならず、結果として中絶手術へのアクセスを制限することになった[9]。

(3)　プロ・ライフ派の反撃

プロ・チョイス派はロー判決以降、中絶手術の機会が減少するという皮肉な結果になっていった。また共和党の大統領が選挙に勝ち（G・フォード、R・レーガン、G・ブッシュ）、また一九七七年から一期だけ大統領に就任した民主党のJ・カーター大統領も社会的には保守的であったことから、プロ・チョイス派には向かい風が吹くことになった。そうしたなかで一九九三年一月、選挙を勝ち抜いた民主党のクリントンが大統領に就任した。かれは当初から中絶支持、という立場を明確にし、それを具体化する政策を導入した。また一九九四年にはいわゆるＦＡＣＥ法（Freedom of Access to Clinic Entrances）を成立させ、中絶手術を行うクリニックの医師やスタッフ、そして患者への嫌がらせや暴力的な行為を禁止する手段を導入した。これは中絶反対派のなかの過激派が展開した暴力や銃撃などに対応するもので、プロ・チョイス派には歓迎すべき連邦政府の政策であった。

ところで議会の共和党やプロ・ライフ派は特定の中絶手術の方法を取り上げ、これを使えなくなるようにした法案（ＰＢＡＢ法案：Partial-birth Abortion Ban Act：部分出産中絶禁止法）を一九九九年以降、継続的に議会で審議してきた。クリントン大統領はこの法案に反対し、拒否権を発動してきた。しかし共和党が議会や大統領ポストをめぐる激しい選挙戦に勝利を収めたことで事態が変化した。部分出産中絶禁止法は二〇〇三年一〇月、議会と共和党大統領の意向を受けて成立した。類似の州レベルでの部分出産中絶禁止法は、多数制定されているが、連邦最高裁が違憲判決（二〇〇〇年六月、ネブラスカの法律）を下している。したがって全体像はわかりにくいが、連邦レベルで中絶手術を規制する法律が成立したことの影響は大きいとされる。ＰＢＡＢ法の違憲性については議論されてきているが、中絶手術を刑事罰の対象とする点でロー判決を事実上、後退させる効果を持つと指摘されている。[10]

二〇〇一年一月に大統領に就任したＧ・ブッシュ大統領（息子）はクリントン大統領の政策を全面的に否定するような政策を次々と展開してきている。プロ・チョイス系の団体のなかでも活発な動きを展開しているＮＡＲＡＬ・プロチョイス・アメリカはこうした政策をまとめ、大統領のみならず連邦議会も二〇〇二年の中間選挙以降、共和党が過半数を占めるようになり、強力にプロ・ライフ系の政策を推進していると批判的である。連邦裁判所の判事の任命から始まり、連邦行政機関の責任者にプロ・ライフ系の人物を任命し、さらにはロー判決を事実上、骨抜きにするような連邦法を議会と協力しながら成立させてきている。予算配分や人事権など含め、大統領が行使しうる権限は大きく、プロ・ライフ派の巻き返しは予想以上に大きいようである。たとえば、未成年の妊婦が中絶手術のため他の州へ移動する場合、妊婦に同伴する親族（祖母や叔母など）や医療関係者も州を越えて移動させるという点で刑事罰の対象となる、といういささか大胆で奇想天外な規定を盛り込んだ法案が連邦議会に提出されている。これは「児童州際移動中絶手術通知法」（Child Interstate Abortion Notification Act）とよばれ、下院では二〇〇五年、通過している。

ただし、上院では通過しておらず、今後の対立の焦点でもある。あるいは胎児を「人間」とする新しい前提を置き、中絶手術を「殺人行為」とする考え方を法的に確立するような動きもある。実際、二〇〇四年四月には、「ＵＶＶＡ法」（The Unborn Victims of Violence Act）が成立し、ブッシュ大統領も法案に署名するような事態が生まれている。

他方、二〇〇六年八月末には「プランＢ」と呼ばれる緊急避妊薬の販売を連邦食品医薬局（ＦＤＡ）が認めた。これは性行為のあと七二時間以内にこれを服用すると妊娠を防止できるという薬品である。すでに安全性や効果については、専門家たちにより認められていたが、ＦＤＡは認可をこれまで（ホワイト・ハウスからの圧力もあり）拒否してきた。今回、ようやくそれを販売して良い、というゴー・サインが出されたのである。ただし、薬剤師が駐在する店舗において、希望者は口頭にて購入を申し出ることが必要であり、通常の商品の棚には配置されることはない。さらに一七歳以下の購入希望者は医師の処方箋が必要である。例外として、すでに州政府のレベルでプランＢの販売を認可しているところ（九つの州）では、ＦＤＡの決定には左右されずこれまで通りの販売・購入が可能とされる[11]。

さて、政治的にはこうして見ると、ロー判決以降、プロ・ライフ派が圧倒的に優勢なように思われる。しかし、他方では、世論では中絶手術に対しては容認派が多く、全面的に禁止、という考え方は少数派である。一九九三年のギャロップ調査によれば、無条件で容認するが三二％、一定の条件のもとで容認が五一％、そして全面的に容認しないが一三％である[12]。言い換えれば国民の大半（八割前後）は中絶手術についてリベラルな意見を持っていることになる。結果的には国民の意見とはかなり乖離した中絶禁止の運動や政治が展開されている、とも言えそうである。規制と反規制の政治学、という観点からすれば、規制派（プロ・ライフ派）の過剰な政治参加と政策レベルでの成功、という結論となろうか。

2　妊娠中絶手術をめぐる政策の展開

(1)　中絶問題に関する政策——メディケイドとの関連から——

アメリカでは日本のような公的な国民皆保険の制度は成立していないが、一部の国民に向けた公的な医療保険の制度がある。ひとつは高齢者向けの医療保険制度でメディケア（障害者も含む）、そして低所得者向けの制度でメディケイド（連邦政府と州政府が費用を負担）という二つが存在している。国民の大半は民間医療保険に加入することで対応している。ただし、二つの公的制度によりカバーされず、また民間保険にも加入していない国民も人口の約一五％存在すると言われている。

ロー判決は確かに中絶の権利を確認したが、貧困層で医療コストを公的保険でカバーするような人々はメディケイドに依存することを意味していた。ロー判決の四年後、一九七七年、共和党の下院議員であるH・ハイドが法案を提出し、連邦政府の予算によるメディケイドにより中絶手術を行うことを禁止する条項を成立させた。メディケイドを担当していた当時の厚生・教育・福祉省はその後、この規定（ハイド条項）に縛られることとなり、貧しい女性の中絶手術は大きく制約を受けることになった。同時に一九七七年、これに関して中絶手術への公費支出の是非を問う最高裁判決（メイハー対ロウ判決）が出されたが、いずれも公費支出を認めない判決が下された。クリントン大統領はハイド条項を多少緩和することに成功したが、現在も公費支出を認めない傾向が続いている。[13]

アラン・ガットメイカー研究所（プロ・チョイス系の研究所）の報告書によれば、現在では三二の州政府は妊婦に危険が及ぶ場合、そして強姦と近親相姦による妊娠の場合には公費での中絶手術を認めている。ついで一七の州では医学的に必要とされる場合に限り、公費での支出を認めている。この一七州のうち一三州では裁判所からの支払い命令がある場合に限り州政府が支払いを行い、残りの四州（NY、ハワイ、ワシントン、メリーランド）は自発的に支払うとされる。いいかえれば、一七州のうち四つの州では事実上、州政府による公費負担を認めていることになる。メディケイドの費用のうち、州政府が負担する部分の中から中絶手術による費用分を州政府の判断により、支出することが可能なためである。(14)

(2)　二極化する州レベルの政治

全米中絶協会の報告書によれば、二〇〇四年、四四の州議会において約五〇〇を超える中絶規制の法律が審議されたという。うち二〇の中絶手術や支払いに関する法律が州議会を通過したが、いくつかはその合憲性が問われ、裁判所により審議中とされる。他方、二〇〇四年の選挙の結果、五名のプロ・チョイス派の知事が当選し、合計すると二一名の知事たちがこの勢力を代表している。他方、五名のプロ・ライフ派の知事も当選し、合計して二二の知事が反チョイス派を形成している。ただし、立場が明確でない中間派の知事も六名存在している（このうち、カリフォルニア州のアーノルド・シュワルツネッガーは共和党ながら中間派となっている）。議会では民主党が州の上院と下院で過半数を占める州が一九、共和党が州の両院を占める州が二〇となっている。激しい民主党と共和党の主導権争いと共に中絶手術に関する争いも展開されてきている。(15)

プロ・チョイス・アメリカという団体は五〇州における妊娠中絶に関する女性の権利状況をまとめ、AプラスからDマイナスの評価をつけている。それによれば、全米で一番良い評価を得たのはカリフォルニア（A＋）、次いでワシントン（A＋）、三番目はコネティカット（A）と続く。四番目は東部のメリーランド（A）、五位はメイン（A）である。ニューヨークはAで九位、ハワイはB＋で一二位である。逆に評価の低い州はペンシルベニア（四八位）、ノースダコタ（四九位）、ケンタッキー（五〇位）と続き、いずれもFという評価である。アメリカ全体ではDマイナスという評価でもある。[16]

3 カナダにおける妊娠中絶問題

(1) 歴史的展開

一八六七年の連邦結成以来、妊娠中絶手術は刑事罰の対象とされてきた。しかし、第二次世界大戦後のリベラルな社会改革の動きを受け、合法化への要求が高まってきた。一九六九年、連邦政府は規制を一部、緩和する政策を導入した。つまり全面的な禁止ではなく、病院内に設置された「母体保護中絶委員会」が妊婦に危険が及ぶと判定した際には中絶手術を行うことが許されるとした。他方、それ以外の妊娠中絶手術は従来通り禁止された。こうした部分的な緩和政策が導入されたが、妊娠中絶手術を全面的に合法化することを求める医師、H・モーゲンテーラーは連邦政府が定めた規則を意図的に無視し、たびたび有罪判決を受けていた。また同医師はカナダの主要都市で中絶のクリニックを開業し、中絶手術を繰り返していた。そして一九八八年一月二八日、連邦最高裁は妊娠中絶を禁止した刑法第二五一条を憲法違反としてついに決定的な判決を下すことになった。[17]

カナダ連邦が一八六七年に結成された際、成文憲法としての「英領北アメリカ法」が制定されていた。しかし、この憲法は連邦制度の基本を定めた憲法であり、憲法改正の手続きや国民の権利などが規定されていないという問題を抱えていた。そこでこうした問題を解決し、国民の権利を明文化した新しい憲法が一九八二年に制定された。これにより、カナダ国民の権利は明確な憲法上の権利を持つことになった次第である。一九八八年の最高裁判決はこの新しい明文化された人権規定（特に第七条）をベースとして、刑法第二五一条が妊婦の生命、自由、安全を損なうとした。このモーゲンテーラー判決はアメリカのロー判決に該当するような画期的なものと言えよう。

当時の連邦政府（進歩保守党政権）は中絶手術を合法化することには反対し、そのため一九九〇年には一部合法化しつつ、処罰を強化する法案（Bill C－34）を議会に提出した。社会主義系の新民主党はプロ・チョイスという点では方向は定まっていたが、与党の進歩保守党や野党の自由党はそれぞれ賛否両論があり、明確な立場を取ることができない状態であった。最終的には一九九〇年五月、この法案は連邦下院を僅差で通過したが、上院では一九九一年一月に否決され、不成立に終わった。それ以降、カナダでは妊娠中絶手術を禁止するような法律は制定されていない。

もちろん、一九八八年のモーゲンテーラー判決に挑戦するような訴訟が続いた。たとえば、東部のノバ・スコシア州は一九八九年に中絶を禁止する法律を制定したが、一九九三年、連邦最高裁はこれを憲法違反とした。

⑵　中絶問題に関する規制と反規制の政治学

カナダとアメリカの中絶問題を比較したR・タタロビッチによれば、カナダではこれが党派間の対立点にならないという。つまり新民主党は明確にプロ・チョイスの立場を明確にしているが、進歩保守党や自由党は立場を明確にしていない（できない）という理由からである。また一九九〇年代には西部カナダを支持基盤とし、反中央、反ケベックという立場を掲げて登場した新勢力の「改革党」は社会政策の面では保守色を強く打ち出していたが、アメリカの共和党のような強固なプロ・ライフという立場を取ることがなかった。また世論も基本的には自由化した政策を支持することが多く、中絶問題の是非についての対立が政党間の対立には直接繋がらない、というメカニズムが生まれてきたのである。[18]

もちろん、中絶手術を行う医師やクリニックへの嫌がらせ事件や襲撃事件、放火事件もカナダでは起きている。一九九四年にはバンクーバーの医師が銃撃され、重体になった事件もある。このため、BC州政府は一九九五年にクリニックや医師の自宅が嫌がらせを受けないような「監視地域」を設ける法律（Access to Abortion Services Act）を制定した。

アメリカでは最高裁を含め連邦裁判所の判事を任命する際、共和党であれば可能な限りプロ・ライフの判事を選ぶという手法が取られてきたが、カナダではこれはあまり問題となっていない。おそらく、一九八八年判決がほぼ定着し、政治的・党派的な争点になっていないためと思われる。

カナダで注目すべき政策課題は公的医療制度と中絶手術の費用負担という問題である。カナダでは連邦政府主導による全国的な医療保険制度が確立しており、公的な枠組みにより国民皆保険となっている。この点がアメリカとは大きく異なる違いである。さて中絶手術は合法化されているが、興味深いことに州により中絶手術が医療保険制度によりカバーされるかどうか異なっている。医療保険のコストについては、連邦政府が原則として費用の半分を負担し、残りを州政府が負担するという仕組みである。また連邦政府は州政府ごとに運用が異なることを懸念し、全国均一のサービスを受けられるように五つのルールを定めている。たとえば、カナダ国民がある州から別の州に転勤などで移動しても、同じレベルのサービスを受けられるようにしてある。

したがって、連邦政府のルールを州政府が完全に尊重していれば、中絶手術の費用負担についても同じとなるはずである。病院で行われる手術については公的な医療保険の対象となるとされる。しかし、民間クリニックで行われる中絶手術の費用の支払いについては、州により全面的にカバーするところ、部分的にカバーするところ、そしてまったく支払いを拒否するところ、というように三つのパターンとなっている（二〇〇三年六月段階）。またプリンス・エドワード島州では州内での中絶手術を受けることができず、他の地域へ移動することが不可欠となっている。これは貧困層の女性には大きな負担とされている。またニュー・ブランズウィック州では一定の条件を満たさないと手術を受けられないような制約も課せられている[19]。

州レベルでは社会主義政党の新民主党が議会の過半数を占め、そのまま政権を握ることが多い。そして中絶や女性の権利擁護については、他の政党よりはあきらかにプロ・チョイスの立場を採用している。したがって、新民主党が政権の座にある州ではこの分野では進展するが、選挙で敗北し、別の政党が政権を取るとそれが後退するというような一般的傾向も見出される。もっとも、自由党や保守党は必ずしも明確な立場を打ち出していないので、政策そのもの（一九八八年判決の原則）を全面否定するようなものは導入されていない。

4　中絶問題とアメリカ外交

アメリカが女性の権利と関連する政策で国際的な役割を発揮するのは、第二次世界大戦後となろう。特に発展途上国の人口爆発問題が注目され、一九五三年、ロックフェラー三世が研究機関として人口評議会を設立した。フォード財団やロックフェラー財団などもこの評議会に財政支援を行い、次第に有力な組織となっていった。基本的には調査がメインであるが、人口問題に関する研究者の育成や政策エリートへの啓蒙など多面的な役割を担うことになった。たとえば、有力なアメリカの大学に研究費を支給し、専門家を養成するという点で功績があったとされる[20]。

一九六〇年代に入ると社会改革の世論が強くなり、国内レベルに止まらず、国際的にもアメリカが発言し、役割を果たすべきと考えられてきた。たとえば、一九六五年、国際開発庁が設立され、途上国における人口問題を改善する支援政策を開始した。この当時、共和党も民主党もこうした支援には合意があり、一九六八年には国際開発庁が途上国に避妊具を配布することも承認していた。しかし一九七〇年代になるとキリスト教関係者や保守派の人々が人口政策に関連した避妊や中絶について否定的な見解を述べるようになった。いわばアメリカ政府が支援する国際的な「家族計画」についての合意が次第に崩れてきた。

一九七三年、共和党上院議員のJ・ヘルムズが外国援助法の一部修正を提案した。これは国際開発庁による援助基金を使い、中絶手術やそれに関連する事柄を禁止するというものであり、いわゆる「ヘルムズ修正条項」と呼ばれている。(21) これにより、この分野でのアメリカの国際貢献は後退することを余儀なくされた。

一九八三年、メキシコ・シティーの国際会議でレーガン大統領は有名な声明を発表した。それは国際開発庁から援助を直接、または間接的に受け取る外国政府、民間団体は中絶手術を行うことを禁止するというものであった。少しでも国際開発庁から資金を受け取る限り、外国政府や民間団体は自己資金で中絶手術を行うことも禁止するという原理（グローバル・ギャグ・ルールと呼ばれる）の導入である。こうした政策はレーガンのあとのブッシュ（父）大統領にも引き継がれた。ヘルムズ条項ではアメリカ政府の援助資金を受け取る場合、関係者に対して中絶手術を禁止したとすれば、メキシコ・シティー政策は発展途上国の政府や民間団体が自己資金でも（アメリカ政府の援助を受ける限り）、中絶手術を禁止するという対外的な制約も課したことになった。

一九九二年の大統領選挙に勝利を収めたクリントン大統領は、一九九三年一月二〇日に正式に就任した。一月二二日、かれはレーガン・ブッシュ（父）大統領が規定した中絶に関するルールを廃止し、プロ・チョイスの政策を導入した。たとえば一九八四年のメキシコ・シティー政策を無効とし、外国政府や民間団体が国際開発庁からの資金援助を受けながらも、中絶手術を行うことができる、という一九八三年以前の状況へ戻したのである。また経口避妊薬として知られていたフランスのＲＵ４８６の輸入禁止見直しなども指示した（これは二〇〇〇年九月に解禁となった）。

他方、二〇〇〇年の激烈な大統領選挙を勝ち抜いたブッシュ（息子）大統領は、就任してすぐにクリントン大統領が取った措置の正反対の決定を行った。つまり二〇〇一年一月二二日、メキシコ・シティー政策を再度、復活させた。また二〇〇三年の八月、この分野での規制を強化し、国際開発庁が提供してきた家族計画に止まらず、国務省の予算から援助を受ける外国政府やＮＧＯも原則として中絶手術を行うことができないとした。

国連人口基金（ＵＮＦＰＡ）については、ブッシュ政権は二〇〇二年の七月、三四〇〇万ドルの拠出金を凍結すると発表した。基金は家族計画を中心としており、中絶手術とは本来は無関係であるが、中国の強制避妊手術との関係で拠出金を出さないとされている。米国政府の年間の分担により、二〇〇万人近い妊娠を回避でき、八〇万件の中絶手術も回避できるとされる。さらに四七〇〇件の妊婦の死亡、そして七七〇〇〇件の乳児や児童の死亡も避けることが可能と指摘されている。(22)

おわりに

妊娠中絶手術の是非をめぐる議論は一九七〇年代以降、党派的、政治的な対立として次第に大きな争点となってきた。一九七三年の連邦最高裁の判決により、対立する領域も拡大し、複雑化していった。本来は医学的な問題であり、個人の問題である妊娠中絶手術はこれらの守備範囲を超え、絶対的な価値を議論する宗教とも結びつき、中絶反対派は草の根レベルでの保守主義や反リベラルな運動とも関連してきている。共和党は一九七〇年代までの穏健な保守政党から、宗教勢力と連動し、社会や生活レベルでも保守回帰、伝統回帰を指向する政党へと変貌を遂げてきたようでもある。また国内での政治対立に止まらず、アメリカの援助政策とも結びつき、グローバルな意味でも女性の権利や生活、そして生命そのものにも大きな影響を与えるようにもなってきた。

この論文では国際的な影響についての考察までは十分に行うことができなかったが、妊娠中絶問題に関するより多面的、学際的、そして政策的なレベルでの研究が必要であることは確かである。

アメリカでは一九八〇年代以降、中絶手術を含め、政治と宗教がかなりの部分で重なるという事態が生まれてきた。

ブッシュ（息子）政権は9・11事件への対応、連邦議会の両院を共和党が過半数を制するという政治的勝利、そして彼自身の宗教右派勢力との協力体制という事柄が重なった。このため、妊娠中絶手術の是非という本来は医学的な問題が神学や宗教の論争になってしまったと言えよう。今後とも国内政治の動向と国際政治とをリンクさせつつ研究を行う必要性を指摘して、まとめとしたい。

*この論文は日本国際政治学会二〇〇五年度年次研究大会、部会一「テロ後の世界とジェンダー」（二〇〇五年一一月一八日、札幌コンベンションセンター）にて発表したものである。

注

（1）荻野美穂『中絶論争とアメリカ社会』岩波書店、二〇〇一年。緒方房子『アメリカの中絶問題』明石書店、二〇〇六年。G. Feldt, *The War on Choice*, New York: Bantam Books, 2004.

（2）John Sharpless, "World Population Growth, Family Planning, and American Foreign Policy," in D. Critchlow, ed., *The Politics of Abortion and Birth Control in Historical Perspective*, University Park: Pennsylvania State University Press, 1995, pp. 95–97.

（3）H. W. Stanley and R. G. Niemi, eds., *Vital Statistics on American Politics, 1999–2000*, Washington, D. C.: Congressional Quarterly, 2000, p. 206.

（4）内田満『変貌するアメリカ圧力団体』三嶺書房、一九九五年。R. Hrebenar, *Interest Group Politics in America* (3rd Edition), Armonk, NY: M. E. Sharpe, 1997.

（5）B. H. Craig & D. M. O'Brien, *Abortion and American Politics*, Chatham, NJ: Chatham House, 1993; M. Tushnet, *Constitutional Issues: Abortion*, New York: Facts on File, 1996; K. O'Conner, *No Neutral Ground?*, Boulder: Westview Press, 1996; M. Segers and T. Byrnes, eds., *Abortion Politics in American States*, Armonk, NY: M. E. Sharpe, 1995; Martin Durham, "Abortion", in R. Singh. ed., *Governing America*, New York: Oxford University Press, 2003, pp. 341–358.

（6）Craig & O'Brien, *Abortion and American Politics.* 久保文明編『G・W・ブッシュ政権とアメリカの保守勢力』国際問題研究所、二〇〇三年。この論文では主にプロ・チョイス系の団体が提供するホームページからデータや論文などを入手した。ただし、プロ・チョイス系の団体でも全米女性機構（ＮＯＷ）は中絶手術に限らず、女性の権利を総合的にカバーし、運動の展開に重点が置かれている（www.now.org）。中絶手術に関する医師や医療関係者が中心の全米中絶協会（ＮＡＦ：www.prochoice.or）は運動よりも情報の提供や分析に重点をおいている。また研究や分析を中心とするアラン・ガットメイカー研究所では優れた報告書などをまとめている。その他、家族計画をメインとする団体（家族計画協会：www.plannedparanthood.org）など複数の団体や組織が活躍している。プロ・ライフ系の団体については、家族計画協会がまとめた団体一覧が便利である（www.plannedparenthood.or, "Profiles of 15 Anti-Choice Organizations", アクセスは二〇〇五・九・二八）。

（7）www.prochoice.org/policy, "NAF Position on Supreme Court Nominees"（アクセスは二〇〇六・八・一〇）。

（8）www.prochoice.org/policy, "Threats to Abortion Rights" & "Reproductive Choice in the States in 2005"（アクセスは二〇〇六・八・八）。

（9）www.plannedparenthood.org, "Major US Supreme Court Rulings on Reproductive Health and Rights (1965–2003)"（アクセスは二〇〇五・九・二八）。

（10）「二〇〇四　米大統領選、ブッシュ共和党、上（保守層固め戦術）」『朝日新聞』二〇〇三年一二月二四日。

（11）www.prochoice.org/issues, "Bush Administration and Congressional Anti-Choice Actions"（アクセスは二〇〇六・八・八）。プランBについては次を参照した。"FDA Approves over-the-counter sales of Plan B", and "Plan B maker faces challenges in Marketing product", *USA Today*, August 25, 2006.

（12）R. Tatalovich, *The Politics of Abortion in the US and Canada: A Comparative Study*, Armonk, NY: M. E. Sharpe, 1997, p. 111.

（13）www.guttmacher.org/pubs, "Rights Without Access"（アクセスは二〇〇五・一〇・一一）。

（14）www.agi-usa.org, "State Policies in Brief, State Funding of Abortion Under Medicaid"（アクセスは二〇〇五・一〇・四）。

（15）www.prochoice.org/policy, "Policy Reports/2004 State Election Wrap-Up"（アクセスは二〇〇六・八・八）。

(16) www.prochoiceamerica.org, *Who Decides?: The Status of Women's Reproductive Rights in the United States*, 15th Edition, January 2006（アクセスは二〇〇六・八・八）。

(17) Raymond Tatalovich, *The Politics of Abortion in the US and Canada*, Armonk, NY: M. E. Sharpe, 1997, Chapter 2 (Judicial Activism and Judicial Activity),「モーゲンテーラー事件連邦最高裁判決」（日本カナダ学会編『史料が語るカナダ』有斐閣、一九九七年、二六六〜二六七頁）。

(18) Tatalovich, Chapter 5 (No Mandates on Election).

(19) www.prochoice.org/canada, "Legal Abortion in Canada" and "Abortion Coverage by Region"（アクセスは二〇〇六・八・八）。

(20) J. Sharpless, "World Population Growth, Family Planning, and American Foreign Policy", in D. T. Critchlow, ed., *The Politics of Abortion and Birth Control*, pp. 79-81.

(21) www.usaid.gov, "Family Planning-US Policy Governing USAID Family Planning Funds"（アクセスは二〇〇六・八・八）。

(22) www.thetruthaboutgeorge.com, "Women's Right-Administration Withdraws Funding for Family Planning"（アクセスは二〇〇六・八・一二）。ニコラス・クリストフ「大統領、これが命の『保護』」（『ニューヨーク・タイムズ』コラム、『朝日新聞』二〇〇五年一〇月二七日）。

第6章　イギリスにおけるナショナル・アイデンティティの構造

深澤　民司

はじめに

トム・ネアンは一九七〇年代の「イギリスの危機」の後に『イギリスの解体』(1)を著し、老朽化し軋みの生じているイギリスの国家と社会の構造は、少数民族、とりわけスコットランドにおけるナショナリズムの復活、ならびに経済的沈滞によって、解体の危機に瀕するだろうと論じた。民主主義国家の一つの典型とされてきたイギリスに対して、この早熟な書が提示した「イギリスの解体」という問題は、暫くの間大きく取り上げられることはなかったが、二〇年近く経った一九九〇年代中頃から俄然注目を集めるようになった。

この時期以降、新聞や雑誌には「イギリスの消滅」「破滅するイギリス」「イギリスはあなたが考えるよりも素早く分解している」といった表題の記事が頻繁に載るようになり(2)、それをテーマにし、それを認める多くの論文や本も著された。たとえば、アンドリュー・マールはＢＢＣの番組にもなった『イギリスが死んだ日』のなかで、「イギリスはすでに死んでおり、この島々の諸民族を一つに繋げてきた帝国的な事業とその中心価値、階級的な制度と規則、宗教は崩落し、外枠と旗、それに地図上の形だけが残されるとさえ言えよう」と述べる。(3) また、デイビッド・マークァンドは「市民社会と国際経済で現在起こっている変動に対応できない国家に黄昏が迫っている」「イギリス国家は三〜四〇年前と較べてますます正当性を失い、民衆の支持をなくしている」と、ジュン・エドマンズとブライアン・ターナーは「イギリスの解体は、それの創出事情から考えれば不可避である」と、P・W・プレストンは「イギリスというプロジェクトは長期的な衰退を被っているだけでなく、解体過程にも入っている」と、アミール・サイードらは「イギリスという語の意味と地位が一九九〇年代の終わりに難しいものになっている」と述べている。(4) 前出のネアンも二〇〇〇年に『イギリス以後』という本を出版し、以前の予言が立証されていると語った。(5)

なぜこのような危機意識が生まれたのだろうか。本章では、最初にその背景を確認した後に、リンダ・コリーの著作を手がかりにして問題の所在を明らかにし、それをもとにイギリスのナショナル・アイデンティティについて考えてみたい。

1　危機意識の背景

「解体」の危機感が高まった背景には、国内問題だけでなく対外関係における変化もある。対外面から言えば、第一に、三〇〇年以上続いた大英帝国が崩壊したことである。イギリスの海外領土の獲得は一六世紀に始まる。最盛期には世界の四分の一に達した大英帝国も、二〇世紀になって自治領が自立の度合いを強めていき、一九三一年のウェストミンスター憲章によりほぼ完全な主権を認められ、国王への忠誠によって統合される「自由な連合」、すなわち「イギリス・コモンウェルス諸国」をイギリス本国とともに形成するようになると、衰退期に入る。第二次大戦が終わると植民地独立の気運が高まり、四七年のインド・パキスタン・ビルマの独立から始まり、多くのアジアとアフリカの植民地が独立国家となり、多くが新名称となった「コモンウェルス」に加入するようになった。そのコモンウェルスも、構成国のなかにイギリス国王への忠誠心をなくし、イギリスとの関係を清算しようとする国が出てくるようになるにつれて絆が緩み、イギリスの求心力が著しく低下してきていることは周知の事実である。大国意識、国際的威信、文明国としての自信、これらは八〇年代のマーガレット・サッチャー首相の努力にもかかわらず、失われる一方である。(6)

第二に、ECとEUに加盟したことである。イギリスは一九六一年に主として経済的理由からECへの最初の加盟申請を行った。それはド・ゴールの反対で失敗したが、その後六七年に二度目の加盟申請を行って七一年に承認され、七三年に正式に加盟している。この間一貫して加盟を推進してきたのは、首相にもなった保守党のエドワード・ヒースである。だが、ヒースの跡を継ぎ、七九年に政権をとったサッチャーのヨーロッパへの懐疑的態度は際立っていた。「小さな政府」と「強いイギリス」を信奉するサッチャーは、ECの社会政策を自由主義的な市場経済に反するとみなし、またヨーロッパ議会の権限強化や単一通貨の導入を主権の侵害として批判していた。サッチャーと較べるとヨーロッパ協調的だったジョン・メイジャー首相のもと、イギリス議会は一九九三年マーストリヒト条約を批准した。その核心をなす単一通貨導入と社会保障規定は除外されていたが、イギリスにしてみれば、これはEC加盟に次ぐ画期的なことであった。

こうした「ヨーロッパ化」の動きは従来の政策を転換したことにとどまらない。イングランドがプロテスタントの国になって以来何世紀もの間、イギリスは大陸ヨーロッパとは一線を画し、それに懐疑的ないし対抗的な態度を取り続けてきた。少なくとも一八世紀以降、イギリスは大陸ではなく海洋に目を向ける帝国的な国家として発展を遂げてきた。第二次大戦後に限ってみても、「全体としてみれば、欧州統合に対するイギリスの非協力的な姿勢は、はっきりと結果となって現れている」[7]。したがって、ECやEUへの加盟は国家のあり方に関わる重大な方向転換を意味する。それだけではない。ニュージーランドに見られるように、構成国にコモンウェルスそのものの存在意義への問いを引き起こしたし、スコットランドに見られるように、ヨーロッパとの直接の交流が経済発展につながるとの見込みのもとに、国内少数民族のナショナリズムを高揚させることにも繋がった。だが、より重大な問題は、イギリスという国の根幹にある主権が放棄され、「ヨーロッパに吸収されることへの恐れ」であろう。「大陸が緊密な統合に向けて動くにつれて、イギリスは実際にはヨーロッパに属すかどうかについての疑問が強さを増してきたこと」は確実である[8]。

国内面では第一に、イングランド以外のイギリスを構成する諸民族においてナショナリズムが高揚し、それにともなって権限委譲の動きが活発化したことである。これはもっとも深刻な問題である。イギリスを構成する四民族のうち、イングランド以外の三民族、すなわち、スコットランド、ウェールズ、アイルランドで民族主義が高揚し、独立ないし自治権獲得の要求が活発化したのは、一九六〇年代になってからである。ナショナリズム台頭の背景となった事情にはいろいろあるが、大きな問題だけあげれば、一つには、西欧諸国のいたるところで少数民族やエスニック・マイノリティが分離独立ないし自治権拡大を求める動きが高まっていたこと、そしてもう一つには、戦後イギリスの国民統合の柱であった福祉国家政策が経済不振と地域間格差拡大のなかで求心力を失ったことである。

そのときもっとも大きな衝撃力をもったのはスコットランドの動きだった。スコットランドは連合王国と帝国の創出と発展において、紛れもなくイングランドのパートナーだったからである。「イギリスの解体」に関する文献の多くがスコットランドに照準しているのは、この理由による。一九六四年総選挙からスコットランド民族党の躍進が始まった。七〇年代に起こった北海油田の発見と開発は、独立したときの財源として期待された。七四年二月総選挙で辛うじて過半数を獲得して政権についた労働党政権は、スコットランドとウェールズの民族主義政党の議会協力を得るために権限委譲を約束した。七九年三月一日にレファレンダムが実施されたが、スコットランドでもウェールズでも権限委譲が否決された。これを機にサッチャーの率いる保守党が政権を奪取し、強引な集権化を進めた。しかし、拡大する一方の地域間格差、ヨーロッパの市場統合の進展、ならびにECによる地域格差是正政策、少数言語保護政策、地域特性保存政策の実施を背景にして、八〇年代に入って自治権要求運動が再活発化することになる。九七年に成立した労働党ブレア政権は再びレファレンダムを実施し、スコットランドとウェールズにおける議会の設置が承認された。スコットランド議会の開催は実に二九二年ぶりであった(9)。

第二に、移民・難民の増加により生じた多人種的・多文化的・混成的なイギリスの実現である。イギリスはもともと移民の国である。ケルト人、ローマン人、サクソン人、ディーン人、ノルマン人、ユダヤ人、そして近代以後は大英帝国とコモンウェルスに属すオーストラリア、カナダ、南アフリカからやってきた白人、カリブ諸国、アフリカ諸国、インド、パキスタン、バングラディッシュ、香港からやってきた黒人とアジア人、さらにはポーランド、イタリアなどのヨーロッパ大陸出身の白人からなる国である。イギリスには二五二以上の言語と方言、そして何百ものエスニック集団と宗教集団が存在する(10)。そうしたなかで今日、重大な問題となっているのは黒人とアジア人である。彼らだけが他の移民、とりわけ白人移民とは異なり、これまでの同化を否定するかのように「異邦人」とみなされている。一九九四年に行われた「第四回イギリスにおけるエスニック・マイノリティ国民調査」によると、エスニック的・人種的・宗教的偏見がとくに強いのはアジア人に対してであり、それは基本的に反ムスリム感情に根ざしている(11)。

エノック・パウエルの「泥沼化」発言に見られるように、黒人とアジア人の増加はイギリスへの攻撃と映り、そこに恐怖感が醸し出される。このような見方の底流に人種主義があることは確かだろう。これについてヤスミン・アリバイ‐ブラウンは、白人もまた多様で同一の同質集団に属しているわけではないのに、さらに住民の六〇％以上が非白人によって占められている地域があるにもかかわらず、エスニック・マイノリティという言葉が黒人とアジア人だけをさして使われるのは、現実を描いてはおらず、何らかの人種主義的仮定に基づいていると批判する。[12] だが、今日の人種問題は、非白人間の差別、民族的要因や宗教的要因との絡まり、住み分けによる交流の断絶、グローバル化との連携など、白人対非白人という単純な二元論では捉えられないさまざまな要因に左右されており、何を基準に判断すべきなのかが定まっていないのが現状である。

以上述べた要因がもたらす危機感は、イギリスの国家機構の老朽化や機能不全だけを問題にしているわけではない。問題はもっと根源的である。イギリスの場合、帝国というのは一時的な出来事ではなく国家形態に組み込まれた支配様式であった。この帝国を対外関係の基礎にしていたゆえに、大陸ヨーロッパと一体になるという発想はまったくなかった。国内的には民主主義の先進国として、民族的ないし人種的な分断は克服されているという自負をもっていた。これまでイギリスは明らかに自国の国家やネイションを当然視し、それについての議論を避けてきたが、問われているのはまさにそのことである。今日の危機感のもとで問われているのは、イギリスとは何か、とりわけそのナショナル・アイデンティティとは何かという問題である。

2　リンダ・コリーのナショナリズム論の問題

こうした問題意識が根底に存在するゆえに、一九九〇年代中頃からイギリス史全体に関する前例のないほど大規模な探究が行われた。代表的なものしては、リンダ・コリー『イギリス人――国民の鍛造 一七〇七〜一八三七年』、ノーマン・デービス『諸島――ひとつの歴史』、ラファエル・サミュエル『島の物語――イギリスの解明』などがある。そしてこれらの作品はどれもイギリスの歴史的基盤が崩壊してしまったか、あるいはそうなりつつあることを主張し、先に論じた危機感を表明している。たとえばコリーは、一八世紀にフランスとの戦争のなかで帝国的な国家として成立したイギリスはその存在理由を失い、「イギリス人であることの意味を根本的に再考せざるをえない」と述べる。デービスは、ヨーロッパ主義的な視点からイギリス史を描いた大著『諸島』の結論部で、「連合王国の解体は差し迫って」おり、「二〇〇七年の三〇〇回目の誕生日を生きて迎えることができるかどうか疑わしい」と述べた後、「原イギリス的感情を再発見する」企図は遅きに失するとした。そしてサミュエルは、最近行われているイギリス性の理念的研究やイギリス史の多元的なアプローチは、今が「ナショナリティの問いが国内政治の中心になりつつあり、イギリス国家の正統性がますます疑問に付されるようになっている」黄昏時であることを物語っているとする。(13)

こうしたイギリスのナショナル・アイデンティティに関する作品のなかで、近年もっとも注目を集めたのは、コリーの『イギリス人』であろう。コリーによると、イギリスは連合王国の形成された一七〇七年からヴィクトリア女王の即位する一八三七年までの一三〇年間の戦争を通して、とりわけドーヴァー海峡を挟んで出現したフランスという「他者」との戦争を通して、イギリスのナショナル・アイデンティティを確立した。イングランドとフランスの戦争の歴史は古いが、一六世紀の宗教改革の後、イングランドは経済や軍事のみならず宗教においても大陸のカトリック諸国、とくにフランスとスペインと敵対するようになっていた。したがって、一七〇七年にイングランドとそれよりも厳格なプロテスタンティズムを奉じるスコットランドとの合同から形成されたイギリスのアイデンティティは、何よりも大陸諸国と区別されたプロテスタントの国であるということ、そして大陸の不健全な宗教的・政治的伝統からイギリスを護るという反ヨーロッパ的態度によって理解された。戦争のなかで、文化的差異を内包するイギリス人はプロテスタンティズムという宗教的忠誠心を分かち合い、それを愛国心に置き換えて美的に昇華させることにより、イギリス人というアイデンティティ意識が出現し、それを基軸としてナショナリズムが高揚した。

こうしたコリーのテーゼに対してはさまざまな論評と批判が寄せられているが、本稿の関心からすれば、以下の三つの疑問ないし問題がとくに重要である。

第一に、コリーは一七〇七年のスコットランドとの連合をイギリスのアイデンティティ形成の端緒としているが、このイギリスのアイデンティティは、それ以前にすでに存在していたと思われるイングランド、スコットランド、ウェールズのアイデンティティとどのような関係にあるのだろうか。コリーの作品ではイギリスとイングランドの区別がつけられていないばかりか、その二つが同一視されているように読める。コリーが語る「イギリス性（Britishness）」は、同時代人にとって「イングランド性（Englishness）」であったという指摘もある(14)。そうだとすれば、イギリスはイングランドの単なる地理的拡大として成立したことになり、新しいアイデンティティを主張する意味が分からなくなる。

第二に、コリーが言うように、戦争を通した他者の認識により集合体の自己認識が生まれ、それがアイデンティティの形成に重大に寄与することは確かであるが、しかし自己の属す集団に対して何らかの理念ないし意識なくして、どうして他者としての集団の存在を認識できるのであろうか。アイデンティティの形成において、状況だけでなく思想的・文化的側面も重要な要素となることを考えれば、そうしたものの形成も視野に入れる必要がある。思想や文化の形成には長い歴史があることを考えると、一八世紀に突然のように戦争を契機にしてイギリスのアイデンティティが生まれたかのような説明は、不十分であると思われる。

第三に、コリーはフランスのカトリシズムへの対抗から、イギリスはプロテスタンティズムを強調し、それがイギリスのアイデンティティの核となったという二項対立の図式を描いている。彼女はプロテスタンティズムこそがイギリス人に何者であるかを教え、それによって「人々は、歴史において自分たちが一定の地位を占め、価値を有する存在であることを実感」し、長期間の戦争を「使命と神意による宿命という感覚」をもって遂行できたと論じ、そして戦争を通して、それがナショナル・アイデンティティとして民衆の意識に浸透したことを証明している(15)。この立論自体に誤りがあるわけではないが、しかしJ・C・D・クラークが明晰に論じたように、それは複合的な事実関係を排除する結果を招いていると思われる。イギリスは一八世紀において、プロテスタント国のオランダとの間で戦争を起しているし、植民地であったアメリカの独立戦争を戦っている一方で、カトリック国のポルトガル、フランス、オーストリア、さらにはロシア正教会の下にあるロシアとも同盟したことがあった。イギリス国内においても、国教徒と非国教徒との間にはつねに緊張関係が存在した。また、当時すでにかなりの拡大を見せていた帝国的支配は、「他者に対するいかなる単純な宗派的認知も破壊するように作用していた[16]」。したがって、プロテスタンティズムを一元的に捉え、それだけをもってイギリスのアイデンティティを説明することには無理があるだろう。

このようなコリーの作品の問題点の多くは、Ａ・Ｄ・スミスが「近代主義者」と呼んだナショナリズム研究者のそれと共通する。スミスによれば、近代主義者はネイションを、近代という時代における資本主義、産業化、中央集権的官僚制といった社会的機制を円滑に作動させ、それらに内在する分裂的傾向を軽減するために、国家エリートによって生み出された「発明」と考え、そのうえでナショナリズムを虚偽意識と捉える。このようなアプローチをとれば、前近代に発する歴史・文化・伝統は必然的に視野の外に置かれることになる[17]。コリーの場合、ナショナリズムをエリートによる意図的発明という点から説明しているわけではないものの、「発明された国民」という言葉を多用していることからも、近代主義的特徴を有していると言える。

そうだとすれば、先に析出した問題に取り組むにあたり、スミスが論じるように、時間的枠組みを拡張し、前近代的なエスニック的基礎の点からイギリスを考えてみる必要がある。次節からは、イギリスの国家とナショナル・アイデンティティはどのように形成されたかという問題を、イギリスの支配民族であるイングランドを中心に歴史的に辿りつつ考察し、そのうえでイングランドとイギリスの関係について考えてみたい。

3　イングランドのナショナリティ

イングランドが統一した王国になったのは、一〇世紀中頃のアゼルスタン王やエドガ王の時代である。その後イングランドは大陸諸国とは異なり、長きに渡り同型の中央集権的な統治制度を維持していくことになる[18]。イギリスにおけるイングランドを軸とする四民族の結合の歴史は、イングランド王ヘンリ二世による一一七一年のアイルランド侵入に始まる。一一七五年にヘンリ二世の宗主権が承認され、七七年に息子ジョンにアイルランド太守の称号が与えられたことにより、アイルランドはイングランドの「最初の植民地」となり、その後イングランド農民の植民が行われるようになった。イングランドが本格的にブリテン島の統一に乗り出したのは、一二七二年にエドワード一世が即位してからである。彼はまずウェールズを支配して植民地化するとともに、息子にプリンス・オブ・ウェールズの称号を与えた。そしてスコットランドに関しても彼は触手を伸ばし、一二九六年からスコットランド征服戦争を始めた。しかし、スコットランドの征服は成功せず、その後も戦争は断続的に行われた。一七〇七年になってスコットランドとイングランドは連合条約を締結した。この合同により「グレート・ブリテン」と言われる連合王国が形成され、すでに併合されていたウェールズを含め大ブリテン島全域に及ぶ王国が成立した。そして一八〇一年にはアイルランドと合同し「グレート・ブリテンおよびアイルランド連合王国」が成立した。

イングランドのナショナリティを形成することになるエスニックな諸要素が形成され始め、イングランド性の意識が芽生え始めるのは、論者によって異なるが、およそ一二～三世紀と考えられる[19]。スミスは一四世紀には貴族主義的なエトニを確認できるとしている[20]。その間のアイルランド・スコットランド・ウェールズ・フランスとの戦争、エドワード一世による自国民の軍役義務化、そして一五八八年のスペイン無敵艦隊に対する勝利などは、それぞれにイングランド人の共同体意識、民族自決の意識、愛国主義を高め、イングランド性を育成した。では、イングランド・アイデンティティの内実をなすナショナリティとは何か。アイデンティティが時間の経過とともに、あるいは他者との関係とともに変化することは当然だが、歴史を貫いて持続する要素もある。一八世紀にナショナリズムが台頭するまでのイングランドの歴史を概観するとき、王が象徴的中心にあることは間違いないとしても、イングランドの独自性意識とナショナル・アイデンティティという点から考えてより重要なのは、宗教、議会、法、神話といった諸要素、そしてそれらの基礎にある「自由」という観念であると思われる。

まず宗教的側面から見ると、イングランドが神によって選ばれ、神の与えた使命を果たす戦いの民族であるという選民思想や、イングランドとイスラエルを対比させる摂理的思考は、すでに一〇世紀のアングリカン教会に窺うことができる。(21) ヘンリ八世がローマ教皇と断絶して宗教改革を行い、一五三四年にイングランド国教会を成立させたことは、宗教倫理と政治的アイデンティティが結合し、政治体との紐帯を解釈する母体になった。そして一六世紀の終わり頃には、プロテスタンティズムと愛国主義が結合し、イングランドの王はローマ教皇の反キリストの最終的破壊に終わるドラマで指導的役割を果たすという、イングランドの選民思想が根づくようになっていた。イングランドのプロテスタンティズムは古の選民思想を受け継いでいたのであり、それゆえに、それはドイツの改革者の唱えた神義論に根ざし、ナショナルなものを超え出る普遍的志向を有していたにもかかわらず、汎ヨーロッパ主義に向かうことはなく、ヨーロッパのカトリック諸国との対比でイングランド独自の運命とアイデンティティを観念させることになった。(22)

中村英勝によると、公文書に初めてパーラメントの語が登場するのは一二五五年である。イングランドにおける議会の起源はゲルマン諸民族の民会にまで遡ることができるが、一般には一三世紀後半にその原型ができ、一四世紀中頃にほぼその骨格を固めたと理解されている。その頃、封建君主の下にあった家臣の不定期の諮問会議であったものが、地方自治体の発達を背景にした州と都市の代表を含む、定期的に開催される国政の審議機関になっていた。その後議会は着実に発達して多くの機能を獲得し、徐々に庶民院と貴族院の二院制の形態をとるようになっていた。一六世紀の絶対王政期に入って強力な王権が確立されても、議会は国王に従属しつつもその機能を継続させていた。そしてこの時代に「議会における国王」の観念が形成された[23]。

議会制度が確立される歴史のなかで、それと深く絡み合ってきたもう一つ別の伝統がある。コモン・ローとその核心にある「法の支配」の思想である。コモン・ローもその起源をゲルマン法に遡ることができるが、それが「王国の慣習」の表現として確立されたのは、議会よりもやや古く一二世紀後半〜一三世紀前半である。コモン・ローには今日までイギリス法の基礎をなしている陪審制や先例拘束性といった特徴があるが、ここで注目したいのは、国王を含むすべての人が法の支配に服さねばならないという「法の支配」の思想、ならびにそこに含まれる個人の権利を擁護する個人主義的性格である。ただし、「法の支配」はまだ明示的なものではなかった。また、その個人主義的性格は直ちに自由の主張となるわけではなく、コモン・ローを代表する一二一五年のマグナ・カルタにしても、封建貴族の権益の不可侵を確認するものだった。また、議会との関係で言えば、コモン・ローは国王の裁判所が適用した慣習法のことであるのに対し、議会の決定は国王への請願にすぎず、それがコモン・ローとなるわけではなかった[24]。

エスニックな諸要素を結びつけ、ナショナリティを形作る統合力という点からすれば、神話のもつ力は絶大である。この時代に広まった神話のなかでとくにとくに重要なのは、次の二つである。一つは、一二世紀にウェールズの聖職者であったモンマスのジェフリーが創り、弟子たちが広めたイギリスの起源神話である。イギリスの最初の支配者となったのはトロイの英雄ブルータスであり、彼はその名を島と住民に与えた。彼が死んだとき、イギリスは三人の息子によって分割されてイングランド、ウェールズ、スコットランドになった、という神話である。これはイングランドの出自を明らかにする民族的叙事詩の基礎をなすとともに、後には長男が支配したイングランドが、次男と三男が支配したスコットランドとウェールズに対して覇権をもつという主張にすぐに発展した。もう一つの神話は、「自由の伝統」を正当化する「ノルマンの軛」である。一〇六六年以前、アングロ‐サクソンの人々は自由で平等な暮らしをし、代表制度を通して自治を行っていた。しかし、ノルマン征服はこの自由を奪い去って専制政治を行った。人民は失われた自由と権利を取り戻すために、この「ノルマンの軛」と闘ってきたという神話である。もちろん、アングロ‐サクソン社会は階級に分断されており、その話は事実ではないが、それは革命期に重大な役割を果たすことになる。(25)

一七世紀に起こった二度の革命は、イングランド国家の決定的な転換点となった。国王の好戦的な外交や恣意的な課税に反対する議会は一六二八年に権利請願を国王に提出し、マグナ・カルタをはじめとするコモン・ローが保障する個人的権利の擁護を訴えた。チャールズ一世はこれを承認したものの専制支配を続けて議会を無視したので、議会は議会主権を掲げて国王との内戦に突入する。ピューリタン革命は国王の処刑、共和制の樹立、クロムウェルの専制の後、六〇年に王政復古となって終わったが、それは議会の復権をともなうものだった。名誉革命は、カトリック教徒のジェームズ二世の専制支配に対し、八八年に議会がプロテスタンティズムを擁護するオレンジ公ウィリアムを招請したことに始まり、国王の国外逃亡とウィリアムの国王即位により終わる。ウィリアムは王位に就くにあたり議会が提示した権利宣言を承認したが、これをもとに議会は八九年に権利章典を成立させた。

革命の成果である権利章典は、憲法に代わるもっとも重要な法の一つとなるが、そこに表現された重大な変革は、「議会主権」と「法の支配」という二つの原則が確立されたこと、そしてその基礎に「自由と権利」という理念が据えられたことである。

テューダー王朝時代に形成された「議会における国王」の観念は、議会主権を意味するものでもなければ立憲君主政をめざすものでもなかった。そこで一般的だったのは、「国王大権と議会との間には一種の調和と均衡が保たれているべきだと」とする「旧均衡憲政観」であった。二度の革命がめざし結実させたのは、この「議会における国王」という国家主権の形態を踏襲したままその内容を変革し、国王の大権を形式化しつつ議会主権を確立することだった。[26]革命後の議会は課税や軍事だけでなく王位までも含めたあらゆる面で立法権を獲得するとともに、定期的に議会が開催されることも取り決め、国政の最高機関としての地位を確立した。こうした議会主権の考え方は、人民主権とはまったく異なる。人民主権が同質的で同程度の権力をもつと想定される市民の存在を前提とするのに対し、議会主権の場合、国家主権の淵源はそれを構成する市民社会ではなく国家制度そのものにおかれているからである。このために、イギリスは国家制度を社会に押しつけるかたちで国民を形成した。このような国民は、同質的な文化集団がその民族性を基礎に構築した国家の場合とは異なり、必ずしも文化的な同質性が要求されるわけではなく、国家の統治の下にある人間集団という意味が強くなる。

ピューリタン革命において、議会に拠った反対勢力が国王に反旗を翻す根拠としたのは、一三世紀前半のマグナ・カルタに代表されるコモン・ローであり、彼らはコモン・ローによって定められた権利が侵害されていることを訴えたのである。だが、革命が進み、議会主権の獲得に主眼が置かれるようになると、コモン・ローは背景に退くようになる。そして名誉革命の後に議会主権が確定すると、議会制定法が優位に立つようになった。しかしながら、コモン・ローの基礎にある「法の支配」の思想は生き続け、議会主権と並ぶ原則として確立された。「法の支配」とともにそこに内在する個人主義的権利観も存続し、「権利と自由」という言葉に集約されるようになった。[27]

こうして確立された諸原則の根底にあり、すべての要素の結節点となっているのは、この時代に神話を通して広まり、「真のイングランドの心」「われわれの古代からの美徳」として明確な理念となった自由の観念である。[28]議会主権と法の支配は、アングロ‐サクソンの時代から存在するイングランド独自の自由に刻印されるゆえに正統であるとされた。そして、とくにピューリタン革命の場合に動力となったプロテスタンティズムは、「良心の自由」を宗教的核心にしていた。この二つの自由の一致、ハンス・コーンの言葉では「宗教的自由と市民的自由の合体」としてナショナリティは形成された。こうした意味で、このナショナリティは「自由の身に生まれたイングランド人（Freeborn Englishman）」に集約される。そしてそれは神に選ばれし民族の証になるとともに、それを実現すべしという歴史的使命感の発信源にもなった(29)。

このような制度や理念、そしてナショナリティは階級を超えてすべての人に広まり、その後のイングランドとイギリスのアイデンティティの核となった(30)。それは確かに二度の革命によって確立されたが、過去との明確な断絶を画すものではないことには注意しておきたい。「臣民の権利および自由を宣言し、王位継承を定める法律」という権利章典の名称にしても、合理主義的に考案されたというよりも、歴史的に積み重ねられた経験から生み出されたものである。この経験とは王権との闘争である。この闘争を先導したのは主として土地貴族であり、そして土地貴族が闘争の舞台としたのが議会であった。土地貴族は革命を通じて国王の権力を少しずつ奪取し、国王を頂点に据える議会に少しずつ置き換えていき、最終的に「議会における国王」という形式は残したまま議会に主権をおくことに成功したのである。

伝統性の最たるものが君主制である。革命後も国王を残したのは、王政のもとで時間をかけて獲得した土地貴族の権利は伝統的な身分制によって保障されるので、国王という存在を抹消することは危険だったからである。クロムウェルが独裁に失敗し王政に復古したのも、彼らの強力な抵抗によるところが大きかった。ちなみに、イギリス国民は国家の市民ではなく国王の臣民であるという、今日においてもなされている主張は、形式的であれ君主制を残しているという制度を指し示しているだけでなく、市民社会を前提とせずに、伝統的な政治の仕組みを存続させながらその権力構造だけを変換するという、イギリス国家の成立事情に由来する。また、自由の観念にしても、それはもともと「祖先が以前の国王から勝ち取ってきた」権益を意味し、それを引き継いでいるので、万人に認められる普遍的観念というよりはむしろ、特定の人々と特定の内容を前提にする特殊性に比重がおかれ、社会的には多元性を予定する観念である。(31) 市民社会や国民に依拠しない国家形成ならば、こうした観念は容易に存続するだろう。

4 イギリスのナショナリティ

イングランドを軸とする一七〇七年と一八〇一年の二つの合同は、名誉革命によって議会主権が確立された後である。したがって、合同の焦点は議会のあり方にあった。イングランド議会は一三世紀後半に形成されたが、スコットランド議会の歴史はそれより古く一二世紀まで遡る。言うまでもなく、この時期の議会は法の制定権をもつが、あくまでも国王への支持の調達を目的として国王により召集されるものだった。一七〇七年の合同によりスコットランド議会は消滅し、その代わりにスコットランド代表議員がイングランド議会に送られることになった。その後一九世紀後半に自治権の要求の動きが起こるまで、目立った動きはなかった。

ウェールズはイングランドへの併合後、イングランドと一体化してきたので、固有の議会制度が発達することはなかった。一五三六年の合同法により、イングランドと同様の州制度に再編され同様の法律が施行されるとともに、ウェールズ代表をイングランド議会に送ることができるようになった。その後分離独立の動きはなく、ウェールズが独自の領域として自立を求め始めたのは一九二〇年代になってからであった。

アイルランド議会の歴史も一三世紀末に遡れる。一二世紀の併合後、イングランド王権の支配地域は徐々に減り、アイルランドの実質的に支配権は貴族が務める総督に移っていたが、一四九五年のポイニングズ法によりイングランドへの法的従属が確立されるとともに、アイルランド議会の立法権が制限された。さらに一七一九年の法により、アイルランド議会の独立性は消滅したが、一七七五年に勃発したアメリカ独立戦争は、帝国維持のためにアイルランドに自治権を与えるようにイングランド議会を促した。かくして一七八二年のアイルランド議会制定法により、同議会は自治権を有することになった。しかし、この独立も束の間で、急進的集団の起した内乱を契機に一八〇〇年に合同法が制定され、これによりアイルランド議会は廃止となり、その代わりにアイルランド代表議員がイングランド議会に送られることになった。アイルランドはイングランドやスコットランドと異なりカトリック教徒が住民の多数を占めていたにもかかわらず、スコットランド以上にすべての政治レベルにおいてイギリス的要素が入り込み[32]、合同後も不安定な状態が続いたが、それでも南北の分裂は二〇世紀になってからであった。

こうしたイギリス国家の成立過程に見られる特徴は、何よりもイングランドを中心に行われたことにある。それどころか、議会や君主制といった政治構造、法の支配や「権利と自由」といった政治理念もまた、ほとんど完全にイングランドのものを継承している。議会にはウェールズやスコットランドの代表も参加していたが、実際のところ「拡大されたイングランド議会」と言っても過言ではなかろう[33]。不文憲法もイングランド起源である。君主制についてだけは、スコットランドとの間で王を共有していた時期もあるし、名目上はウェールズ王朝との関係も継続させていたので、必ずしもイングランド的とは言えない側面があるが、ロンドンのバッキンガム宮殿がその象徴的中心となっていることからも、イングランド的ではないということはない。

イングランドはこの時代、すでに旧帝国の枠組みを確立していたが、イギリス国家そのものの形成にも帝国的特徴が見られる。帝国とは皇帝を頂点におき、侵略と戦争の末に獲得した複数の政治的文化共同体を統合する統治機構だとすれば、イギリスは構造的にそれに近いと言える。さらに、大英帝国が帝国内の住民を地理的範囲ではなく、国王の臣民として国王に忠誠を誓う人々の範囲から認識していたことや、大国は劣等な人々に高度な文明を与える義務があるという使命感をもっていたことについても、イングランドの君主制や選民思想にその原型を見ることができる[34]。ここから、このような特性は、アイルランドがイングランドの「最初の植民地」とみなされていることからも窺えよう。

ら帝国を国家の延長と捉える感覚が生じ、他の植民地を有した大国とは異なり、コモンウェルスというゆるやかな連合を築くことが可能になったと思われる。もちろん、帝国本国と植民地や自治領とでは当然意識が違う。これに関しては、帝国が世界に拡大していくなかで、イギリスを構成する諸民族が本国意識という意味で一体感を醸成し、それがイギリスのアイデンティティを強化することに繋がったことだけを指摘しておきたい[35]。

政治構造がイングランド的だからといって、イギリスがイングランドのナショナリティで染まったわけではない。スコットランドもウェールズも独自のナショナリティを保持し、それぞれに独自の神話、記憶、象徴を有していた。スコットランドに関しては、法制度や教会制度においてもイングランドやウェールズとは異なっていた。公法の一部については連合の法が作られたが、スコットランドの刑法と私法の大部分はそのまま残されたし、司法制度に関しては完全に保持された。また、教会制度に関しても、イングランドのアングリカン教会とスコットランドの長老派教会はそのまま維持された。イギリスはその創設時から制度的・文化的多元主義の国だったのである[36]。

しかし、イングランド人は別としても、それ以外の民族はイギリスへのアイデンティティをもっていなかったかと言うと、決してそうではなかった。確かにウェールズやアイルランドはエスニックな要素を滋養する政治的枠組みが欠如していたので、ナショナリティの形成が遅れることになったが、スコットランドの場合、イングランドがナショナリティを形成した時代、ブルータス神話やアーサー王伝説に対抗して独自の神話と記憶を形成し、固有のナショナル・アイデンティティをもつようになっていた[37]。しかし、彼らはイギリスの政治や公共生活に参加することに何の躊躇いもなかった。たとえばバーナード・クリックは、コリーが対仏戦争とカトリシズムへの恐怖から民衆的なイギリス・ナショナリズムが生まれたとすることを一面的と批判し、スコットランド人はこの時期、確かにイギリスに対するひじょうに強い愛国的忠誠を抱くようになっていたが、それとは別にスコットランドに対する文化的愛着や民族的アイデンティティも維持していたことを指摘している[38]。なぜ二重の忠誠が可能になったのだろうか。スコットランド人は確かに、イギリス国家の構成員になることにより、自由貿易と財政保障が認められて経済発展が期待できるとともに、戦争の脅威がなくなって政治的安定が見込めた。利害意識の面でイギリスへの同一化が成立したと考えることもできるが、それではまだ愛国的忠誠心を説明できない。より重要なのは、イギリスのアイデンティティとその下位にある民族的アイデンティティが共存するという、ナショナル・アイデンティティの二元的構造にそれを可能にする仕組みがあったという点である。それは完全に和解できるものであり、それゆえに柔軟性と弾力性をもち、一元的な堅牢性を特徴とするナショナル・アイデンティティとは異なる強さをもっていた。

こうしたアイデンティティの二元的構造が生まれた理由は、イギリスの帝国国家的な特徴ということ以上に、イングランドのナショナル・アイデンティティそのものの特性にある。そこでは血統や人種といったエスニック的要素よりも、議会主権、法の支配、コモン・ローといった市民的要素が重要な位置を占めていたし、その核にある自由理念は多元的な意味合いをもっており、「個人とネイションの完全な統合を目標にしていなかった」[39]。こうした市民的アイデンティティがイギリスのナショナル・アイデンティティとして設定されるとき、その下位のある諸民族のエスニックなアイデンティティはそのまま保持される傾向にある。つまり、イギリスのアイデンティティは構成諸民族のアイデンティティに置き換わるのではなく、個々の脈絡のなかで使い分けられたのである。イギリスは連合王国のアイデンティティを示すこともあれば、とくに外国にいるときはスコットランド・アイルランド・ウェールズ・イングランドといった下位の民族的アイデンティティとほとんど同義に用いられることもあった[40]。

とはいえ、イギリス性とイングランド性が同じというわけではないことにも留意しておきたい。時としてイングランドのエスニックなナショナリティが噴出し、イギリスとの差異が強調されることもあった。その場合、多くはロンドンに代表される帝国的・都市的な腐敗との対比で、コッツウォルズのような牧歌的な田舎の風景が純粋なイングランド的なものとして称揚された。ただし、イングランドの民族的な文化と伝統の意識が最近まで希薄であったことは否めない。「イングランド人はひじょうに長い間、自分たちを民族と考えることや、自分の民族性の意味を定義することを決定的に拒否してきた」からである。[41] このような事情もあり、イングランドのナショナリティを基軸にして形成されたイギリスのナショナル・アイデンティティは、フランスなどとは決定的に異なり、一般的文化を内実とすることが少なかった。つまり、イギリスとは第一義的には、同質的文化集団が構成する国民ではなく国家の諸制度を表象するところの、政治的・法的概念だからである。マックローンの言葉を借りれば、イギリスとは「国民国家(nation-state)」ではなく「国家国民(state-nation)」であり、イギリス性とは構成諸民族の上に乗っかる一種の「国家的アイデンティティ」である。[42]

国家単位で近代化が進み、国家間の戦争が頻発した一八世紀にイギリスのナショナリズムが台頭したとき、その核となったのはこのようなナショナリティである。イギリスがフランスに対抗して称賛したのは、このイングランドに根ざしイギリスが享受する自由である。そしてカトリック的な制度と特性をこの自由に対立するものとして捉え、専制君主、贅沢、横柄、斉一性などを敵の属性として批判し蔑んだのである。したがって、イギリスとフランスの対比は単純なプロテスタント対カトリックの二分法ではなかった。

以上述べたイギリスのナショナリティとその多元的構造は、基本的なところでは今日まで継続していると考えてよいだろう。今日のイギリスの危機とは、このナショナリティとそれに基づくアイデンティティの危機である。イングランド、そしてイギリスは帝国的で海洋的な運命をもつ民族と自認し、そして大陸ヨーロッパの不健全な伝統からイギリスを保護するという理念を持ち続けてきた。帝国の崩壊、コモンウェルスの絆の緩み、ＥＵへの参加がそうしたアイデンティティを揺るがしている。さらに、より重要なことだが、ＥＵ加盟はイギリスのナショナリティの柱であった議会主権に重大な制限を加えることを意味する。このようにイギリスのアイデンティティが「解体」することは、それに反比例してイングランド、スコットランド、ウェールズといった下位のナショナル・アイデンティティが強化されることにつながる。そしてイギリスのナショナリティを法的問題に限定し、イギリスの伝統とは無縁のアイデンティティをもつ移民が流入することは、それに一層の拍車をかけることになる。こうした状況のなか、極右勢力からヨーロッパ連邦主義者やコスモポリタンに至るまで、イギリスはアイデンティティをめぐって深く分裂し揺れ動いている。

注

（1）Tom Nairn, *The Break-Up of Britain,* 2nd edn, Verso, 1981.

（2）David, Brundle, 'The Disappearance of Britishness', *The Guardian,* 27 January 2000; Anonymous, 'Undoing Britain', *The Economist,* 6–12 November 1999; Norman Davies, 'Britain is breaking up fasten than you think', *The Sunday Times,* 31 May 1998.

（3）Andrew Marr, *The Day Britain Died,* Profile Books, 2000, p. 17.

（4）David Marquand, 'The Twilight of the British State? Henry Dubb versus Sceptred Awe', *The Political Quarterly,* 64(2), 1993, p. 210; idem. 'How United is the Modern United Kingdom?', in Alexander Grant and Keith J. Stringer(eds.), *Uniting the Kingdom: The Making of British History,* Routledge, 1995, p. 279; June Edmunds and Bryan Turner, 'The Re-invention of a National Identity? Women and "Cosmopolitan" Englishness', *Ethnicities,* 1(1), 2001, pp. 84–85; P. W. Preston, 'The Dissolution of Britain?', *The Political Quarterly,* 65(2), 1994, p. 191; Amir Saeed, Neil Blain and Douglas Forbes, 'New Ethnic and National Questions in Scotland: post-British identities among Glasgow Pakistani teenagers', *Ethnic and Racial Studies,* 22(5), 1999, p. 823.

（5）T. Nairn, *After Britain: New Labour and the Return of Scotland,* Granta Books, 2000, p. 1.

（6）David Miller, 'Reflections on British National Identity', *New Community,* 21(2), 1995, pp. 159–160.

（7）山下英次「欧州統合における欧英間断層とその背景」（『経済学雑誌』第一〇二巻第一号、二〇〇一年）八七頁。

（8）Vernon Bogdanor, *Devolution in the United Kingdom,* Oxford University Press, 2001, pp. 125–127; idem, 'Sceptred Isle–

or Isles?', *Times Literary Supplement*, 27 September 1997, p. 6

（9） 小舘尚文「スコットランド問題をめぐる政党政治——労働党と権限委譲」（『国家学会雑誌』第一一四巻第七・八号、二〇〇一年）、富田理恵「スコットランド議会の成立——一九七九—一九九九年」（『史観』第一四六冊、二〇〇二年）、浅野和生「主要政党のスコットランド政策の変遷と一九九九年スコットランド議会の新設」（『平成法政研究』第七巻第一号、二〇〇二年）、参照。

（10） Yasmin Alibhai-Brown, *Imaging the New Britain*, Routledge, 2001, p. 271.

（11） Tariq Modood, 'British Asian Identities: Something Old, Something Borrowed, Something New', in David Morley and Kevin Robins (eds.), *British Cultural Studies: Geography, Nationality, and Identity*, Oxford University Press, 2001, p. 75.

（12） Y. Alibhai-Brown, *op. cit.*, p. ix.

（13） Linda Colley, *Britons: Forging the Nation 1707–1837*, Pimlico, 1994.　リンダ・コリー『イギリス国民の誕生』（川北稔監訳、名古屋大学出版会、二〇〇〇年）三九三頁。Norman Davies, *The Isles: A History*, Oxford University Press, 2000, pp. 881–82; Raphael Samuel, *Island Stories: Unravelling Britain*, Verso, 1999, p. 21.

（14） Rebecca Langlands, 'Britishness or Englishness? The Historical Problem of National Identity in Briton', *Nations and Nationalism*, 5(1), 1999, p. 57.

（15） リンダ・コリー、前掲書、五八頁。

（16） J. C. D. Clark, 'Protestantism, Nationalism, and National Identity, 1660–1832', *The Historical Journal*, 43(1), 2000, p. 261.

（17） Anthony D. Smith, *Nationalism and Modernism: A Critical Survey of Recent Theories of Nations and Nationalism*, Routledge, 1998, pp. 1–24 ; idem, *Nationalism: Theory, Ideology, History*, Polity, 2001, pp. 45–49; idem, *The Ethnic Origins of Nations*, Blackwell, 1986.　アントニー・D・スミス『ネイションとエスニシティ——歴史社会学的考察』（巣山靖司・高城和義他訳、名古屋大学出版会、一九九九年）九〜三三頁。

（18） Patrick Wormald, 'Engla: the Making of an Allegiance', *Journal of Historical Sociology*, 7(1), 1994, pp. 2–3.

（19） Barnaby C. Keeney, 'Military Service and the Development of Nationalism in England 1272–1327', *Speculum*, 22, 1947, p. 535; John Gillingham, 'The Beginnings of English Imperialism', *Journal of Historical Sociology*, 5(4), 1992, p. 393.

(20)　A. D. Smith, 'State-making and Nation-building', in John A. Hall(ed.), *States in History*, Basil Blackwell, 1986, p. 245; idem, *National Identity*, Penguin, 1991.　アントニー・D・スミス『ナショナリズムの生命力』(高柳先男訳、晶文社、一九九八年)一〇八頁。

(21)　P. Wormald, *op. cit.*, pp. 10–14.

(22)　Roger A. Mason, '"Scotching the Brut" The Early History of Britain', *History Today*, 35, 1985, pp. 26; Liah Greenfeld, *Nationalism: Five Roads to Modernity*, Harvard University Press, 1992, pp. 60–66; A. D. Smith, 'Chosen People: Why Ethnic Groups Survive', *Ethnic and Racial Studies*, 15(3), 1992, pp. 444–445.

(23)　中村英勝『イギリス議会史〔新版〕』有斐閣、一九七七年、一五〜五九頁。

(24)　David Underdown, *A Freeborn People: Politics and the Nation in Seventeenth-Century England*, Clarendon, 1996, pp. 19–67.

(25)　指昭博「ブルータス伝説」(同編『「イギリス」であること——アイデンティティ探求の歴史』刀水書房、一九九九年、所収)。R. A. Mason, *op. cit.*; Christopher Hill, 'The Norman Yoke', in John Saville(ed.), *Democracy and the Labour Movement*, Lawrence & Wishart, 1954; A. D. Smith, 'State-making and Nation-building', *op. cit.*

(26)　今中比呂志「イギリス議会主義の思想形成——議会主権論の形成と展開」(『歴史学研究』四四四、一九七七年)一八頁。

(27)　田島裕『議会主権と法の支配』有斐閣、一九七九年、一八〜三六頁。

(28)　D. Underdown, *op. cit.*, pp. 27, 87.

(29)　Hans Kohn, 'The Genesis and Character of English Nationalism', *Journal of the History of Ideas*, 1(2), 1940, p. 81.

(30)　R. Langlands, *op. cit.*, p. 58.

(31)　David McCrone, 'Scotland and the Union', in D. Morley and K. Robins(eds.), *op. cit.*, p. 99.

(32)　S. J. Connolly, 'Varieties of Britishness: Ireland, Scotland and Wales in the Hanoverian State', in A. Grant and K.. J. Stringer(eds.), *op. cit.*, p. 178.

(33)　Brian Levack, *The Formation of the British State: England, Scotland, and The Union 1603–1707*, Clarendon, 1987, p. 13.

(34) D. McCrone, op. cit., pp. 100－101.

(35) 川北稔「生活文化の『イギリス化』と『大英帝国』の成立」（木畑洋一編著『大英帝国と帝国意識』ミネルヴァ書房、一九九八年、所収）七五～八九頁。Runnymede Trust, *The Future of Multi-Ethnic Britain: The Parekh Report*, Profile Books, 2000, p. 21.

(36) B. Levack, *op. cit.*, pp. 12－13.

(37) A. D. Smith, 'State-making and Nation-building', *op. cit.*, pp. 246－247.

(38) Bernard Crick, 'The Sense of Identity of the Indigenous British', *New Community*, 21(2), 1995, pp. 172－173.

(39) H. Kohn, *op. cit.*, p. 92.

(40) J. C. D. Clark, *op. cit.*, pp. 274－275 ; Richard Rose, *Understanding the United Kingdom: The Territorial Dimension in Government*, Longman, 1982, p. 29; T. Nairn, *After Britain*, *cit.*, pp. 23, 39－41.

(41) Krishan Kumar, *The Making of English National Identity*, Cambridge University Press, 2003, p. 269.

(42) D. McCrone, *op. cit.*, p. 97; Jeremy Paxman, *The English: A Portrait of a People*, Penguin Books, 1999, p. 22; B. Crick, 'The English and the British', in B. Crick(ed.), *National Identities: The Constitution of the United Kingdom*, Blackwell, 1991, p. 97.

第Ⅱ部　政治思想の現場

第7章　福沢諭吉における比較政治学の位相——政体論を巡って——

安西　敏三

はじめに

福沢諭吉はその最初のベストセラー作品とも言える『西洋事情』の初編（慶応二・一八六六年）の後、引き続き出版した外編（慶応四・一八六八年）において、次のように述べている。「政治の論は未だ一科の学と為す可き定法なきが故に、政府を建てるに謹慎して思慮を尽くし、或いは他の適例に倣て法を定むと雖も、之を実地に施して行はれざること多し。怪しむ可きに非らざるなり。世に盛善と称する政府の事情は学者の未だ知らざる所にて、紙上の論を以て尽くす可らず」（①四二二）[1]。これは福沢が利用したJ・H・バートン（John Hill Burton）の手になるチェンバーズ社刊『政治経済読本』（Chambers's Educational Course, *Political Economy, for Use in Schools, and for Private Instruction*, London and Edinburgh: William and Robert Chambers, 1852）の一節を翻案紹介したものである[2]。ここでバートンは引き続き政治における理論と現実との乖離について論じ、その例として、英国のように君主に独裁権があるからといって、その実、弊害はなく、上院は下院より上位にあるからといって下院の議決に対する拒否権を行使することはない。また下院が共和政の体裁であるからといっても、議員の多くは名望家層出身で貴族会議の様相を呈している。つまり政治学が君主制は独裁政治である、といっても君主制を採用している国が独裁政治を行っている訳ではない等と説明し、政治の現場は政治学が提示する公式通りに動いている訳ではないのであって、政治理論を普遍的なものとして他国に適用しようとしても、その国の文化なり歴史なりの要素を加味しなければ意味がなく、それを踏まえなければ、政治学の学としての役割はないと断じる。

ところで福沢はそれからおよそ一〇年後の明治一〇年、即ち一八七七年の六月から七月にかけて、A・d・トクヴィル（Alexis de Tocqueville）のH・リーヴ英訳『アメリカのデモクラシー』（*Democracy in America*, Translated by Henry Reeve, New York: A. S. Barnes, 1873）第一巻と第二巻の第一六章までを読了するが、第一巻の序文にある有名な「新しい世界には政治についての新しい学問が不可欠である[3]」に着眼する（四）。トクヴィルは近代に至るヨーロッパ文明を要約しながら、「諸条件の平等」、即ちデモクラシーが不可抗的に進行する最中にあるとの認識を抱きつつ、政治学における新地平の開拓の必要性を、取り分けデモクラシーが具現化していると見たアメリカ合衆国の訪問を経て、確信する。そこには縦軸としての時間の流れと、横軸としての空間の位置を考慮しつつ対比し、神の意志の如く具現化していく民主化＝平等化を誤りなきよう導く新しい政治学を正に比較、即ちヨーロッパ旧大陸とアメリカ新大陸との対比、あるいは比較政治分析を通じて、構築せんとしているトクヴィルの姿がある。福沢もまた、幕末から維新を経て新たな体制の構築に向けて、四民平等という平等化＝民主化の歴史的流れにあっての日本政治の新しい枠組み作りについての学問的考察を翻案や執筆を通じて、福沢なりに行っている。しかもそれはバートンの問題意識ではないが、日本という場に在って、維新後の新しい国の建設を志向する必要からくるものであったし、その際「西欧《ウエスタン》の衝撃《インパクト》」からくる西洋と東洋ないし日本との比較の視点を余儀なくされるのは必然であった。

本稿では新しい政治の位置づけを紹介した『西洋事情』や『英国議事院談』、さらにより一層方法的自覚を以て比較政治分析を行っている『文明論之概略』、それに日本の政治文化を全面に押し出し、欧米のそれと比較している『時事大勢論』以降の著作などを中心に、福沢における新しい政治学の構築が比較政治学として展開している一端を検討したい。

1　比較政治体制論(1)──『西洋事情』・『英国議事院談』──

福沢は明治維新時、すでに三度にわたる欧米体験を経ており、さらに外交文書の翻訳にも従事していた。その意味では「日本一国に限り自から神国など〻唱へ世間の交を嫌ひ独り鎖籠《とじこも》りて外国人を追払はんとするは如何にも不都合ならずや」（①一四）との「唐人往来」（一八六五年）に記した如き認識を恐らく早期から持ち得ており、当然にも自国の相対化をもたらす比較の視点も福沢にはあったであろう。そして何よりも「彼を知ることいよいよ明なれば我を思ふの情も亦いよいよ深からざるを得ず」（①一二三）との気負いがあった。しかしそれは『孫子』の兵法よろしく単なる戦争を前提とした海防家のそれとは異なり、友好による「文明」の交際を意図することが第一次的であった（①二八五～六）。

そうしてすでに『西洋事情』初編冒頭部にある「備考」では政治の項目をやはり冒頭に記し、政治形態について比較分析している。即ち「政治に三様あり。曰く立君、モナルキ礼楽征伐一君より出づ。曰く貴族合議、アリストカラシ国内の貴族名家相集て国政を行ふ。曰く共和政治、レポブリック門地貴賎を論ぜず人望の属する者を立て〻主長となし国民一般と協議して政を為す。又立君の政治に二様の区別あり。唯国君一人の意に随て事を行ふものを立君独裁デスポットと云ふ。魯西亜《ろしあ》、支那等の如き政治、是なり。国に二王なしと雖ども一定の国律ありて君の権威を抑制する者を立君定律コンスチチューショナル・モナルキと云ふ。現今欧羅巴の諸国此制度を用ゆるもの多し。〇斯の如く三様の政治各々其趣を異にすれども、一国の政に之を兼用するものあり。即ち英国の如き、血統の君を立て、王命を以て国内に号令するは立君の体裁なり。国内の貴族、上院に会して事を議するは貴族会議の政治なり。門閥を問はず人望の属する者を選挙して下院を建つるは共和政治なり。故に英国の政治は三様の政治を混同せる一種無類の制度なり。又立君独裁と称する政治にても、事実に於いて生殺与奪の権を一人の手に執るものなし。魯西亜皇帝の如き人民の之を尊仰すること神の如しと雖も、尚ほ一人の私意を以て国政を専らにすること能はず。又共和政治と雖も或いは有名無実なるものあり。千八百四十八年仏蘭西《ふらんす》の共和政治は、其の法律の苛酷なること、当事立君独裁と称したる墺地利《おーすとりや》よりも尚ほ甚し。純粋の共和政治にて、事実人民の名代人《みょうだいにん》なる者相会して国政を議し、豪も私なきは亜米利加合衆国を以て最とす。亜米利加は建国以来既に百年に近しと雖も、嘗て国法の破れたることなし」(①二八九～二九〇)。

ここに見られる比較政治体制論は、福沢が文久遣欧使節の随員としてヨーロッパに赴いた折に西洋人より聞き書きしたもの――「西航手帳」――を参照にし(⑲一三五)、なおかつ草稿次元のものを記し――写本として流布している――、慶應二年、即ち一八六六年に完本としたものである。草稿本と比較すると、完本では「文明の政治」が政体論の次に配されているのに対して、草稿本ではその順序が「西航手帳」に従って「国政」として「文明の政治」が冒頭に配され、政体論が次いで記されている。そうして政体論にあっては草稿本が「政治に四様あり」とあって完本にないより正確なギリシャ語に由来する「アウトクラシ」、即ち「主君独裁」があり、「国君一人の意に随て号令するを云ふ」となっている(⑲一七七)。これは完本では比較的新しい用語で広く独裁政について言われるフランス語に由来する「立君独裁デスポット」に変わっている。さらに付言すれば、草稿本は「西洋事情」というよりは「英国事情」であり、完本において「一種無類の制度」としての混合政体、即ち君主政・貴族政・民主政(但し、この時期の福沢の学習に由れば共和政(4)を併せ持っているイギリスが福沢の第一に注目すべき国と映じていたことが察せられる。

ところでこの時期、福沢が最も高く評価していたのはアメリカ合衆国の共和政、次いでイギリスの混合政体であった。『掌中万国一覧』（明治二・一八六九年）において福沢は、すでに建国百年に満たずしてアメリカの文明度と富強度とがイギリスに匹敵していることを述べ、「国王を立てずして大統領の官を設け、天下を公にして天下を家とせず。衆庶会議、公私一視、人々身自ら政を為して、身自ら制し、天下一夫も所を得ざる者なし。其の体裁の美なること、英国寛大の政治と雖も、これに三舎を譲る可し」と特に政体についてはアメリカが遥かにイギリスに先んじていることを紹介する（②四七三）。「輪番持の政事」（②一七四）、即ち民主制は政体の中では最善なのである。然しながらフランスのように歴史ある文明国にあっても革命後にもたらされた「輪番持ちの政府」（②一七九）は「名は合衆政治なれども、其の実は政談家の党与を分かち、兵力を玩て権柄を奪ふの策を施すのみ」であって（①五九六）、畢竟「仏蘭西の政治は暴を以て暴に代へたるのみならず、改革を望みし者も自由を求めて却って残虐を蒙ると云うふ可し」（①五八一）との状況がもたらされているのが現実であった。それはすでに触れた『西洋事情』初編の冒頭部にある政体論におけるフランス評価においても、確認できるものである。

それでは当面参考にすべき政体を福沢はどのようなものとして紹介しているのであろうか。「外国にて国事を評議する手続き体裁を記したる原著はなかる可きや、若しも其書を得て翻訳にでもされば最も妙なり、実は方今官辺には云々の必要ありとの話に、余は之に即答し、夫れは原書もあり翻訳も易し、直ちに版本にして御眼に掛けんとて相別れ」て三七日でなったのが即ち『英国議事院談』であって、それは明治二年三月初めのことである（①三二八）。当時の日本には維新後のことでもあり、何らかの政体をも含む政治の有様についての具体的様相を知り、それを参考にして具現化することが「恰も一時の流行談」であった(5)。福沢もそうした時代的背景の下、紀州藩士伊達五郎――陸奥宗光の実父で、伝統的歴史観と近代的歴史観を繋ぐ史学史的意義を担っているとされる『大勢三転考』(6)の著者伊達千広の養子——の要請を受け、政府の「改進流」に応えんとしてなったのが他ならぬ『英国議事院談』であった（①三五・⑰六六・六八）。

福沢は『英国議事院談』を著す資料としてブランド編『学術韻府』（William T. Brand and George W. Cox, *A Dictionary of Science, Literature, and Art*, Vol. II, London: Longmans, Green, 1865）の中の「議事院の部」(pp. 814-825)、及びブラックストーン『イングランド法註解』（Sir William Blackstone, *Commentaries on the Laws of England*, Vol. I, 1776. 但し学生版ないし簡約版）、それにビール『英国誌』（Dorothea Beale, *The Student's Text-Book of English & General History, from B. C. 100 to the Present Time*, London: Bell and Daldy, 1858）などを撮訳したものである、と最初に断っている（②四九一）。しかし本書は草しつつ印刷に付した事情もあって、本文の大部分はブランド編の百科事典の議院の項目の翻案であって——最後の「龍動府議事院の所見」を除く——、ブラックストーンとビールの援用も恐らく「例言」に留まっている。[7] しかもブラックストーンもビールの援用確認のためであったと思われる。それではそこにおける福沢の問題意識と政体論を見てみよう。

福沢は『英国議事院談』で西洋諸国の多くが立憲君主制を採用し、議会政治を旨としていることを述べる。しかしながら国による伝統があるがために同一のものではないと論じ、議会があっても有名無実に近い国もあると指摘する。ただ唯一、名実共に議会政治が行なわれているのはイギリスのみであると断言する（②四九一）。むろん冒頭で紹介した『西洋事情』におけるバートンの英国政治の有名無実論は、ここでは一旦、棚上げにされている。ただそれも議会政治を構成する議員とその代表機関名とが有名無実とされているのであって、議会政治そのものではない。したがって福沢にあっては、名実ともに議会政治そのものが行なわれているのは相対的に見て英国議会であった。そこでブランド編の『科学・文学・芸術事典』（以下の項目の筆者は恐らくArther P. Whately、本文の議会史の筆者はHerman Merivaleである）を引用して述べる。即ち立憲政体は元々封建時代の世襲の家禄の慣習に由来するもので、国民各層の代表を一同に集めて、君主と教会と貴族と平民とがそれぞれの利害を計って、それぞれの目的を達成しようとするものである。英国議会政治もその起源は他のヨーロッパ諸国と同一であるけれども、時代が下るにつれて体裁が整備され、他国の政治に比較すれば整ったものになっている（②四九一～九二）。

そして今度はビールの『英国誌』を引用して、英国政治が他国に抜きん出て優れている点を紹介する。即ち「英政の他に超越する所は、三種の政体を合して其の調剤宜しきを得るが故なり。三種とは何ぞや。衆庶会議下院を云ふ貴族会議上院を云ふ君上専権、是なり。往古羅馬の世に卓識の政談家ありて、既に茲に着眼し、此三種の政体を合しなば始めて美政を見るべしとの説を唱へり。然れども其の論、当日の風に叶はず、人皆之を妄誕と為せしが、千百年の後、英国の政体に於いて始めて其の実際を見得たり」（②四九二）[8]。すでに『西洋事情』冒頭部において確認したような英国の君主制・貴族制・民主制の混合政体が優れていると、改めて福沢は確認するが如く紹介しているのである。しかもビールが援用しているようにこの混合政体は「往古羅馬の世」にあった「卓識の政談家」、すなわちキケロの着眼するところであって[9]、正にその政体の下でこそ善政を見ることができる、というのである。しかしタキトゥスをはじめ当代の人々は、混合政体を時代に合わない妄誕な政体として拒否した。それ故に千百年後の英国において初めてキケロが期した混合政体の具現化をイギリスにおいて見ることになったという訳である。

それでは何故、三種の混合政体が評価されるのか。福沢はビール『英国誌』を引用し[10]、なおかつブラックストーン『イングランド法註解』を参照して、君主制・貴族制・民主制の混合政体からなる政治が「美政」である所以について訳述する。即ち人民の選出によって構成されている下院に具現化される民主制は法の目的を示すのに適しており、貴族によって構成されている上院に具現化される貴族制は法の目的を達成すべき手段を考案するのに適し、国王に具現化される君主制は法の目的を達成する手段を実行するのに適している[11]。さらにそれぞれの政体の長所短所について福沢はビールを通じてのブラックストーンの三政体論に則して紹介する。即ち民主政を代表する人民会議はしばしば策略が愚かであって、それを実行する権限がないが、その目指すところは「真正」(right) にして、しかも「報国の心」(a degree of patriotism) を以て事にあたる。貴族政は他の政体よりも智略に富んでいるが、「廉恥の義」(honesty) に劣っており、また「威権」(strength) は君主政に及ばない。また君主政は最も「威権」(powerful) があり、立法権と行政権を君主の手中に統合し、統治の神経を縫合するけれども、「強威」(strength) でもって「方向を誤り」(wrong purposes)、それがため危険をもたらす。[12] 福沢は達意の名訳で三政体を紹介し、英国の政体がこれらの長所をそれぞれ併せ持つものとして世界に卓越し、太平を謳歌しているというのである (②四九二)。

福沢にとって、伊達の要請になるものではあるとしても、この時、現実的に最善と映じたのは、実にイギリスの混合政体であった。それでは政体比較を福沢は以後、どのように論じているのであろうか。まず畢生の名著『文明論之概略』および読書ノートともいえる「覚書」において見てみよう。

2 比較政治体制論(2)——『文明論之概略』・「覚書」——

福沢は文明論において、西洋の諸書を読み、日本の事情を詳らかにし、所見を益々広くして、議論を精緻にし、「真に文明の全大論」を著述して「日本全国の面を一新せんことを企望するなり」として、西洋文明に照らして日本文明を自覚し、しこうして普遍的文明への道を模索することになるが (④五―六)、それには何よりもまず「議論の本位を定める事」が必要であった。それに含まれる思考方法はすでに福沢諭吉の哲学として余りにも著名であるが、[13] 福沢はその方法として両眼主義をとる。即ち「其の両眼を開かしめ、片眼以て他の所長を察し片眼以て其の所短を見せしめなば、或は其の長短相償ふてこれがため双方の争論も和することあらん」、あるいは「所謂両眼を開て他の所長を見るを得べし」(④一二～一三)。これらはいずれも議論が無意味に終わる所以を相互が欠点を挙げて、相互の真価をみていないことに由来するとして、社会にあって生産的な議論をするのに必要不可欠なものとしている。これはすでにブラックストーン、ないしその援用で見た政体論の比較において述べているものでもあったが、文明論では尚一層その視点を発展させ活かしている。

そこで福沢は政体についてここでも、両眼主義でもって考察する。ある人が文明は至大至重であるので、社会はこれに向かって進むゆえ、ヨーロッパ文明の形勢から判断すると文明の本旨ともいうべき「上下同権」に進む。即ち改革の第一歩は貴族を倒すことであって、イギリス・フランスの歴史においてそれを実証することができる。日本でも廃藩置県があり、四民平等となっているが、これも文明の趣意であって、これを押し進めれば文明国では君主を奉じないことになるのではないか。このトクヴィルが課題とした「上下同権」、即ち平等化、即ち民主化という質問に対して、福沢はそれを「所謂片眼を以て天下の事を窺ふの論」として批判し、文明は至大至重のみならず、至洪至寛であるので、君主も貴族もその地位を保つことができ、疑念に及ばずとして、ギゾーの文明史を援用して次のように述べる。即ち「立君の政」はカースト制度下のインド、「人民、権を同ふし、漠然として上下の名分を知らざる国」、「専制抑圧の世界」、あるいは「開化自由の里」にも行なわれている。正に「君主は恰も一種珍奇の頭の如く、政治風俗は体の如し、同一の頭を以て異種の体に接す可し、君主は恰も一種珍奇の果実の如く、政治風俗は樹の如し、同一の果実よく異種の樹に登《みの》る可し」（④四二）(15)であるのである。

この箇所は草稿段階に比して三倍に膨れ上がったところであり、片眼主義を批判している箇所とともに、当初は天皇制の問題として叙述していたものを、君主政一般に訂正し、ギゾーの該当箇所に加筆して導入したものである(16)。そうして福沢は、ギゾーの説に「此言真に然り」と強く同意して、「都て世の政府は唯便利のために設けたるものなり。国の文明に便利なるものなれば、政府の体裁は立君にても共和にても其の名を問はずして其の実を取る可し」と述べ、すでに論じた『西洋事情』初編「備考」における比較政体論を改めて参考に供して論じる。即ち有史以来、「政府の体裁」には「立君独裁」、「立君定律」、「貴族合議」、「民庶合議」があったけれども、唯単に政体のみを見て便不便をいうべきではない。唯一方に偏しないことが肝要なのである。君主政は必ず不便という訳ではない。共和政も必ず良という訳ではない。一八四八年のフランスの共和政治は公平の名はあったけれでも其の実は残酷であった。オーストリアのフランシス二世の治世は名は独裁制下の政治であったけれども寛大の実があった。現在のアメリカの民主政は中国の政治よりも良いけれども、メキシコの共和政は英国の君主政に遥かに及ばない。したがってオーストリア、イギリスの政治を良とするも、これによって中国の政治形態を慕ってはいけない。アメリカの民主政体を称賛しても、フランスやメキシコの例に倣ってはいけない。福沢にとって正に政治は名よりも実を見なければならない。名のみで評価してはいけないのである。政体は必ずしも一様でないので、それを議論するに当たっては心を寛にして一方に僻するようなことがあってはならない。名を争って実を害することは古今に照らしてその例は少なくないのである（④四二～四三）。この時、福沢にあっては名よりも実を取る意味でも両眼主義でもってそれぞれの政体論の名と実とを比較することが所長所短を知り得ることができ、正に肝要であるとしたのである。さらに福沢は「立君の政治」、即ち君主政が普遍性を有しないことを、君臣関係の偶然性を説くことによって検証し、同時にだからといって「合衆政治」即ち民主政が最善であるかというと「決して然らず」と述べ（④四三～四五）、それを論証する。

福沢はアメリカ史に触れながら、何よりもアメリカは「神を敬し人を愛する」精神によって政体を定めた国であって、社会はその精神によって成り立っている。アメリカ政治は「独立の人民、その気力を逞ふし、思ひのまゝに定めたるもの」であるからして「風俗純精無雑にして真に人類の止まる可き所に止り、安楽国土の真境を摸し出したるがごとき」はずである。しかし現在の事実はどうであろうか。第一に「合衆政治は人民合衆して暴を行ふ可し、其の暴行の寛厳は立君独裁の暴行に異ならずと雖も、唯一人の意に出るものと衆人の手に成るものと其の趣を異にするのみ」、即ち多数者の専制（tyranny of the majority）の問題である。第二に「合衆国の風俗は簡易を貴ぶと云へり。簡易は固より人間の美事なりと雖も、世人簡易を悦べば簡易を装ふて世に佞する者あり」で、分かりやすさによる政治腐敗である。第三は「合衆国にて賄賂を禁ずるの法甚だ密なりと雖も、之を禁ずること愈密なれば其の行はるゝことも亦愈甚だし」との法の厳格さが返って違法を生むという点である。第一の問題は福沢も後に精読するトクヴィルが問題にした点であって、やはり福沢が親しんでいたJ・S・ミルがトクヴィルの問題提起に応えて自ら主張した問題でもあった。(17) そうして福沢が「世論に合衆政治を公平なりとする所以は、其の国民一般の心を以て政を為し、人口百万人の国には百万の心を一に合して事を議定するゆゑ公平なりと云ふことならん」との説に対して、ミル『代議政体論』第七章を援用してその欺瞞性を説く。即ち民主政の下で代議士を選挙で選出する場合、多数票を獲得した候補者が当選となって議員になるのであるが、僅少差で当選した代議士（約二分の一を代表）がまた議会において僅少差で重要案件を通した場合（約二分の一を代表）、全国民的次元でみるならば、それは多数者の意見の反映というよりは少数者の意見（約四分の一）のそれとなる。福沢は具体的な数字を挙げてミルの議論を分かりやすく説くことによって民主政が必ずしもブラックストーンが説くがごとく公平でないことを指摘するのである。即ち凡そ国民の四分の一が他の四分の三を制するというのである（④四六〜四七）。(18) 多数者の専制は実は少数者の専制ともなるのである。

さらに福沢は君主政が政府の権威でもって人民を苦しめる弊害がある一方、他方において民主政が人民の説でもって政府を煩わす患いがあることを述べ、この煩わしさに政府が堪えられないと、武力に訴えて禍を招くことがあることを紹介する。民主政であるからといって内乱がない訳ではない。福沢は奴隷問題を巡って一八六一年に起きたアメリカの南北戦争を挙げて、天理人道を根拠として起こったのが、次第に理と利、道と慾とに分かれ、凶器をもってそれぞれが立ち上がり、殺戮を繰り返し、「畢竟自由国の人民、相互に権威を貪り、私を逞しふせんと欲する」以外の何者でもなくなり、「天上の楽園に群鬼の闘ふ」が如き状況を呈していたと指摘しているのである。さらに福沢はミルを援用して、アメリカが自主自由にして至善至美の手段を有していても、それが現れている現実はドルを追いかける男とそうした男を生殖する女の世界であると述べ、これが「人間交際の至善」と言えようかと疑問を呈して断じて言う、「余は之を肯んぜず」と（④四七～四八）[19]。福沢の最初の訪米と二回目の訪米との期間に勃発した南北戦争とその後の読書は、福沢をして一旦は最高と讃辞したアメリカ共和政体およびその文明に、距離を置かせることになったのであった。

このように福沢は両眼主義でもって民主政と君主政とを比較して「立君の政治必ずしも良ならず、合衆の政治必ずしも便ならず」と断言し、政体論でもって文明論を疎かにしてはいけないことを論じ、国民の文明度を見、文明に益すか否かで政体は決められるものであって、「文明の極度」に至れば「何らの政府も全く無用の長物」と化すと主張する（④四八～四九）。そうして福沢はさらにスペンサー『第一原理』やトクヴィル『アメリカのデモクラシー』を読むことによって「覚書」に記し、その点を再確認するのである。即ち「立君にても共和にても専制を行ふと否とには縁なきものなり」とスペンサーを読み、日欧比較をし、問題は政府が一種の特権を把握することであるとして、「代議にても立君にても其看板の名に頓着なし。唯悪きは一種の党に専権を握ることとなり」と福沢は記すのである（⑦六六九～七〇）[20]。

さらに「立君の政が次第に共和に移るも尊王の形は尚存するものなり」として、英国の清教徒革命をへて王政復古となった名誉革命に至る歴史をトクヴィルを読みつつ記し、「古参新参の考は容易に脱け兼るものなり」と結論づけている（⑦六七八（一七））[21]。また多数の暴政に関連してトクヴィルは、自由の保持のためには混合政体を良しとする意見に対して、それを幻想であるとして、英国のそれは実質的には貴族政であることを述べる。問題は権力に何事をもなし得る権利と力とがあるならば、そこには暴政の芽があり、その意味ではトクヴィルにとって民主政であろうが貴族政であろうが共和政であろうが同様であるのである[22]。福沢はここを当然読んで着眼しており（四二）、先ほどのスペンサーの指摘と同様な見解を改めて確認したであろう。それでは日本の文明度における政体構想はいかなるものであったであろうか。

3　日本憲政論の構築――『民情一新』・『時事小言』・『国会の前途』――

さて福沢は初期の啓蒙的著作において、政治体制についておおよそ最も進歩的なものとしてアメリカの共和政ないし民主政を、そして最も優れたものとしてイギリスの混合政体を認識していたわけであるが、すでに例えばブラックストーンの民主政、貴族政、君主政の議論をみれば分かるように、それぞれの長短を見る視点をも学んでいた。それが福沢にあっては比較政治体制論ともなって、翻案紹介しているのであったが、中期の著作ともいえる『文明論之概略』を著す時点にあっては、ミルを媒介としたものであれ、トクヴィルが問題とした問題を踏まえ、取り分け君主政と民主政とを比較して、其の理念と現実との相違をも含めて検証したのであった。そしてこの時期、福沢にとってより必要なことは政体論よりも文明論であった。そのため政体論は福沢にあっては二次的な意味しか持たなかった。否、すでに政体を超えた権力に付きまとう固有の暴政の芽を認識した以上、それは二次的たらざるを得なかった。しかしながら不平士族の乱も漸く西南戦争で終結を見、以後より一層、憲法政治ないし議会政治が具体的な日程に上るようになると、政体論は無視できないものとなるに至る。そしてすでにバートンが説いたように、日本が文明化の一環として立憲政治を志すならば、それは日本の政治的伝統を踏まえた上でなされなければならなかった。そのため明治一〇年代以降の福沢の論説は日本の政治的伝統に対する言及がより実証性を持った形で現れることになる。

福沢は明治一二年、即ち一八七九年に刊行した『民情一新』第五章において、「今世に於いて国安を維持するの法は平穏の間に政権を授受するに在り。英国及び其の他の治風を見て知る可し」との章を設けて、正に比較政治論を行なっている。そこで福沢は、文明が進歩するに従って政府と人民、即ち官民の衝突が増して、双方相互に一方を殲滅しないならば問題が解決しない様相を呈している中で、「政治の別世界を開き、よく時勢に適して国安を維持するものは果たして何処に在るやと尋ねれば、英国の治風是なりと答へざるを得ず」と断じ、英国政治を高く評価するに至る。そしてイギリスの政権交代可能な議院内閣制を紹介しながら、保守党と自由党のそれぞれが「守旧必ずしも頑迷ならず、改進必ずしも粗暴ならず」であって、両党の全体の方向は同一であると紹介する。そしてイギリスの二大政党と、当時のロシアの王室と虚無党および昔の日本の攘夷家と開国家とを比較することによって、英国政治の安定性を引き出し（⑤四二～四三）、もってそれを一つの規準として、なお一つの模範国としている。さらにオランダとスイスの例を出し、それらの国の政治が安定しているのは英国政治に類するところがあるからであると述べる。翻ってロシアが一大帝国であるがために暴政の止むを得ざることを論じ、それを「姑息中の果断」としている。同様な帝国である中国が安定しているのは、「人民の聞見狭くして未だ文明を知らざるが為のみ」によるのであって、ここにもし文明の波が押し寄せるならば、日本の徳川政府が崩壊したごとく、満清政府も崩壊するか、あるいは文明を拒否することから西欧列強の侵略を受け、国が滅亡するかの、いずれかであると論じる（⑤四四～四五）。立憲君主政の方が単なる君主政よりも安定するというのである。

福沢は英国人の気象は「古風を体にして進取の用を逞ふする者」か、あるいは「度量寛大にしてよく物を容るゝ者」であるとして、権力が人民に属するも、国王が君臨してなお無視ないし軽蔑されずに尊崇されていることを述べる。フランス其の他の国の人民が、自由の改革と言えば国王を攻撃し、王室回復といえば人民の自由を妨害する、との気象を有している点、英国との相違を比較して福沢は論じているのである（⑤四五）。ギゾーではないが[23]、文明は大海のごとく、細大清濁の河流を容れても其の名に価するという訳である。欧州に冠たる英国政治（⑧二四）の安定性を指摘して福沢は次に、日本と英国との政権担当者の在位期間を実証的に比較する。

それを著すにあたって福沢は、「余弱冠のとき和漢の歴史を読みて楽しまざるものあり。名臣良輔暫《しばら》く位に在れば輒《すなわ》ち黜《しりぞ》けられ、他人これに代て復た久しきを得ず。史中比々皆是なり。誠に隔靴の歎を免れず。時としては切歯扼腕、巻を抛《なげう》ちて怒る程のことなりしが、今にして考えれば其の位に久しからざるは名臣たる由縁なりとの事を発明せり」と回想しながら、政権交代こそがむしろ善政をもたらし、短命政権を担った宰相こそが名臣の証であったことを知るに至る。権力は必ず腐敗するとの認識を福沢は歴史的にも確信するのである。したがって「純粋の文官にして天下の政権を一手に握り永く其の位を保たんとするは殆ど難しきことにして、若しも強ひて之を保たんとすれば必ず奸悪の名を蒙らざるはなし」であって、口に蜜あり腹に剣ありとの評価を受けている唐の李林甫も、宰相の地位を三年にして去っていたならば、唐代名臣に列せられ、後世の歴史家に惜しまれたのに誠に遺憾であったと論じる。「随時に政権を授受するの要用」は一千百年の昔より事実において相違ないのであって、「況や今の活発世界に於いてをや」ということになる（⑤五一～五二）。

そこで福沢は歴史的に実証すべく、アメリカのごとき四年任期の大統領制とは異なるイギリスの「内閣の執権（プライム・ミニストル、太政大臣と訳するも可ならん）」――日本はこの時まだ内閣制度が確立されておらず、太政官制度であった――を例として挙げる。そこでは終身在職が可能であったが、一七八四年から一八七九年の凡そ一世紀の間、平均すれば在職期間は一代三年半余りであって、アメリカ大統領制に比して短いけれども、経験上「一種の治風」を成して国の安定を図り、社会の繁栄を助けた。それは「先代の鴻業」である。アメリカが四年と大統領の任期を決めたのも、偶然ではなく、世界古今の事例に照らして、その所以を述べるのである。特に英国では任期三年半が「文明進歩の時勢」に適し、社会的震動をもたらすことなく「美績」を生み出し、これは先代の想像外のことであって「偶然の賜」である。福沢が特に英国政治を賞賛するのも、体制論もさることながら正にこの一点にあった。しかしながら為政者の短期在職が善政をもたらしていたのは西洋諸国のみならず、福沢にあっては日本の事例においても確認できたのである（⑤五四～五五）。

江戸初期にあっては、幕府も諸藩も明君賢相とともに政治を行ない、「政権は都て君上の手に在る時代」であったが、太平が続き明君も稀になると、「家老にても用人にても藩政の実権を握る者が十数年の間、在職したるの例は極めて稀なるが如し」となる。古老に質しても「執権の重臣は一年にして辞職し三年にして黜けられ、甚だしきは藩中の物論沸騰して之を奸臣と名づけ不忠者と称し、之が為に遂に蟄居申し付けらるれば、その代りとして職に就く者は、即ち前年同様の故障を以て禁錮せられたる重臣にして、この度の再勤こそ青天白日の愉快なりと得意の日月も亦復た久しからずして、再び風雨に際し豈に位を全ふせざるのみならず身をも全ふすること能はざる其の事情は、各藩符節を合するが如し」であった。執権者の権力掌握期間の短期であることを福沢はさらに徳川政府についても言えるとして、将軍直属の政務統轄者である老中や財務行政関係を担当した勝手方の在職年表を示すことによって明らかにする。それによれば宝暦一二（一七六二）年一二月より慶應三（一八六七）年に至る一世紀余りの老中勝手方の在職年数は平均七年である。これは確かに英米両国に比すれば長期である。けれども財務諸官庁を統括した勘定奉行の新陳交代はより短期である。しかも徳川政府といっても太平の時代に将軍自ら政治を行なう訳ではない。権力の帰属するところは御老中・若年寄・御勘定奉行の三役であって、なお、それぞれの御勝手方が会計にあたっており、最も権力があった。しかるにその勝手方の在職期間は平均一代二年半余りであって、「その永続の難きこと以て見る可し」である（⑤五五～五九）。

しかし将軍との取り次ぎ役である奏者番や警護役である番頭などは終身官のごときで、一〇年二〇年も動くことはなかった。欧米諸国でも司法官は概ね終身官であって、不都合をみることはなかった。日本の奏者番、あるいは目付などと司法官は性質が異なるにせよ、また欧米諸国では立法・行政・司法の三権分立であって、政治システムが異なっているので、一概に同一とは言えないけれども、司法官の職種が「唯一定の法を守るのみの事なれば、自ずから社会に威福を及ぼすこと少なきが故ならん」として、その長期在職を理解している。問題は「人民の耳目を属して最も煩はしきは議政行政の枢機に在る」要職者である。即ち議員や行政の長たる者の在職期間の短期であることの必要性である（⑤五五～五九）。

そうしてイギリス政治を再評価して次のごとく述べる。「千八百年代の在てよく其の文明の衝に当り嘗て震動を覚へざるものは、特に英政を以て然りとす」として、「英国の政権は守旧改進の二党派に帰して一進一退、其の授受の法甚だ滑なり。政権全く人民に帰すと雖も尊王の意亦甚だ厚し。随時に政権を授受するの緊要なるは世界の人情を察して知る可し。……記者の所見は特に英政の機転を賞賛するものなり。今後世界の諸国に於いて苟も千八百年代の文明を利用する者は、必ず英の治風に傚ふて始てよく其の人民の不平を慰めて国安を維持するを得んのみ」と英国モデルを勧め、それが不平論を消滅させる訳ではないけれども、議論の交際、否、対話による弁証法的展開とも思われる成果に福沢は期待する。「その一新の時節は旧き不平の既に衰へて新しき不平の正に熟したる秋なり。其の政府の持続する時限は此新不平を慰めて更に又他の一新不平を養成するの時限なり」と述べて、政権交代が常態にして国安をもたらすことを論じるのである（⑤五九～六〇）。

そうして今度は日本と欧米諸国では政治的伝統が相違している故、国会を開き立憲政体を設立するのは時期尚早であるとの世論を批判する。即ちヨーロッパにあっても一八〇〇年代は「人間世界を転覆したるの事実」、即ち革命や選挙法改正などの政治改革があり、それゆえにそれ以前のヨーロッパの政治的伝統をのみに着眼して、日本への国会開設を時期尚早というのはおかしいのであって、変革以後の正にヨーロッパの同時代の政体を導入することが、むしろ肝要であると福沢は説く。「芋虫の事情を説いて胡蝶に告げる者」ではいけないのである。現に日本は開国二〇年にして二百年の事を成し遂げているではないか。これは同時代の文明を利用した結果である。早急に国会を開設しても良い。問題は「唯其の時に於いて政権を得たる者が永世不変を謀ることなく、事の始めより暫時の後には必ず復た交代するものと覚悟して、恰も政権の席上に長座するの幣なきよう企望する所なり。本章の旨は唯この一点に在るのみ」と結ぶ（⑤六〇～六一）。

英国型立憲政治時期尚早論について福沢はさらに『国会論』（明治一二・一八七九年）においてより詳細に論じ（⑤六七～九三）、そして『時事小言』（明治一四年）において断言する。即ち早期に政体を改革して立憲政体として国会を開設し、三藩でもなく薩長でもなく、「唯衆庶の望を属する人物」を選挙して国事を托し、「日本国の国事を日本国人の手に執り」、即ち福沢のいう「国体」の護持、人材登用にあたっては地縁でなく「主義と才徳」に由り、才徳がなければ去り、主義が異なれば政党に分かれ、「上は天皇陛下を戴き下は三千余満の人民」に対して、公明正大に政策を争い、兵器や腕力によらないで、「唯天下人心の向背に任ずるのみ」であって、「恰も争ふて戦はず競ふて乱れざる」ものであって、「競争活発の間に安寧の大義を存す可し」であるのである。そうして政体を一変して、国を安泰にし帝室を戴き、その事情期せずして自ずからイギリス型を模範にして、「東洋新たに一大英国を出現して世界万国と富強の鋒を争ひ、他をして三舎を譲らしむるの愉快を見ること遠きにあらず」と論じる。それは一個人にすれば真に丈夫の事であり、一国にすれば真に独立国の事なのである。福沢はこのように考えているのであった（⑤一二八）。

福沢は内外情勢の結果、日本における憲政は政体として英国型立憲君主制を良しとし、議院内閣制による政権交代可能な責任内閣制を導入しようと考えたのである。そうであればこそ、英国立憲政体はトクヴィルとは異なり、バジョットではないが、「偽装された共和政」[24]であるとの認識を持っていたと思われる井上毅の猛烈な批判を受けることになるのである。そして井上は英国型立憲政体を防ぐべく伊藤博文を動かし、政変によって福沢の意向にそった大隈重信の憲法構想を反故にし、日本の憲政をプロイセン型の君主権の強い憲法によって推進したのであった[25]。福沢はしかしながら、なお、英国型を希求する。憲法制定が明らかになるに従って、従来の政体論とは視点の異なる、バジョットの『英国憲政論』第二版を読むことによって、日本に適合可能な政体論を改めて提起するのであった。それは英国憲法を民衆に尊敬の念を喚起させる「尊厳的部分」（the dignified parts）と現に支配し活動する「実効的部分」（the efficient parts）とに分け、前者が君主、後者が内閣および議会であるとして、英国の立憲君主制を絶妙に説明するものであった[26]。またそれは体制移行期における君主の肯定的役割についても説いているのであった。福沢はすでに文明論において日本が中国に比して欧米文明を学ぶのにより有力な根拠とした「至尊の位」と「至強の力」との分立、これが日本にあっては武家政治の到来とともに伝統化したことを論じた（④二五）。正にバジョット的国家構造を「期せずして自ずから」日本は持ちえているのである。バジョットが英国と類似した歴史や同様な政治的素材を有した国民にしか、「尊厳的部分」は移植できないと断言しているが[27]、福沢はある意味でこれに応答して日本憲政論の一環として『帝室論』（明治一五・一八八二年）や『尊王論』（明治二一・一八八八年）を執筆し、プロイセン型立憲君主制に抗する英国型立憲君主制の導入を図るのであった。

さらにプロイセン型明治憲法が発布された以後の明治二五年に著した『国会の前途』においても、福沢は「立君専制の政体」と「立憲の政体」との相違点に触れる。即ち前者が君主一個人の心がすべてを統御しかつ左右し、君主の心が即ち法律であって、「君心の変化」が法律の変化を伴い、正に「法は明君と共に明にして暗君と共に暗く」であって、「万民恰も僥倖の間に生々するもの」となる。これが「立君専制の実相」である。それに反して後者、即ち「君民同治立憲の政体」下では、「一国最上の権を憲法に帰し」て、君主も国民も憲法に違背することを許さないし、ともに違背すれば其の制裁を受ける。したがって両者とも専断実行は不可能であって、「自然の数理」のごとく、「極度の得意もなく亦極度の不平もなく」、正に中庸に位置して、「政治運動の平均」を得るのである。君主の能力の一存にかかり、それゆえに治国の要として「先ず君心の非を正す」といわれる倫理的政治学が要請される君主政とは異なるのである（⑥三六）。

ところで立憲君主政は仁君も暴君も仁や暴を恣にできず、国民は非常な恩沢も災難も受けることなく、「苦楽平均の間に自力を以て自家の快楽幸福を求む可きのみ」であったが、しかし西洋では数百年の立憲政の歴史があり、君主も自制し国民もまた分に安じている。そこで西洋諸国の有識者は立憲政の歴史のない日本の立憲政に否定的となっている。しかし福沢は断固として反論する。即ち日本が立憲政体をとり、国会を開設するのは「偶然の僥倖」ではない。日本は武家政治以降、「至尊必ずしも至強ならず、至強亦至尊を望む可らず」であったから、至尊も至強も一方的に有利な政策は出来えず、したがって武士が国民を統治する場合でも、至尊を見ながら人民に臨むことになる。それゆえ、帝室が政治に関せずと雖も、将軍は自然に自らを抑制し、民心を収攬する工夫をしなければならなかった。取り分け福沢は徳川時代の権力平均主義の有意味性を指摘して、立憲政治の可能性に期待するのであった。日本は中国の王族政治や朝鮮の外戚政治という立君専制の国ではなく、徳川時代にあってすら「権力平均対峙競争の政策」が幕政、藩相互間、藩政においてみられるのであって、それは立憲君主政にこそ相応しくとも、君主独裁、あるいは天皇親政に相応しいものではないとして、西洋の有識者、そして恐らくは日本の保守層の偏見に抗するのであった（⑥三九～五三）。

おわりに

福沢は日本の国家構造を構想するさい、幕末維新期にあってはアメリカ型共和政を最も進んだものとみ、次いで混合政体を取っているイギリス型立憲君主制を次善としていたと思われるが、明治革命から一挙に共和政を導入することは、伝統の国フランスにおける革命後の政治を見ても、とり得るものではなかった。さらに福沢はミルなりトクヴィルなりを読むことによって、ブラックストーンに見られたそれぞれの政体の長短両用の視点に加えるに一層、比較政治学的視点でもって共和政ないし民主政の短所を理解し、それを大著文明論で展開した。しかも政体論は文明論の前では二次的なものであった。しかし憲法構想が具体化しはじめると、俄然、福沢は旧体制と革命を経たフランスの歴史的経験、アメリカ共和政の実体などと比較しながら、君主を戴きなおかつ繁栄を極めているイギリスの政党内閣制を基調とする立憲君主制に期待するのであった。それは維新後の内乱状況を勘案して、それをなくす術を有する君主の機能を改めて認め、福沢が構想した英国型立憲制が挫折を見た後のプロイセン型憲法が成立した後でも、できるだけ立憲政治を英国のそれに近づけるべく、日本の江戸時代の政治文化から活かすべき契機を引き出して、希求するのであった。福沢における比較政治学はその意味で単に横軸のそればかりでなく、縦軸のそれをも含むものであった。福沢の体制構想はそうした意味での新しい政治学の試みと見ることも不可能ではないと言えよう。

注

(1) 以下、福沢からの引用・参照は慶應義塾編纂『福澤諭吉全集』再版、全二一巻および別巻（岩波書店、一九六九〜七一年）を使用し、このように記す。

(2) Chambers's, *Political Economy*, p. 27. なお、筆者が使用したのは一八七三年版である。チェンバーズ版『政治経済学』の事実上の筆者がJ・H・バートンであることについてはAlbert M. Craig, 'John Hill Burton and Fukuzawa Yukichi'（慶應義塾福澤研究センター『近代日本研究』第一巻）、これは西川俊作訳「ジョン・ヒル・バートンと福沢諭吉――『西洋事情外編』の原著は誰が書いたのか」（福沢諭吉協会『福沢諭吉年鑑』一一）と題して邦訳されている。チェンバーズ版『政治経済学』と福沢については伊藤正雄『福澤諭吉論考』（吉川弘文館、一九六九年）一三七〜一七三頁、飯田鼎『福澤諭吉と自由民権運動』（著作集第六巻、御茶の水書房、二〇〇三年）三一〜六一頁参照。

(3) Alexis de Tocqueville, *Democracy in America*, Translated by Henry Reeve, with an Original Preface and Notes, by John C. Spencer, New York: Adlard and Saunders, 1838, Reprint, New Jersey: The Lawbook Exchange, 2003, p. xvi. 松本礼二訳『アメリカのデモクラシー』第一巻(上)、岩波文庫、二〇〇五年、一六頁。なお、福沢とトクヴィルとの関係については拙編

「福沢手沢本 A. d. Tocqueville, *Democracy in America*, Tr. by H. Reeve. 再現」(『法学研究』第五四巻、第一号、福沢諭吉協会『福沢諭吉年鑑』9　再録)以下、本資料からの引用参照は、その資料番号を(　)の中に示す。また拙稿「福沢におけるトクヴィル問題――西南戦争と『アメリカのデモクラシー』――」(慶應義塾福沢研究センター『近代日本研究』第二二巻)参照。

(4)　福沢が民主政(democracy)を共和政(republic)に代わって理解するようになったのは、慶應三年頃と思われ、同年に出版した『西洋事情』外編を著すのに参照したチェンバーズ社刊の『政治経済学』の「政府の種類」(different kind of government)を翻案する時点においてであったと想像できる。そこで福沢はそれまでの聞き書きとは異なる政治体制の区分を知るのである。曰く「政府の種類は、第一立君、第二貴族合議、第三共和政治と、三様に其の体裁を異にすれども、事実に於いては明らかに其の区別を立て其の体裁を説き難し」(①四一九)。これはChambers's, *op. cit.*, p. 24の箇所の翻案であり、『政治経済学』には引き続き政体論が叙述されているが、福沢はすでに初編「備考」において紹介済みでもあって、その箇所を省略している。内容的にも類似しているので福沢の聞き書きの基はチェンバーズ本があったのかもしれないが、政治学入門の一般論であったのであろう。問題はここで福沢は‘Democracy’を「共和政治」と訳していることである。ところが福沢は翻訳紹介していないがチェンバーズの次の箇所を読んでいるはずである。即ち「真の民主政ないし共和政の理論は、都合の良い時期に、総選挙によって人民が法律を制定する代表者と法律の執行に責任を持つ執行者を選出するものである」(*Ibid.*, pp. 24-25)との一文から共和政と民主政は同一のものであり、特に君主政に対立するものとしての共和政と君主制と両立可能な民主政との区別をしていない。したがって『世界国尽』では『西洋事情』初編での「備考」の再説のごとき「附録」を付しているが、そこには「第三を共和政治、或いは合衆政治といふ」(②六六六)と‘democracy’を「合衆政治」と訳して登場させているし、明治三年に刊行した『西洋事情』二編では確かに「即ち其〔分頭税〕法よく合衆政治の旨に適するとのことなり。抑も衆庶会議、合衆政治の旨は、国権の基と為し、人々身自ら其の身を支配するを以て大綱領と為す……」(①五一〇)として「合衆政治」が登場するが、これはウエイランド『政治経済学の基礎』(Francis Wayland, *The Elements of Political Economy*, Boston: Gould and Lincoln, 1856, p. 394)の訳であり、ここでの「合衆政治」は‘democracy’ではない。またフランス革命後の政体についての紹介にあっても「政体復た一新して合衆政治と為り、……名は合衆政治なれども」(①五九五~五九六)とあって、「共和政治」から「合衆政治」に代えている。これは民主政の観念が成熟していることを示すと思われる。

（5）この期の政体構想についてはブリジマン『連邦志略』やホイートン著／マーチン訳『万国公法』などが『西洋事情』とともに新政権の基本組織の規定になった点などのついては松沢弘陽『近代日本の形成と西洋経験』岩波書店、一九九三年、二〇九頁参照。

（6）石毛忠「解説」（丸山真男編『日本の思想6　歴史思想集』筑摩書房、一九七二年）三五八頁参照。

（7）太田臨一郎「『洋兵明鑑』と『英国議事院談』の原拠本」（⑲附録一〇～一二）参照。

（8）Beal, *The Student's Text-Book of English and General History*, London: Bell and Daldy, 1858, p. 149.

（9）岡道男訳『キケロ選集』第八巻、岩波書店、一九九九年、四一、八八、一一九頁。但しキケロはスキーピオをして語らしめている。福沢が翻案したビールは後に触れるブラックストーンの説を援用しており、これはブラックストーンを通じてのキケロ説である。また同様にそれに異議を唱えたのがタキトゥスである点についてもブラックストーンからの援用である。尚、タキトゥスは「言うまでもなく、あらゆる民族や都市は、民衆か、貴族か、一人の人間か、そのいずれかで統治される。この三つの形態から適当な要素を択び、それを調和させた国家政体は、実現するよりも、賞賛するほうが易いのである。よしたとい実現できたとしても、長く維持することは不可能である」（タキトゥス著／国原吉之助訳『年代記』㊤、岩波文庫、二七二頁）と「閑話休題」として論じ、キケロを暗に批判している。トクヴィルもまた混合政体をたんなるキメラ、即ち幻想に映るとして、その具現化として引き合いに出される英国政体を本質的に貴族政の国としている（Tocqueville, *op. cit.*, p. 241. 松本前掲訳（下）一四八頁参照）。もとよりプラトン『国家』、それを批判したアリストテレス『政治学』などの古典政治学にあっては、政体論は基本的には正常と腐敗を繰り返す循環政体論であって、そこに理想として混合政体論を挙げているわけではない。その意味ではキケロの言及が嚆矢と思われる。ブラックストーンがそれを英国に当てはめて近代に蘇生させたのである。

（10）Beal, *op. cit.*, p. 149.

（11）*Ibid.*; William Blackstone, *Commentaries on the Laws of England*, Vol. 1, Chicago: The University of Chicago Press, 1979, p. 50.

（12）Beal, *op. cit.*, p. 149; Blackstone, *op. cit.*, pp. 49–50.

(13) 丸山真男「福沢諭吉の哲学」(『丸山眞男集』第三巻、岩波書店、一九九五年、一六三〜二〇四頁) 参照。

(14) Tocqueville, *op. cit.*, pp. ii–xxv. 松本前掲訳(上)九〜三一頁参照。

(15) Francois P. G. Guizot, *General History of Civilization in Europe, From the Fall of the Roman Empire to the French Revolution*, Ninth American, from The Second English Edition, with Occasional Notes by Caleb S. Henry, New York: D. Appleton, 1870, pp. 194–195. なお、福沢は同じ箇所を多少の文言の相違はあるものの、同時期に著した『学問のすゝめ』の評においても引用している(①四六〜四五)。なお、ギゾーが単にカースト制が行なわれている国としているところを福沢はインドとして訳述している。

(16) 進藤咲子『「文明論之概略」草稿の考察』福沢諭吉協会、二〇〇〇年、八〇〜八四頁参照。

(17) Tocqueville, *op. cit.*, pp. 240–243. 松本前掲訳(下)一四六〜一五〇頁参照。John Stuart Mill, 'On Liberty' in *Collected Works of John Stuart Mill*, Vol. XVIII, Edited by J. M. Robson, Toronto: University of Toronto Press, 1977, pp. 219–220, 261, 286–287. J・S・ミル著/塩尻公明・木村健康訳『自由論』岩波文庫、一九七一年、一三〜一六、一一六、一七六〜七七頁、'Considerations on Representative Government in *op. cit.*, Vol. XIX pp. 460, 558. J・S・ミル著/水田洋訳『代議制統治論』岩波文庫、一九九七年、一九八〜一九九、三九九頁参照。さらに福沢はミルの『アメリカのデモクラシー』に対する二つの書評を読んでいる可能性があるので、'De Tocqueville on Democracy in America' in *op, cit.*, Vol. XVIII, pp. 80–85, 155–156, 175–179. 山下重一訳「トクヴィル氏のアメリカ民主主義論Ⅰ(一八三五年)」(杉原四郎・山下重一編『J・S・ミル初期著作集(三)』御茶の水書房、一九八〇年) 一三一〜一三二、同上訳「トクヴィル氏のアメリカ民主主義論Ⅱ(一八四〇年)」(同上編『J・S・ミル初期著作集(四)』御茶の水書房、一九九七年) 一五九〜一六四頁参照。

(18) Mill, *op, cit.*, Vol. XIX, pp. 449–450. 水田同前訳、一七四〜一七五頁参照。

(19) J. S. Mill. 'Principles of Political Economy' in *op, cit.*, Vol. III, p. 754n. なお、こうした視点をミルに提供したのはトクヴィル『アメリカのデモクラシー』第二巻であった。Tocqueville, *Democracy in America*, Vol. II, Everyman's Edition, London: David Campbell Publishers, 1994, pp. 228, 235–236. 井伊玄太郎訳『アメリカの民主政治』(下)、講談社学術文庫、一九八七年、四〇四、四一六〜四一七頁参照。

(20) Herbert Spencer, *First Principles of a New System of Philosophy*, New York: D. Appleton, 1875, p. 7.

（21）Tocqueville, *op. cit.*, p. 102. 松本前掲訳(上)、一九七頁参照。

（22）Tocqueville, *op. cit.*, p. 241. 松本前掲訳(下)、一四八〜一四九頁参照。

（23）Guizot, *op. cit.*, p. 19.

（24）Walter Bagehot, 'The English Constitution' in *The Collected Works of Walter Bagehot*, Edited by Norman St John-Stevas, Vol. V, London: The Economist, 1974, p. 396. 小松春雄訳「イギリス憲政論」（辻清明編『世界の名著60　バジョット　ラスキ　マッキーヴァー』中央公論社、一九七〇年）三〇一頁参照。

（25）この点、渡辺俊一『井上毅と福沢諭吉』日本図書センター、二〇〇四年、一七〜六七頁、伊藤弥彦『維新と人心』東京大学出版会、一九九九年、一二一〜一二一頁参照。

（26）Bagehot, *op. cit.*, p. 206. 小松前掲訳、六八頁参照。なお、福沢におけるバジョットの位置づけについては拙稿「福沢諭吉におけるW・バジョット問題」（松村昌家・川本皓嗣編『ヴィクトリア朝英国と東アジア』思文閣出版、二〇〇六年、二〇九〜二二三頁）参照。

（27）Bagehot, *op. cit.*, p. 210. 小松前掲訳、七二〜七三頁参照。

第8章　石川三四郎自叙伝覚書

山口　晃

はじめに

石川三四郎の自叙伝は、病に伏し、自ら筆をとることのできない状態で進められたものであり、そのため本人の手によってすべてが出来上がったものでないことは、自叙伝「あとがきにかえて」を読むことでわかる。どの程度本人がこの自叙伝を導いたのか、そして口述筆記部分は分量としてはどれくらいなのか、ずっと気になっていた。

それともう一つ、私と同じ町に住み、しばしば語り合う年もほぼ同じ友人が、郷土の思想家のこの自叙伝を読んで、石川の現実の生き方にくらべ自叙伝には強烈に訴えるものが少ないという感想を私に述べた。それを聞いたとき私は意外に感じた。石川の他の著作とくらべて自叙伝を良いもののように漠然と思っていたからである。そして改めて考えてみると、自叙伝には他の著述と比較して何かちがうところがあり、そこにこの自叙伝への私の関心があったように思えてきた。覚書を記しながらこうしたことを考えてみたい。

1　自叙伝前史

昭和三一年七月刊『自叙伝』上、同年九月刊『自叙伝』下は、それ以前にこの自叙伝の土台となる、あるいは基本資料となるものとして、『一自由人の放浪記』（昭和四年刊）と、『浪』（昭和三一年刊）がある。前者は『砲声を聞きつつ』（大正四年刊）が『放浪八年記』（大正一一年刊）を経て、拡充されたものである。後者は戦後の日本アナキスト連盟機関紙『平民新聞』第七三号（昭和二三年五月二四日）から第百二号（昭和二三年一二月二七日）まで連載された文章を唐沢隆三が一冊にまとめ刊行したものである。

石川三四郎三七歳から四六歳にあたる、日本を離れ欧州での経験と出来事が収められている『一自由人の放浪記』およびその前身である『砲声を聞きつつ』『放浪八年記』が、国境を越えてさすらう人間の作品としてその新奇性において当時関心を持って読まれたであろうことは想像に難くない（「放浪記」という表現自体、林芙美子の『放浪記』に先行していた）。しかし、新奇性以上に石川の『放浪記』を特徴づけていたのは、さすらうことになった場所と、そこでの生活、身のこなし方、そして彼のまなざしであった。『萬朝報』に実に定期的に記事を送るといういわばジャーナリストの仕事と平行して、あるいはそうした仕事をこなしながらも、彼の生活と視線は、ひたすら本国・日本を向いているものではまったくなかった。また、居場所を重視しない名無し草の生活様式を積極的に受け入れるものでもなかった。後に『籠城日記』という形をとる第一次大戦勃発時のブリュッセル占領下の記録、北イングランドの小村ミルソープへの数度にわたる訪問、叔父エリゼ・ルクリュの『地人論』の出版刊行に献身したポール・ルクリュとその妻と生活を共にした五年半におよぶ農作業と看病の日々。それは一九一〇年代の日本人の旅行記録として類書を見ない貴重なものであった。その記録の中にはたとえば三十数歳年上の女性との愛を生きるフランス青年の哀愁の漂う小篇（「自由主義者の愛」）や、石川自身の半年以上にわたるモロッコ滞在も含まれている。モロッコでは、オリエントにおける、統治の地位にあるフランス人家族のもとに滞在する東洋人、という複合的な深い陰翳ある立場に石川はいた。『一自由人の放浪記』の特徴は、さすらいの光と影である。

それに対して『浪』は石川七二歳のとき、請われて執筆した自伝の手始めであった。もともと石川はこれ以上にやっておきたい仕事が他にあり、掲載紙『平民新聞』のために書いたことが推測できる。当時を知る大澤正道の証言は、その時点での石川の姿、あるいは急ぎ足の様子を伝えている。「その頃、『平民新聞』は発行難に陥っており、石川としては運動のために私情を抑えた心情だったと思われる。石川は文筆家としてではなく、運動家として、『浪』を書いたのである。…『浪』は少年時代に始まり、ヨーロッパへの亡命で終わっているが、……さらに充実した自叙伝を、の声が上がるのは当然であった。……しかし、石川はその声に耳を傾けず、前へ、前へと進もうとしていた。」（『石川三四郎著作集』第八巻、五七八頁）

唐沢隆三が『平民新聞』に連載された『浪』の誤植と脱字を直し単著として刊行したものは一二四頁である。『浪』の特徴はその構成にあると言えよう。石川がポール・ルクリュ家で夫妻に自らの生い立ちを語るという組み立てで進んでいく。これは『自叙伝』上巻に受け継がれていく形であり、『自叙伝』の原型となる。『浪』は石川が述べるように「いやいやながら書き始めたので、足らないところが沢山あります。自分で自分がいやになるが、今少し恥を書いて、止めます」（唐沢隆三宛書簡）であったとしても、この『浪』がなかったなら、病に伏したあと、零から新たに自叙伝に取りかかることは不可能であったかもしれない。唐沢による限定出版『浪』が好意的な評価を受け、そのことによって、『自叙伝』を引き受ける出版社探しやその進展途上にあった障害のいくつかが取り除かれたようである。『自叙伝』が編まれる過程には、とりわけ口述筆記においては、大きな困難があったが、上下二巻の完成に漕ぎ着けたのは、『浪』によるある程度の方向が、あるいはレールが敷かれていたことは大きかった。

2　口述筆記部分

それでは『自叙伝』の特徴はどこにあるであろうか。大雑把にいうと『自叙伝』上巻は、『一自由人の放浪記』と『浪』をもとにして、それらを口述筆記でつないでいく。下巻は、それまで石川が折に触れて執筆してきた文章を張り合わせ、その間に口述筆記が織り込まれる。

口述筆記は全体の中でどれほどの分量を占めるのであろうか。そしてどういった文体であったのか。本稿で見ていきたいのは、この二点である。『自叙伝』は理論社版と、『石川三四郎著作集』第八巻に収められている青土社版と、二種類ある。理論社版は上下二段組みになっている。以下、口述筆記部分の頁数と行数を表示する際、両版を表記すると複雑になってしまうので、頁数と行数に関しては青土社版によった。しかし引用文自体は、すべて原本である理論社版によっている。また以下の引用箇所《……》はすべて、口述筆記部分からである。なるべく多くの口述筆記部分を収録したかったが、本稿覚書の性質上最小限に留め、章ごとに口述筆記部分の分量を数字で示した。たとえば「一八頁一五行～一九頁四行」は口述筆記の範囲であり、〔一二二：九〕は前者〔一二二〕は自叙伝以前の既存の文章の行数、後者〔九〕は口述筆記の行数である。

上巻　青春の遍歴

「序」『一自由人の放浪記』の序の最後からとっている。〔四：一〕

「一　ルクリュ家にて」『浪』の「ルクリュ家へ」「言葉の失敗」をもとにしている。一八頁一五行～一九頁四行。〔一二二：九〕

「三　利根川」　章全体が口述筆記。〔〇：一四三〕

《私の生地は日本最大の関東平野の一角で、武蔵国（埼玉県）と上野国（群馬県）との境を流れている利根川べりの一船着場でありました。徳川幕府の江戸城下から西北方に百キロメートルを隔てた土地でこの地方と江戸とを結ぶ交通の要衝でした。今は本庄町から伊勢崎に通ずる県道が走り、阪東橋という大きな鉄橋が架っていますが、私が子供の頃は利根川を通る帆船が主要な運輸交通機関であり、私の故郷にはいつも大小二十隻以上の帆船が行き来していたものです。御年貢米を始め主要な産物は、みなこの船によって江戸まで運ばれていったのです。いま私の故郷の歴史を顧みますと、この地方の住民がどれほど深く利根川の感化を受け、いかに密に利根川と運命を共にしていたかが、しみじみと感じられます。いや、私の故郷だけではありません。関東の大部分がこの利根川の子であると言っても言い過ぎではないでしょう。関東の大平野はその大部分が利根川の流域及び沖積層を以てなり、徳川三百年の歴史はこの利根川の流れによって齎されたとも言えるでしょう。》

《……私は数人の同志と共に江戸川河畔の行徳町に講演に行ったことがあります。その町は幼年の頃、出入の船頭さんから、屢々耳にした名前でしたので、私は一種のノスタルジアを感じながら、この町に赴きました。私の郷家の船頭さんが東京へ往復するには、通常一、二ヶ月位はかかったと思いますが、帰って来ると何時もその時の見聞を話してくれました。その物語に必ず出てくるのが行徳だの、関宿だの、宝珠花《ほうしはな》だのという地名、町名でした。このような地名が何時しか私の幼い脳髄に染込んでいたのです。こうした深い懐しみをもってこの町に行ったところ、この町のさびれようはまた甚だしいものでした。演説会場に当てられた家がまた、昔の旅館かまた女郎屋か、梯子段といい、大広間といい、化物屋敷ででもあるように荒れはててはいるが、その結構の豪壮さによって、往事盛んな頃の栄華のほどが忍ばれるのでありました。同じ利根川の恵みに浴したこの町は、私の故郷と同じ運命を負うて、惨憺たる遺骸を留めたのでした。利根川の生命線として江戸の栄華を吸収しようと、蜜蜂のように通って来る船頭さんや、その他の顧客が、江戸幕府の瓦解と共に、そのあとを絶つに至って、これらの繁華街は見る影もなく滅びてしまったのです。私はしみじみと人の世の浮沈興亡の儚なさを感じて演壇に立ち、不思議にも講演に熱がこもりました。》

《この利根川は四六時中、その流れを停止することなく、常に慈愛の波を住民の前に湛えるのであるが、しかし、時あってか、滔々たる濁流を氾濫せしめて、或いは堤防を決潰し、或いは人畜、或いは民家を押流し、また暴風の際などはその旋風が人家の屋根を吹き上げ、利根川の水を川魚と共に空中に高く捲き上げて、空一面を真黒の渦と化し、不意に人々の恐怖をかきたてます。それは実に河畔の住民のみが知るとことの驚異であります。茫漠たる広い小石河原が一夜の内に一面の泥奔流と化し、高い両岸の堤防をも越え溢れんとする、すさまじい光景は単なる自然現象と思われないほど神秘な印象をさえ感じさせます。質朴な村民達が心から厳粛に水神様を奉祭する所以が自ら諒解されるのです。それと同時に、この地方の住民が一体に熱狂的な気質に富んでいるのは、また自然現象のこうした光景の自らなる感化によるものではあるまいか、とも思われます。利根川は偉大な活物である、とさえ私は常々考えています。》

「二一　利根川」は『自叙伝』全体の中で特別な位置にある。すなわち章全体が口述筆記である。しかも具体的で、生彩のある表現が文章の随所にうかがえる。病に伏す前に石川がこの章を用意していたという手がかりは今までのところない。石川は昭和一〇年代から毎年数回、石川永子を連れて郷土に帰っていた（「北沢文武宛石川永子書簡」『木学舎便り』第八号収録）。一つ推測できるのは、口述筆記の際、永子は自分もたびたびいっしょに訪れた利根川周辺のことを話題にして、石川三四郎の基層に横たわっていた思い出を引き出すことができたのかもしれない。病に伏す以前の石川の文体、および自然や神秘的なる事柄に対する叙述に、こうした具体的で、固有名詞を使用した文章はほとんどない。『東洋文化史百講』第一巻の第一講「地球の歴史」、第二講「原始人類」、第三講「原始文化（一）」、第四講「原始文化（二）」は、例外的にこの「二　利根川」の語りに近いが、文体を流れる透明な悲しみと麗らかさは、「利根川」の方がまさっている。ただ、『東洋文化史百講』のこの部分は、逸見山陽堂の若い人々に向かって話した東洋史の講義草稿が元になっていることを考えると、永子を相手にした口述筆記と、その雰囲気の中に共通面もあったのかもしれない。

「三　生家」『浪』の「生家の思いで」「土着した祖先」「勇躍、東京へ」を部分的につなぎ編集してある。三八頁四行〜一三行〔一一三：一〇〕

「四　幼少のころ」　四五頁一行〜四九頁九行。五〇頁八行〜五一頁一行。五一頁二行〜九行（『浪』を大きく修正）。五一頁一〇行〜五三頁九行。五四頁一四行〜五五頁一七行（『浪』を大きく修正）。五七頁一行〜一三行。五八頁一行〜一二行。〔五四：（二七）：一二九〕（　）内は大きく修正してある部分の頁数。

《三、四歳の時に伯母におんぶして本庄町の芝居小屋に入りました。伯母が芝居好きだったので私はその犠牲になったわけです。ところがある日、私は突然芝居小屋の中で目をひきつけました。何かはげしい音楽でもあったのか、こわい化物か何かのでる幕であったのか、芝居見物の記憶が幾つもあるので、どの場合に起こったことか、はっきり記憶していませんが、芝居を見ている最中に目を引きつけたのです。驚いた伯母は私をおんぶしたまま、一〇丁ばかりの道を大急ぎで家に帰ってきました。帰って来ると私はもう口から泡を吹いていたそうです。大騒動になって近所の人達も寄ってきました。そして中には庭先にある井戸の処に駈けて行って「三四郎や！」と井戸の底へ呼びかける人もありました。地獄に行った魂を呼び返すのだそうです。それは老母の声であったか、その点は、はっきりしませんが、その時の「三四郎や！」と言う声は未だに記憶しています。「三四郎や！」で息を吹き返したのだろうと思います。その時から私は極度の斜視になりました。ものの見当がつかなくて常に物につまずいたり、ひどい失敗を屢々重ねるようになりました。そういう目を引つけるという私の生理組織が、私を所謂癇持ちにしました。……それで伯母は私をおんぶして、癇持ちに大変よく効くというお灸をすえに三里も隔たった中瀬村という処までおんぶして行ったものです。》

《まだ私が一〇歳にならない時分には老母の教育が私の情操生活に非常に影響していたように思われます。祖母は私たちに血を引いた人ではないのですが、そして多分東京の御家人の出であったようですが、強記博覧でこの老母の寝物語が私の知識の啓発に非常に影響したように思います。楠公記とか、太閤記とか、大岡政談とか、菅原伝授手習鑑とかいうような通俗歴史物語をよく暗記しておいて話してくれました。この老母は私が一一、二才の頃八二、三才でこの世を去りましたが、村の娘達を集めて縫針のお稽古をしたり、寺小屋のような教育を施したりしていました。この老母がも少し長く生きていてくれたならば、私の知識教育には随分影響するところが多かったろうと思います。けれども兄の話を聞くと、この老母は私の家のためには余り感心出来ない人だったということです。例えば家の物品のめぼしいような物はそっと実家に運んで居ったというような事実もあったそうです。しかし私はそういうことを少しも知らなかったので驚きました。実際私にとってはよいおばあさんだったのです。老母の知識は所謂草双紙によるものでしたが、しかし私の読書の習慣はこの老母によって与えられたことが多かったと思われます。尤も父なども兄にいろいろな本を読ませて聞くことを楽しみにして居り、例えば昔の漢楚軍談とか三国志とか言うものを読ませて居ったのを記憶しています。後には福沢諭吉の『学問のすすめ』という書物も東京から買ってきて読ませたこともありました。》

「五　青年期」　五九頁九行〜六〇頁一一行。六二頁九行〜六三頁八行。六三頁九行〜六七頁一四行（『浪』と少し重なるが、内容的にはほとんど『浪』にはないものであり、はるかに具体的）。〔四八：一〇四〕

《この当時私の母の家は狩野良知という人の貸家で同じ門内の別建の一戸でしたが、その狩野氏は秋田藩士で根本通明先生の同僚であったためにしばしば同家に来訪されていました。立花鉄三郎先生は良知氏の息子狩野亨吉氏の友人であったと見えてこの人もまた度々同家に来られるのを見かけました。狩野氏父子が夜になると空の星をながめてしきりに星座の話をするのを、子供心に興味深く聞いたことを覚えています。》

《私が東京を去るにのぞんで、英子氏は既に実家に帰っていた友作氏に宛てた、一通の手紙を私に托し、子供の安否を見とどけてくれと頼むのでした。その時私は失意の極におちいり、半病人になって従弟の下宿にごろごろしながら「秋風のたちてや吾を誘ふらん散りゆく木の葉しるべともして」と腰折れ一首をものして家の老女（水戸藩士で歌人）に示しました。老女はその時涙ぐんで「こんな歌を読むものではありませんよ」と言ってくれました。こうして一枚の着物もなくなっていた私は、従弟の新調の洋服を借りて故郷に向けて旅立ったのです。》

《室田小学校の高等科受持教員は校長の伊藤三郎という人と私と二人ぎりでした。私が一、二年を受持ち、校長が三、四年を受持つのです。伊藤氏は私と同じ埼玉県出身で忍藩《オシハン》の士族でした。二人ぎりで何事も話合ってゆけたので、新米の私には非常に楽しい生活が展開され、少しも暗い感じを受けませんでした。校長は字が上手で、漢詩をつくって、それを画箋紙などに書いて喜ぶような人でした。一杯飲むと元気付いて唄を歌ったり『棚のダルマさん』を踊ったり、何ものにも拘泥しない八面玲瓏という人物でした。児童を連れて伊香保温泉に一泊旅行したことがありましたが、その時、温泉宿で校長先生酔払って例の『棚のダルマさん』を踊り出したのには驚きました。》

《室田村の教員生活の思い出は仲々つきません。最初私は旅館の一室を借りて下宿していましたが、私の泊っていた部屋の隣で或る夜どたばたする大騒動が勃発しました。それはその部屋で賭博が行われ、そこに手入れがあったのです。私はそういう経験がないので、翌日学校に行ってその話をすると、それは定めし迷惑だろうというので、村人の世話で、御朱印付の長年寺という大きな寺の一室を借りて下宿することになりました。それは曹洞宗の寺でお小僧達が四、五人、方丈に作男を合わせて六、七人の生活でした。そのお小僧達と私は三度の御飯を一緒に頂きました。御飯の時には、お小僧の一人が鐘と太鼓をたたいて合図する。その合図によって食卓に着き、お経を唱えながら各々御飯をつけ、お経の間に食べ始める。お経が終わるとまた合図がある。そしてまたお経を読みながら後始末をする。こうして毎日の生活が続けられたのですが、その生活は心持ちのよいものでありました。何か特別の観行の時には私も衣を着てお小僧達の仲間に加わりました。宝鏡三昧とか、三回契、般若心経というような経文をよむことに馴されました。門前の小僧習わぬ経を読む、で何時しか覚えるようになったのです。》

《私の部屋は庫裏の二階の二〇畳ばかりの大広間で、真中に炉が切ってあり、料理とかお酒の燗が出来るようになっていてお小僧達と五人で使用していました。その一方の壁に小さな窓がありました。その窓は多分そこに匿まれていたお大黒に食事を運ぶ穴であったかもしれません。その穴の下に食物を置き静かに寝ていると必ず鼠が入ってきます。入ってくるとその窓をそっと閉める。閉めると出口がなくなるので四人のお小僧と私は裸で坊主頭をふりたてながら鼠を追いかけまわすのです。青い坊主頭のいわゆる青道心が一匹の鼠を追いまわす光景は素晴らしいものでした。その鼠が二匹、三匹と溜まると皮をむいて醤油をつけて焼き、それを肴に一杯飲む。それは非常にうまく、その酒宴がお小僧達の無上の楽しみになっていました。》

『浪』では「私が赤痢病になって帰郷し、私の病気が父に感染して父は死去しました。」と一行に満たないが、自叙伝は父に感染する前だけでも次にように詳しい。《この僧堂の生活は今もなお忘れる事が出来ません。ところがこの寺の一番弟子であったお小僧が檀家から感染してきた赤痢に罹りました。私の一番中の良い人であったので、私は寝食を忘れて看病してやりましたが、その甲斐もなく彼は亡くなってしまいました。私も忽ちその病気に感染しました。ちょうど夏休みでしたので、私は郷里に帰りました。道々四、五里の間を下痢し通しでした。それから汽車に乗って高崎から本庄駅まで来て、本庄で日頃懇意の医者を訪問して診察を受け、薬を貰い、伝染予防の石炭酸水を貰って家に帰ってきました。そして離れの一棟に入って家の人に感染しないように注意しました。私の病臥していた離れは母屋から大分離れていて、昔の戸長役場に使った家でした。専ら私の看病に当たってくれた人は母の姉でした。この伯母には私が子供の頃からしばしば迷惑をかけたのですが、この時も一心に看護をしてくれました。》

「五　青年期」も自叙伝の中では口述筆記の多い章である。二〇歳の頃への石川の記憶は透明度を増している。

「六　**生涯の転機**」　ほぼまったく『浪』の「若き日々」の章と同じ。〔一一五：〇〕

「七　**萬朝報に入る**」　八一頁～八二頁。八三頁九行～八五頁九行（八五頁一〇行～八六頁一七行、『浪』と重なるが自叙伝の方がだいぶ多い）。八七頁一行～一〇行（八七頁一一行～八八頁一一行、『浪』と重なるが、順序を変え、少し追加）。（八八頁一二行～九〇頁、『浪』と重なる。ただし当時の石川の心境が追加されている）。〔六六：（七〇）：七四〕

「八　**悩みはつづく**」『浪』の「基督教の影響」「寄せくる浪の姿」とほぼ同じ（ただし、二カ所、合計一一行削除してある）。〔一〇九：〇〕

「九　**週刊『平民新聞』**」　一〇〇頁。一〇二頁六行～七行。一〇二頁一〇行～一〇六頁一四行。一〇七頁九行～一〇行。一〇九頁一行～八行。一〇九頁一四行～一一〇頁一行。一一〇頁三行～五行。〔一一九：一〇六〕

《幸徳は少し飲むと、すぐ酔うて、よく唄いました。その歌たるや、すこぶる奇妙な節づかいで、ひそひそと相談でもするようなメロディー?が、咽につかえながらせせらぐのでありました。堺に至っては更に輪をかけた唄べたで、よく詩吟をやりましたが、それがまた、奇声を発しての呻きに外ならなかったのです。幸徳のお母さんや、千代子夫人もさすがに堪えられず、笑い声をもらすのでありました。》

《最初から平民社に同情を寄せて、その仕事を援助してきた同〔社会主義〕協会員は一層親身になって力を注いでくれるようになりました。野上啓之助、松崎源吉、原霞外、斉藤兼次郎、寺内久太郎、野沢重吉、加納豊、安中逸平、岡千代彦等の諸氏はしばしば平民社に出入りした人々で、今でも忘れがたい親しみを私に感じさせます。》

ところで「忘れがたい親しみを感じさせた」人々の職業を、わかる範囲で並記してみる。松崎源吉＝売薬業、原霞外＝講談師、斉藤兼次郎＝毛筆用金櫛職、寺内久太郎＝親方金物職、野沢重吉＝人力車夫、安中逸平＝葉茶屋、岡千代彦＝印刷工。平民社という集いの持っていた性格の故であろうか、石川の回想、口述筆記には或る穏やかな暖かさが漂う。「九　週刊『平民新聞』」は当時の資料等を永子に手伝ってもらいながら、歴史的な記録を残しておこうという気持ちとともに、充実した日々のなつかしさがうかがえる。

「一〇　日本最初のメーデー」　一一三頁～一一五頁一二行。一一六頁七行～一一七頁五行。一一九頁～一二三頁一二行。〔七八：一二九〕

《私の書いた「小学教師に告ぐ」が二人〔幸徳秋水、西川光二郎〕を監獄に送り、『平民新聞』発禁の原因となったので、私は大いに責任の重きを感じて緊張しました。そして明治三八年三月一二日の平民社の研究会に於て、「社会主義伝道隊」の組織を提唱しました。……その時赤旗を樹てることも提唱して、長さ六尺の赤い布を買い求め、私自ら「社会主義伝道隊」と書き入れました。三月二六日の午後には、この大赤旗をかかげて、芝、新網の貧民窟に宣伝に出かけたのですが、始めて用いる大太鼓を持って行く人がありませんでした。これを提唱した私自身が太鼓を抱えて街頭に進出する勇気がなかったのです。……四月二日の上野、竹の台に於ける「労働者観桜会」には桜井松太郎君がその太鼓を叩いて先頭に立ってくれたので、これによって非常に気勢を上げることが出来ました。……桜井君は佃島の裏長屋に夫婦と子供と三人で生活をしていましたが、その生活たるや貧乏を極めて居りました。こうした運動に主人が熱中すれば、家内が困るのは当然ですが、夫人はあまり不平も漏らさずにその貧乏に堪えているように見えました。一戸建の家ではあるが入口の土間をあければ奥まで見通せる家でしたが、他に会場のない時には、そこまでも演説場に提供してくれました。そこで演説会を催す時などは石油の空缶に小石を入れて街頭を引きずりまわして近所の注意を引いたものでした。桜井君はヨカヨカアメ屋を本業としていたために、こういうことには頗る馴れて居りました。》

この章はすべて『浪』にない。『直言』等、当時の資料をもとにしながら、口述筆記が進められたと想像される。公式記録の隙間に石川の回想が顔をのぞかせる。

「十一　幸徳、西川の出獄」　一二七頁～一二九頁。一三七頁二行～一三四頁七行。〔六四：六八：〔一二二〕〕〔　〕は年譜である。既存の文章ではないが、口述筆記でもないのでこうした。この章は、口述筆記以外は、『直言』を資料として引用している。

「十二『新紀元』の運動」　この章は三節からなっている。

「1『新紀元』運動の発足」一三七頁一行～五行。一三八頁四行～一三九頁八行。一四一頁一六行～一四二頁三行。一四二頁七行～一七行。一四五頁六行～一三行。〔八四：四九〕この節は、『新紀元』から石川が、どこを引用すべく選択したかに、留意したい。

「2　田中正造翁」一四六頁一七行～一四八頁六行。一五一頁四行～一五二頁一一行。一五二頁一三行～一四行。一五五頁三行～四行。〔一八五：五三〕

「3　木下尚江」一七二頁一二行～一七三頁二行。〔一一五：五〕

《「新紀元」の運動が漸く軌道に乗って地方の遊説にも出かけようとしていた時分に、堺氏等は「日本社会党」というのを組織して私にも入党せよという勧告がありました。それは堺がわざわざ新紀元社まで来ての話でした。従来の個人的な関係から言っても、私はこの堺の勧誘に従わなければならない地位に居り、また新紀元社創立以来、唯物論的社会主義者とクリスチャンとの間に生じた感情のもつれを調和するためにも、これに応ずるのが得策であろうと考えましたが、折角「新紀元」の運動がその緒について、これから益々発展しようとしている時に、その仕事の中心であるべき私がそれを離れて政治運動に投ずることは非常な冒険であると考えて、私はこれを謝絶しました。そして「新紀元」紙上にて「堺兄に与えて政党を論ず」という長論文を書きました。……これは当時政治運動に見切りをつけ農民の中に入っていった田中正造翁の態度に深く共鳴し、その事業に参加して非常に深い意義を感じた私としては当然のことであり、今から省みてもそれは正しかったと思います。》

《まだ新らしく建てたての小屋でしたが、そこには一人の爺父が寝ていました。それが外部から見えたので、翁〔田中正造〕はすぐに声をかけました。「どうだね、身体の具合は?……悪いということは聞いていたが、寝るほどではなかろうと思っていたよ、困ったな」と言って、いろいろと病気になったいきさつを聞いていました。私は翁の後ろに立ってそれを聞いていたのですが、何時の間にか翁の声が変ってきて、咽ぶような鼻声になってきました。どうしたのかと思って翁の顔を見ると、翁の頬には玉のような涙がぽろぽろと流れていました。これを見た時の私の感動はまた強烈でした。その百姓は県吏の誘惑に負けて翁の言葉に背き、一旦は買収に応じて他の所に転居したのでしたが、やはり長年住みなれた故郷を忘れかねて舞戻ってきたのです。「他所に行っても古い隣の人や村と別れて行くとやっぱり故郷が恋しくなって面白くないでがす、どうしようかと思い惑って悩んでいるうちにこんな病気になってしまいました」と述懐を悲しそうに翁に訴えるのでありました。それを聞いて翁は何時の間にか涙を流したわけなのです。この涙を見て私も深く心を打たれ、本当に田中翁の深さというものが私の胸を打ったのでありました。この時ほど田中翁の真実の姿に接したことはかつてありませんでした。》

「十三　日刊『平民新聞』」『浪』および『平民新聞』からの文章ですべて構成されている。〔一九三・〇〕

「十四　入獄」一八九頁三行～八行。一九〇頁三行～六行。一九三頁一行～一一行。二〇三頁三行～一五行。他に

口述筆記として追加された短い文が三カ所ある。〔二二三：四〇〕

「十五　出獄―革命歌―再度の入獄」『浪』をもとにし、それに「革命の歌」、築比地仲助の手紙を加えている。口述筆記は、そのための説明数行。〔一七一：七〕

「十六　大逆事件」　二二二頁二行～二二三頁六行。二二五頁一二行～二二七頁一一行。二二八頁三行～二二九頁九行。〔一七三：七八〕

《その晩のこと、一二時頃でありました。堺、大杉両君と私でどこかで相談でもしたものか、大分酒気を帯びて信濃町停車場で下車しました。その頃は実に寂しい停車場でありました。その停車場のそばに交番が寒そうに立っていました。一月末のそれも、もう夜中なのです。／停車場を出ると堺君は交番の横の暗がりでペッペッと唾をしています。交番にツバなど吐きかけて、と気を付けて見ると先生の足許から白い煙が揚っています。小便をやらかしているのです。小便しながら唾を吐くのは堺君の自然法則でありました。交番の若い巡査は気が付いたらしく、目を光らしましたが、吾々に尾行していた三人の刑事が何か耳うちした結果、彼方を向いて知らぬ顔。／その交番の横から、道路が掘りかえしてでもあったのか、警視庁の赤い瓦斯燈が二、三間の間隔を置いて三ッ四ッ並べてありました。それに沿うて吾々は堺君の家まで行くのでありました。何か三人話しながら歩を進めていましたが、忽ちガチャーンと烈しい音を立てて瓦斯燈の硝子が破れました。堺君のステッキが活動したのです。堺君の意志を尊奉して突っかかったのです。誰も何とも言いません。宇宙的沈黙が吾々を閉しました。三人の刑事はわなわな慄えている様子でした。寒かったからでしょうか。／二番目の瓦斯燈の処へ行きました。／「ちぇー！」と言う叫びが堺君の口から迸りました。と同時に二番目の瓦斯燈がガチャンと倒れました。今度は堺君の足が活動したのです。瓦斯燈のランプの石油が流れて火がつきはしないかと心配しましたが、ひっくり返ると同時にランプは消えました。腕白の株を堺君に奪われた大杉君はつまらなそうに後について行きました。刑事は私の側に来て、「どうか堺さんをお家まで送って下さい」と哀願します。何しろ一方で仲間の首をしめて命を奪っている最中です。刑事達もあまり気持がよくはなかったのでしょう。》

《死刑になった大部分の遺骸はわれわれが引きとって落合火葬場に運びました。市ヶ谷から新宿を経て郊外に行く途中には、雪が積もっていました。鉄道線路の東側には、その当時まだ広い大きな竹薮があり淋しいところでした。われわれは棺桶に付添って長い行列をつくって行くと警察はあわて出しました。大勢が行列を作って示威運動をやってはいかんというのです。堺が怒って、こんなに多くの死骸を作ったのはお前達じゃないか、それを送るのが悪ければ、おれたちはここから帰るとどなって、更に同志たちに向かって「諸君、見送ってはわるいそうですから、ここから帰りましょう。」これを聞いてあわてたのは運搬の指揮にあたった警部で、俄かに態度を改めて、「イヤ、どうぞ御自由にして棺だけは運んで下さい」と折れて出ました。この時の光景は今も眼の当りに見るようです。／もう一つ、われわれが遺骸を守って火葬場に着き、多くの棺を受付のところに並べたとき死刑者内山愚童の弟がずかずかと兄の棺の側に進み、縄を切り棺の蓋を除き、死者の顔にじっと見入り、「ヨシー間違いなし！」と言いはなった、その光景が如何にも印象的だったので今も忘れることができません。……この弟もまた兄に負けない人物だと私はつくづく感じました。》

「十七　幸徳秋水」　二三五頁〜二三七頁五行。〔一九四：三二：[二一]〕師岡千代子『風々雨々』を参照しながら口述筆記。その後にＮＨＫ「幸徳秋水を語る」の原稿を転用、そして年譜を追加。

「十八　生活態度の問題」　二五四頁一行〜一〇行。二五五頁六行〜二五六頁。〔五四：三三〕

「十九　諸友の回顧」　二五七頁〜二五八頁一五行。二五九頁一二行〜二六一頁一行。二六二頁九行〜二六三頁。〔三四：六五〕

「二十　福田英子」　〔〇：一一四：[四〇]〕本文すべてが口述筆記と考えられる。章末の「福田英子略歴」は口述筆記の中で作成したものかどうか不明。この章は全体にわたって穏やかな語りの中にも、細やかさがあるのが特徴的である。まず、冒頭が、他章を異なる。「以上のお話を終わるに臨みまして、私は福田英子姉一家のことを顧みたいと思います。それはこの物語に一つの締めくくりを与えると思われるからであります。」「この物語」とは何を指しているのであろうか。前章「諸友の回顧」のことであろうか、それともこの自叙伝の「一つの締めくくり」ということであろうか。

《私がはじめて福田姉に会ったのは一六、七歳の時で、福田姉が長男鉄郎を生んだ直後のことであったと思います。若い女のお弟子（産婆になりたての）が、赤ん坊にお湯をつかわせているのを見守っている処でした。黄八丈の羽織を着て、床の上に座って見て居りましたが、背が高く、凛とした顔付の、おかしがたい威厳を備えた婦人だなと私は感じました。その時の印象は……今もなお忘れられません。》

《……英子姉を呼ぶ場合に、奥様とかまたは先生とか言うのが当然であるのに、私は十数年間この家庭に出入りして来ながら、こうした呼称法を使用したことは一度もありませんでした。……今、この福田家に出入しはじめてからの生活を回顧して深く思い当たることが一つあります。それは英子姉が大井憲太郎との間に生んだ小児の竜麿（憲邦）君が、母親たる英子姉を呼ぶのに、決して「母ァさん」とも「母ちゃん」とも言わずに、いつも「ネェ！ネェ！」と呼びかけていたことです。私にはこの児が如何にもいじらしく、また可愛くて仕方がなかったのです。あれほど世の中と戦って来た英子姉ですが、当時の社会道徳に気がねして、公然自分の子どもとすることが出来なかったのでしょう。そして次男三男には「母ちゃん！」と呼ばれながら、長男たる竜麿にはその称呼法を教えなかったのではないかと思います。不思議な運命で、私もこの児と同じ英子姉のことをただ「ネェ！」「ネェ！」と呼ぶようになりました。》

「二十一　**横浜生活**」　二七四頁八行〜二七五頁一五行。二七七頁七行〜一七行。二七八頁一行〜一三行。〔四九・

四二〕

《やがてゴベール君が辞去したので私達は小舟を一隻借り受けて海に出ました。あの静かな日に根岸海岸から本牧まで船を漕いで往復する清遊の愉快さを満腹して帰宅しましたが、それは今も忘れられない幸福であります。堺夫人の如きは私の後を逐うて肌着一枚になって海に飛びこみました。…酷寒の海中に身を横たえていると小さな魚や虫類や貝類が群がって来て私の体にくっつくので気味わるいほどでした。それは多分人体の温味を感じて自然に引きつけられるのでしょう。》

《また田中翁は私に、貴方はみっちり学問をしなければいけませんということをしばしば説いてくれました。それは他の人々に対する話と全然反対のことなので、私は不思議に感じましたが、翁の態度は極めて真面目でありました。翁は平生、世の所謂学問などというものは害こそあれ、人を益せないものだと説いてきたのに比較すれば、この言葉は全然違うのです。翁は人各々特徴があり、長所、短所があるものです。よく自分の長所を見極めてそれを伸ばしてゆくことがこの世に処する肝要な条件です。私の見るところでは貴方はこれからうんと勉強して智見を広め、いかなる方面に於いても人後に落ちない蓄積を用意することが必要です。と、こうしみじみと説いてくれたことを記憶します。これは翁とただ二人きりになった時の話です。私が日本脱走を決心してそのことを翁に告げた時には、さすがに淋しそうではありましたが、非常に喜んで、うんと勉強していらっしゃいと勧告してくれました。》

「二十二　暇乞」〔四〇：［一〇］：〇〕［　］は『浪』に基づきながら修正。

「二十三　船出」　この章はすべて口述筆記。〔〇：三六〕

第二部　一自由人の旅

「愚かなる石川君」この文章は石川三四郎著『哲人カアペンター』に寄せた徳富蘆花の序文の転載。〔三一行〕（理

論社版のみ）
「船が行く」『一自由人の放浪記』から転載。〔一四：〇〕
「一　ポール・ルカ号の旅」〔一四五：二〕『一自由人の放浪記』を一部変更しながら引用。（以下『放浪記』と略す）
「二　ポール・ルカ号の旅（つづき）」〔二〇七：〇〕同じく『放浪記』から。
「三　ブリュッセルに着く」〔八一：〇〕同じく、『放浪記』から。
「四　新思想の新陣営」〔二二六：一三〕『放浪記』から。
「五　ロンドン素通りの記」〔一一八：六〕『放浪記』から。
「六　社会党非戦大会」三三七頁〜三三八頁三行。三四二頁一一行〜三四三頁。他は『放浪記』から。〔八一：二二〕
「七　ジャン・ジョレスを想う」〔二〇一：〇〕『放浪記』から引用。
「八　島崎藤村」「巴里にて藤村君と語る」（『新日本』大正四年）を引用。〔四六：〇〕
「九　仏兵戦話」『放浪記』より引用。〔一〇〇：四〕
「十　ドム町にて」『放浪記』より引用。〔三一一：〇〕
「十一　美神礼賛」『放浪記』（「美に生きる者」）を引用。〔一一二：〇〕
「十二　カアペンター翁最後の訪問」『我等』（大正一〇年第三巻第六〇号）の同タイトルから転載。〔七〇：〇〕
「十三　日本印象記」『放浪記』を少し修正して引用。〔一四七：〇〕
「十四　大正末期の社会情勢」資料を手元に置いての口述筆記と推定される。石川の眼から見て言及に値する出来事、状況に関する叙述。〔〇：一一二〕

「十五　再度の渡欧」　章全体が口述筆記と考えられる。〔〇：九〇〕

《私は徳川邸を見舞った帰りにちょうど道順で澄子さんの家の前を通った。ところがその家は焼け出されて澄子さんの弟の名前で立札が出ていた。牛込河田町に転居したということであった。この前、ヨーロッパから帰った時、私は早速にこの家を訪問したのだが、その時はお母さんが出て来て挨拶をした。奥の方に澄子さんらしい声が聞こえたが、ついに顔を見ることができなかった。……／それから大分経ってから私は盧花公園に徳富蘆花夫人を訪ねた。寒い夜であった。夫人とコタツを囲みながら四方山の話につれて、私はこの話を盧花夫人に物語ると、夫人は別間から母校出身者名簿を取り出してきて、頁をくってみると何ぞ計らん清水澄子という名前は死亡者の仲間に入っていた。……さすがに盧花夫人も「お可哀想に」という一語を発したのみで沈黙が続いた。》

「十六　土民生活《デモクラシー》」　四二七頁～四三〇頁五行。四三一頁一六行～四三一頁四行。四三五頁一一行～四三六頁。「土民生活」について広い視野の中でまとめている。〔八二：六四〕

「十七　農民自治会」　四三七頁～四三八頁二行。四四〇頁七行～八行。四四三頁一四行～四四五頁。『土の権威』、「吾等の使命」からの引用が主である。章末には、戦後の、そして石川晩年の視点から見た農民自治会についての想いが述べられている。〔八八：三八〕

「十八　江湾の労働大学」　四四六頁～四四八頁九行。四四九頁一三行～四五〇頁。講演の引用以外は、口述筆記であろう。〔一九：五〇〕

「十九　共学社と『ディナミック』」　四五一頁～四五四頁九行。四五六頁一五行～四五七頁一一行。四五九頁一二行～四六〇頁六行。この章は『ディナミック』からの再録が、全体の三分の二を占めているが、その選択は、自叙伝口述中の石川の立場を知る一助となる。〔一四一：七八〕

「二十　四つの記念号」　四六六頁。四七四頁六行～四七五頁五行。四八一頁一四行～四八二頁。他につなぎの文章

が、六カ所、計一六行。〔一九九：五二〕

「三十一　三度目の渡欧計画」　四八三頁～四八四頁二行。四八五頁一四行～一六行。四九〇頁一三行～一五行。〔一〇二：一八〕

《ともかくも支那まで出かけて行って、警察の干渉の手の及ばないところにおいて、そこで旅行の計画を樹てるつもりであった。いつもの旅行の通り乗船一週間前に東京を出、神戸の奥の摩耶山上に過ごして形勢を見ていたが、同地の友人三沢三蔵氏の助力にて無事に乗船することが出来た。船の名前は忘れたが、見るかげもなき小さな船だった。……午後三時半頃船は小豆島に近づいた。亡き春月がしきりに思い出された。何かしら生ける春月に再会するような気持がした。船は午後五時頃まで小豆島の周囲をてん綿として廻航し、私の心を察して去りかねているもののように思われた。私はかつて覚えたことのない感に襲われて静かな海上に見入っていた。これは私が再び日本を去ろうという心持も手伝ったのであろうが、この時の感じは今も忘れる事ができない。》

「三十二　支那の第一印象」『都新聞』（一九三三年）からの転載。〔一三〇：〇〕

「三十三　北平（北京）文化の素描」『都新聞』からの転載。〔一七一：〇〕

「三十四　泰山に登りて」『東京朝日新聞』からの転載。〔一四〇：〇〕

「三十五　東洋史研究への発足」『ディナミック』最終号からの転載。〔一〇五：五〕

「三十六　研究生活」『不尽想望』『東洋古代文化史談』『東洋文化史百講』『時の自画像』などからの引用を、口述筆記で繋いでいる。〔一六六：九二〕

「三十七　戦後の運動」　この章に関しては理論社版と青土社版で相違がある。理論社版にある二〇二頁上段六行～二〇三頁下段四行が、青土社版では削除されている。理由を青土社版編集者大澤正道は次のように説明している。「下の二十七「戦後の運動」の章で、『平民新聞』発刊の言葉が引用されているが、これは近藤憲二の執筆したものなので全文削除し、前後の字句を多少訂正した。」他は、『平民新聞』、『近世東洋文化史』、日本アナキスト連盟の全国大会への挨拶文等を、口述筆記でつないでいる。〔一二三：一一二〕

《姫路高等学校の学生さんがこの中にあって頻りに質問の矢を放たれる。高等学校に今共産党が八〇名もいますが、アナキストはいない。それはどういうわけでしょうか、という。それは当然のことです、と私がいうと、諸君はいっせいに、それはどうしてですかと、問う。私は答えた。今日の日本の国家組織も教育制度も、いずれもピラミッド型を以て成立し出世主義を精神とする。それが共産主義のソヴィエト国家組織と一致しているので、高等学校に進学するという精神と、共産主義者になるという意向とはぴったり一致するのです。然るにこのピラミッド型の組織を根底から覆えして、平等の網状組織を樹てようとするアナキズムに来るには、まず精神的革命が必要です。ここに、アナキズムの伝播に困難があるのです。》

「二十八　第二次世界大戦と太平洋文化時代」冒頭の口述筆記以外は、『東洋文化史百講』第四巻の第九九講、第百講からの引用で構成されている。〔二二四：九〕

おわりに

『自叙伝』を形式的に行数で数えると八〇七七行で、純粋に口述筆記とみなせる部分が二〇九六行、全体の約二六％である。他にすでに活字になっていた文章を口述筆記の段階でかなり大幅に修正したもの、および口述筆記時の作成なのか以前作っておいた文なのか不明な行が合計して一九〇行ほどある。

2から自叙伝全体の四分の一が口述筆記であることは、わかるとしても、口述筆記部分には、すでに活字になっていた文章を引用するため導入目的の説明的な行数も含まれている。逆に、既存の発表された文の中から何を選び、何を抜かすかという重要な質にかかわる問題もあるが、四分の一という数字は、そうした選択の際に働いた石川の想いは、これではつかめない。同様に、同じく伝記的な著述である『一自由人の放浪記』『浪』の文章を丸ごと引用せず、或る部分を採用し、或る部分を削除した石川の自叙伝作成上の意思も、この数字ではわからない。本稿では、その考察は行わない。以下、約四分の一の口述筆記部分の特徴にのみ問題を絞って述べ、それを補完する意味で、口述筆記者石川永子に少し言及する。

まず挙げねばならないのは、口述筆記部分の叙述の雰囲気、文体である。石川は個人的なことを具体的に表現することの極めて少ない思想家である。『平民新聞』『直言』『新紀元』『世界婦人』『萬朝報』に携わる中で文章を作って行ったためか、あるいは持って生まれた性格のためか、著述を一般的な内容に仕上げようとする傾向が極めて強い。自己およびその周辺について語る際の大杉栄の躍動感、荒畑寒村の艶《つや》が、石川の文体にはない。しかし2において摘録した口述筆記部分からおそらく感じられるのではないかと思うが、そこには躍動感とも艶とも異なる、或る麗《うら》らかさがある。それは病に伏し、もはや自ら筆をとって書くことができないと言う、「前へ進む」ことを断念したためであったのかもしれない。たしかに、それ以前の戦後の石川の文章には、或る軽みがあり、自叙伝口述筆記部分を先取りした文体を見いだすことはできる。しかし口述筆記部分ではその軽み、麗らかさははるかに透明度を増している。

北沢文武宛石川永子書簡からわかることであるが、石川は口述筆記者石川永子と昭和一〇年頃から、毎年一度ならず、郷土山王堂に帰っている。永子は、その残された書簡および彼女に関して伝えられる話から推測して、口述筆記を自分でリードするとか、石川の口述に自ら改良を加え、装飾をほどこすタイプの女性ではなかった。口述筆記は石川のリードで進められたと考えてよいであろう。当時を知る大澤正道氏に問い合わせたところ、共学社にいた学生堀口嘉平太氏が少し助けたかもしれないが、自叙伝の内容に加われる力はなかった。また章の組み立て等で理論社の編集者が少し相談にのった程度であろう、とのことであった。『自叙伝』上「二一　利根川」「四　幼少のころ」の文体は、傍らで筆記していた永子の問いかけが、石川の回想を滑らかにし、従来にはなかった麗らかな文体を自然に紡ぎ出したように思える。傍らで支える永子の存在、話を引き出す雰囲気を持つ彼女がいたことと、それ以前の石川の文体になかった具体的に自らとその周辺を語る特徴は、無関係ではなかったであろう。

次に、「二　利根川」「四　幼いころ」の二章だけでなく、この自叙伝の口述筆記部分全体を流れる一般的な特徴として、静かな透明さを通して情緒的な陰翳が叙述されている点である。イデオロギーで語られる言葉に焦点を当て、その人物の思想の軌跡を運動の中で考察することによって、その時代との密接なかかわりを解明することはできる。しかし逆に、人は病に倒れ、生の或る面を断念した時、あるいは別の言葉でいうと老化し耄碌した時、その回想はいかなる意義を持ち得るであろうか。「利根川」の章で、行徳町のさびれようにたいする想いは、それより五〇年前の同じ石川の「行徳町の今昔」（明治三八年）とくらべる時、自叙伝では社会的、思想的な分析はもはや見ることはできない。同様に「十六　大逆事件」の章の「二　執行」の描写は、戦後で表現が自由な時代のものであるにもかかわらず、当局に対する激怒や当時の世相への批判を書くことはせず、堺利彦の仕草だけが、透明な緊張感を漂わせて綴られて行く。しかしこれによってこの自叙伝の価値が減少したと思う者は少ないであろう。

三つめの特徴は、やや長くなるが、この自叙伝に書かれなかった事柄にかかわる。書かれなかったことには幾つかの層があるように思える。たとえば、コント著『実証哲学』の石川による邦訳は、日本で最初のことであったが、自叙伝では触れられていない。これは最晩年の石川にとってはもはや表層の出来事であり、回想としては浮かび上がって来なかったのか、あるいは格段の価値は認めなかったということであろうか。それに対して同じ「書かれなかった事柄」でも、石川の意思に反して掲載されなかったものもある。石川は戦後まもなく「無政府主義宣言」を書き上げる。これは周囲の人々の了解を得られぬ内容であったため、活字になることはなかった。自叙伝に石川はそれを全文収録しようとした。しかし周囲の石川をよく知る人々は反対した。反対の当事者の一人大澤正道は次のように述べる。

「私は、この宣言を収録するのであれば、当時の状況や心境などを石川が十分説明する必要があり、それなしに裸のまま載せるのは誤解を増幅するだけではないか、と考えたのである」（『石川三四郎』リブロポート、二四八〜二四九頁）。自叙伝口述筆記は「宣言」が書かれてから一〇年ほど経っている。説明は必要であったろうし、石川はこのとき説明することは精神的、肉体的に不可能であった。だから「宣言」は収録しないという判断は一つの見識であった。当時を振り返り現在大澤はこう述べる。自叙伝成立過程をうかがい知ることのできる一コマであるので、以下、私信よりその一節を引用させていただく。

《九月一三日〔一九五六年・大澤の日記〕より――「石川さんの『自叙伝』下巻を神田の本屋でながめて、ほっとした。この本が出版されるまでに、ずいぶんいろいろな曲折があった。／ぼくはまるで自分の本のように、この本の原稿のために努力した。最後に校正のことや追加のところで石川家とトラブルをおこし、後味のわるい幕切れだったが、ぼくはいまでもぼくの態度は正しかったとおもっている。／石川さんは人柄はまれに見るきれいな気持と感情の持ち主だが、文筆の仕事についてはあまりけっぺきではないらしい。つくられたものはいわば脱糞のようなものだと考えているのかもしれない。／それに古い時代の日本人として、読者との交流ということを二次的に考えて、まず自分の考えを吐露しようとする。それが読者に理解されるかどうかは二の次なのだ。／こういう考えにも、ぼくは納得しかねる。／これらの考えのちがいとしづ子〔永子〕さんの世間知らずが、こんどのトラブルの原因だ。」

この記事を読むと、自叙伝作成上のトラブルは最終段階に起こったようです。いままでは下巻の原稿作成段階でトラブルが起こったように記憶していたのですが、記憶より日記の記事の方がたしかでしょう。下巻の原稿がほとんど既刊書からの寄せ集めなのが気になって、あれこれ注文をつけたのでしょう。それが校正の段階だったとすると、私の注文は無理のように思えますが、そのあたりははっきりしません。それと「追加」とあるのはおそらく例の「無政府主義宣言」問題だろうと思われます。

九月に下巻が出て十一月に亡くなったのですから、石川さんとしては精一杯の努力で、それを傍らでみていたしづ子さんがかばったのでしょう。いい自叙伝にしたいという私の思い込みが強すぎて、衝突したのだろうと思います。》

日記は大澤が二〇歳代後半のものであり、出版編集者としての情熱が感じられる。一つはっきりしていることは、この引用からわかるように、石川は自叙伝出版の数カ月前においても、自叙伝の構成に強い関心を示していた点である。

もう一つこの自叙伝から完全に消えていることがある。大正九年から昭和一〇年代中ごろまで約十数年間石川三四郎の近くにいた望月百合子の存在への言及がまったくないことである。自叙伝執筆時における石川の意思によるものなのか、口述筆記者石川永子に三四郎が配慮しての自己規制なのか、石川永子の希望によるものなのか、現在までのところ明確にはわからない。病に倒れた後の口述筆記部分を特徴づけている麗らかな文体を見てきた私たちにとって、この事実の削除だけは、不思議である。あるいは自叙伝の中にぽっかり空いたこの空白は、緊張を伴う私情のあり方を示しているのかもしれない。

望月百合子（一九〇〇〜二〇〇一年）については、大正一一年農商務省の派遣でフランス留学が認められたこと、その際石川と同行し、ポール・ルクリュの家族と交流を持ったこと、アナ・ボル論争の先駆けとなった『女人芸術』に参加したこと、昭和一〇年代は満州で大陸文化学園、丁香女塾を開くなど、女性としての活躍は注目に値する。石川との共同の仕事としては、昭和四年から九年にかけての月刊『ディナミック』の刊行は、重要である。それに対して、石川永子についてはこれまで取り上げられることはほとんどなかったので、その略歴だけは述べておきたい。大正二年九月一五日山梨県に生まれる。昭和五年、市川実科女卒、同年、樺太の叔父の家へ。昭和八年、新宿一丁目のフランス書房望月百合子の許へ移る。昭和九年、千歳村に入る。同年タイピスト学校へ入学、逸見斧吉の紹介で日本缶詰協会に八年ほど勤務。昭和二八年から三一年にかけて石川『自叙伝』の口述筆記に従事。石川の死後、昭和三二年から大宅資料室に五年ほど務める。昭和三七年堀口嘉平太と結婚、昭和三九年離婚。昭和四八年から五一年までフランスに滞在。昭和五三年二月二一日死去。

望月百合子が石川三四郎の実子であると突然言うようになるのは、永子の死後まもなくであったようだ。この関連で北沢文武「『石川三四郎伝』執筆余話」の次の一節は暗示的である。

《一九八〇（昭和五十五）年一月二十五日、新宿の正春寺で開かれた「管野スガ」の追悼会で、私たちの編集したスライド「石川三四郎翁の生涯」を上映させてもらったことがある。終わり近くなって、養女の永子さんを相手に口述中の、三四郎さんの衰弱した姿が写し出されたとき、突然、堪えきれずに嗚咽し始めた老婦人がいた。望月さんだった。その一途な姿には思わず胸が熱くなったが、そのときすでに望月さんは、「石川三四郎の実子」を宣言していたのである。このタイミングは、養女の永子さんの没年月とかかわっていると思われる。》

（『初期社会主義研究』二〇〇五年、第一八号、二八頁）

昭和五五年であるから、石川の自叙伝が出版され一四年の年月が流れている。望月は、自叙伝に自分の名が完全に削られていたことをもちろん知っていたであろう。望月がそのとき見たのは、その自叙伝口述筆記の場面のスライドであった。本来なら永子の座っているその椅子に自分が腰かけ、ペンを動かしているはず……という烈しい情念が心をよぎったのであろうか。

永子は、その経歴、そして残されている書簡かもわかるが、望月百合子のような女性社会運動家ではなかった。大澤の言うように「世間知らず」なところある女性であったかもしれないし、唐沢隆三が語るように「石川先生から見てかわいらしい人だったのではないでしょうか」という女性であったと言えよう。しかし永子が石川に連れ添っていなかったなら、この自叙伝は生まれなかったことは確かである。本稿2で引用したような文体の回想を石川から引き出すことができる人間は彼女をおいていなかった。

永子の妹五十嵐玉治の許に石川の書の一つが残されている。いつの時期のものかわからない。「血は水よりも濃しされど　愛は血よりも芳はしき也　　与志寿子　不尽草房主人　[三四郎・印]」愛の言葉である。

自叙伝・上巻「青春の遍歴」下巻「一自由人の旅」、『浪』、『一自由人の放浪記』、この三つの自伝にかかわる著作に、そしてその題名に、石川は「さすらい」の想いを込めた。私たちの国はかつて、さすらいを生活の根本的な生き方の一つとして受け入れていた。柳田国男は『菅江真澄』を記し、折口信夫は「まれびと」「ほかひびと」（乞食者・遊芸人）について触れた。反対し、逆に出る者、批判する者としての「もどき役」（ひょっとこ）の存在を認めることのできる社会であった。

明治九年生まれの石川は社会主義、アナキズムという近代の本質的な問題をはらむ思想を受け入れた。明治維新後の日本国家はやはり近代の特性を持っていたために、そうした思想に過敏に反応し、集権化して行く。しかし集権化は、そうした思想に対して以上に、むしろ日本の基層に対して浸透しつつあった。本稿の文脈で集権化というとき、漂泊を性とする山の民に象徴的に現れてくる。「彼等（木地屋・木地師）が諸国の山を、二年三年で移りあるいた実情を、知って居る人が滋賀縣廳にはなかったので、以前君ケ畑なり蛭谷なりに、古くから持ち伝えた一通の免許状さえあれば、大手を振って誰の領分でも踏破した時代に比べると、府縣の制度は実に窮屈なものであった」（柳田國男「資料としての伝説」傍点引用者）。大逆事件の後、石川は私たちの国で生活することを難しく感じ、日本を去った。「ほかひびと」「もどき役」は住みにくくなっていた。社会はもはや深いところで「さすらう人」を受け入れ包容力を失っていたのであろうか。それとも、石川が選んだ思想に問題があったのであろうか。いまの私には答えの出せない近代の深淵である。

ただ次のことは事実である。三河を出た菅江真澄を東北各地に受け入れる人々がいたように、国境を越えた石川を受け入れる人々がいた。菅江真澄の場合も北国において受け入れてくれた人々がそうであったごとく、石川を受け入れた海の向こうの人々も北イングランド片田舎の村ミルソープのカーペンター、中仏の小さな町ドムのポール・ルクリュ家のように、居場所にたいして非常に意識的な人々であった（カーペンターは自伝『吾が日吾が夢』の中でミルソープに二つの章をあてている。ポール・ルクリュはドムの町に、風車小屋に基づく建築物「眺望の塔」をパトリック・ゲデスとともに構想する）。さすらう者が居場所の人に遭遇したのである。

自叙伝の口述筆記部分は、病に伏した中でのものである。ところで病に伏した中での口述筆記の石川の文体は、それ以前の石川のすべて著述にくらべ力がなく、劣っていたであろうか。力の弱くなった人間がみな、連れ添ってくれる人を近くに持つわけではない。石川はたまたま永子との巡り合わせの中にいた。そして彼のそれ以前の思想と等価と言ってよいと私には思える文体を残した。この文体は、私たちに近代日本の深淵を見つめ、考え直すためのヒントを含んでいる。

明治三〇年代から、近代日本の進み行きに、深い危惧の念を抱く人々が現れ始める。魂の問題が深いところで退けられつつあった。石川三四郎も或る独特な気づき方をした。明治三九年の彼の精神の危機はその前兆であったと私は思う。大正一二年関東大震災直後に書いた「魂の復興」はその結節点である。そして昭和二〇年敗戦直後に書いた、自治協同村の回復と天皇擁護の文章は、彼の気づき方の結論であったように思う。敗戦直後の日本の思潮との徹底したズレが重要である。田中正造に終生連れ添った島田宗三はこの時の石川を最高と評した。石川にたいしてなされた後にも先にもない評語である。

石川のさすらいは日本の人々の考えに共振するはずであった。石川が意識していたかどうかはわからないが、それは「もどき役」「ほかひびと」に接近していた。彼の周囲には演歌の添田唖蟬坊がいた。平民社には明治三七年から八年にかけて、日本の西へ東へ社会主義伝道行商を行なう山口孤剣、小田頼造、荒畑寒村がいた。また石川は若い時に郷土近くの本庄にやってきた伊藤痴遊の講談を聞き、その後は交流をもつようになる。新内の岡本文弥と石川は交友を暖め、石川死去の際は意を尽した手紙が養女石川永子宛に届けられている。『古事記神話の新研究』を刊行後石川が真っ先に送った知人の一人宮崎滔天はすでに浪曲師に転身した経験があった。甥の五十嵐友幸が紙芝居屋をやっていることを息子五十嵐九十九が石川に知らせると、「そうかよかった、よかった、俺も昔やろうかなと思ったことがあったよ」と力づけた。舞妓の出であった逸見斧吉の妻菊枝に石川は独特な想いを抱いていたことを私は斧吉の遺族から聞いたことがある。このように石川は自らのさすらいと重ねるように、さすらう人々から離れることがなかった。

明治四五年の石川のエッセイ「流人語」は精神の次元のものであった。それから半世紀間、彼は「流人語」を身をもって生きた。近代がそれを遮《さえぎ》ろうとしたのか。社会主義、アナキズムを選んだ石川たちが「ほかひびと」から逸《そ》れてしまったのか。それとも石川のさすらいは、「遮るもの」と「逸れていくもの」の間をなんとか手探りしようとした歩みであったのか。

私は石川三四郎の著作の中では自叙伝に引かれる、とりわけ口述部分に。それはいま述べた問いを考える手がかりがあるように思えるからである。

第9章　ニヒリズムと政治的ラディカリズムとの間——丸山真男の生の哲学序説——

佐藤　瑠威

1　現代の精神的状況——ニヒリズムと政治的ラディカリズム——

周知のように、一九世紀の哲学者ニーチェは、来るべき時代の根本問題をニヒリズムの到来に見た。それは神の死、すなわちキリスト教の神に対する信仰が失われることによって、やがてヨーロッパ人には、およそこの世界が、そしてそれゆえに人間の生存がまったく無意味なものと思われる事態が生じることを意味している。ニーチェは、ニヒリズムをヨーロッパの問題として、しかも不可避的ではあるにしても将来にやってくる問題として論じた。ニーチェの予言どおり、ニヒリズムは二〇世紀のヨーロッパに到来した。実存主義とニーチェの哲学の流行は、ニヒリズムが二〇世紀のヨーロッパ人の意識に深い影響を及ぼしていることを示している。

しかし、これまでのところ、ニヒリズムは依然としてヨーロッパに固有の問題、すなわち、キリスト教という人格神的一神教の神に対する信仰が失われた世界に生じた問題であるかのように思われる。ヨーロッパ以外の地域においては、二〇世紀のヨーロッパに現れたようなニヒリズムは未だ広がってはいない。しかしながら、このことはニヒリズムがキリスト教世界であるヨーロッパに固有の問題であって、他の地域、他の文化世界には無縁の問題であることを意味するわけではない。

ニーチェは、〈神の死〉がやがてヨーロッパにニヒリズムを生じせしめるであろうと考えた。ニヒリズムの前提としての神の死をヨーロッパにもたらした原因はいくつか考えられるけれども、最大の原因はヨーロッパにおける科学的合理的思考の進展にある。すなわち、とりわけマックス・ウェーバーのいう主知的合理化の進展こそが、宗教的世界像に内在する矛盾を露呈せしめ、信仰心を消失させていったのである。無論、信仰心が弱まったり無くなったりすることが必然的にニヒリズムを生み出すわけではない。ニヒリズムは、知的に誠実である人間が信仰を失ってそれに代わる希望をどこにも見出すことができないときに生じるものである。ヨーロッパにニヒリズムが生じたのは、ヨーロッパ人が信仰を失ったからだけではなく、まさに信仰心を掘り崩していった科学的合理的思考の本質的要素をなす明晰さ、知的誠実さがかつてないほど強まっていったからでもある。ニヒリズムは、それゆえ、明晰かつ知的に誠実である人間が神や来世に対する信仰を失うだけでなく、現世に対しても希望を見出すことができないときに生じるものである。それは単純に否定的な現象としてみるべきものではない。それは知性の進歩が自らの体内から生み出すものである。ニヒリズムはヨーロッパ精神の衰退を示すだけではなく、人間精神がかつてないほど進展することによってたどり着いた袋小路であり、その意味ではヨーロッパ精神の大いなる優位性を示すものでもある。

もしニヒリズムがヨーロッパ精神の「進歩」の帰結であるとすれば、そしてもし世界史は進歩の過程をたどっていくものであるとすれば、ヨーロッパのニヒリズムは、ヨーロッパだけの問題にとどまることはなく、やがては他の文化世界にも広がっていくことになるであろう。その兆候は、後述するように、戦後の日本にもあらわれている。

ニヒリズムは人間の世界観・人生観の根本に関わる問題であるが故に、それは人間の様々な営みに深甚な影響を及ぼしていく。二〇世紀の政治のありようも、ニヒリズムとの関係を抜きにしては到底理解できないものである。

ニヒリズムとともに現代の精神的状況を特徴づけるものは、とりわけ政治的ラディカリズムの出現である。現実の一切を白紙に還元して、自らの考えに基づいてすべてを根本から、性急かつ暴力的に作り直そうとするような態度が現れる。カール・レーヴィットは、一九世紀の青年ヘーゲル学派の思想に現代のラディカリズムの思想的起源を見ている。ヘーゲルは、『歴史哲学講義』において、フランス革命を世界史上人類が初めて思想によって現実を築き上げようとした偉大な出来事として称えた。そしてヘーゲルは、フランス革命後のヨーロッパの現実を、神の意思が実現した世界すなわち理性的となった世界として哲学的に正当化した。ヘーゲルがその時代のヨーロッパの宗教的政治的現実を、神の意思＝理性が実現した世界として全面的に正当化したのに対して、青年ヘーゲル学派は、ヘーゲルに反対して、現実の世界を理性に反するものとして徹底的に批判した。現実の世界を運命として受け入れ耐え忍ぶのでもなければ、部分的な改良を通して少しずつ前進していこうとするのでもなく、現実の一切を根本から否定しようとするラディカリズムが生まれてくることとなった。マルクスの思想もこのような思潮の中から生まれてきた。

ニヒリズムが二〇世紀のヨーロッパに広がっていったのと同様に、一九世紀に始まる政治的ラディカリズムが決定的な影響を及ぼしたのも二〇世紀のヨーロッパにおいてであった。それはヨーロッパに始まって世界中に広がっていき、二〇世紀を「戦争と革命の世紀」たらしめていった。レーヴィットは、二〇世紀のヨーロッパの精神的状況の特徴を、とりわけニヒリズムと政治的ラディカリズムの出現にみていた。哲学思想としては、実存主義とマルクス主義がそれらの動向を代表するものである。

しかし、現代の精神的状況の特徴は、ニヒリズムと政治的ラディカリズムという一見極端に異なる二つの潮流が存在するだけではなく、しばしば一方から他方への急激な変化が生じること、しかも同一人物においてもこのような急転や変化が生じることにある。極端に政治的な人間と極端に非政治的なニヒリストが存在するだけではなく、この両極端を行き来する人間もいる。この両極端の思想が強力な影響を振るったことは、必然的に現代を不安定で落ち着きの無いものとしている。二〇世紀を戦争と革命の世紀たらしめた精神史的背景には、明らかにニヒリズムと政治的ラディカリズムという二〇世紀ヨーロッパに現れた精神的状況の影響がある。この両極端の思想の横行によって失われたものは、真に堅固な土台に立って冷静かつ客観的に世界を考察し、着実に前進しようとする安定した世界観・人生観の所有者である。われわれが丸山真男の「生の哲学」に深い関心を持つのは、ニヒリズムと政治的ラディカリズムの横行の時代にあって、彼がこのほとんど失われた貴重な精神態度を確固として保持し続けたからである。

現代の精神的状況の特徴は、それゆえニヒリズムと政治的ラディカリズムという相互に極端に異なる思想がそれぞれ強力な影響を振るったことに加えて、両者が深いところで結びついて相互をますます過激なものにしていったことにある。このような異常な精神的状況はなぜ生じたのであろうか？

生きることが生きることを意識することである意識存在としての人間にとって、およそこの世界に、そしてこの世界に人間として生きることにいかなる意味があるのかという問題は、古来多少とも生きること自体を思索の対象とした人々にとって避けがたく生起してくる問いであり、哲学的思索を生ぜしめる要因の一つであった。ヨーロッパではソクラテスやプラトンなど古代ギリシアの哲学者たちがこの問題について早くから深い思索を展開してきたが、ヨーロッパ人にもっとも大きな影響を及ぼしたのはいうまでもなくキリスト教の教説であった。キリスト教は、世界と人間を創造したのは人格的な意志を持つ唯一絶対の神であるとして、この世界と人生を意味深いものとして受け取るようにさせ、人生において人が直面する諸々の苦難についても神学的な解釈を与え、そして神に対する信仰をかたく守って正しき生を生きるものには来世における永遠の至福が待っているという希望を与えることによって、人間に現世の苦難を乗り越えて生きていく力を与えたのであった。ヨーロッパ人の世界観と人生観に決定的な影響を及ぼしたのはキリスト教であったが、ヨーロッパには他方において古代ギリシアに生まれたきわめて高度な哲学的合理的な思索の伝統が絶えることなく存在し、宗教的信仰と鋭い緊張関係をはらむ懐疑的態度がヨーロッパに独自の知性主義的伝統を維持してきた。ルネッサンスにおける古代ギリシア・ローマの現世主義的価値観・世界観の復活による世俗化と近代科学の発展を通しての科学的合理的思考の進展は、徐々にキリスト教的世界解釈の影響力を弱めていった。一九世紀における科学技術的資本主義的文明の飛躍的発展による合理化と世俗化の進展は、現世を超えた神と来世を信じることを中心的な教説とするキリスト教への信仰を決定的に弱めることになった。ニーチェの「神は死んだ」という言葉は、キリスト教に基づいて世界と人生を解釈することが可能な時代は終わったという宣言であった。

神が死んだということは、神が存在しないだけでなく、現世の後に来世、特に神が支配する永遠の天国のような世界が存在するという希望も断ち切られることを意味する。今や人間にとって存在するのはこの世の世界だけとなる。しかも世界を創造した神が存在しないとすれば、この世界と我々の存在に何の意味があるのかがわからなくなる。世界と人間存在の意味は改めて根本から問い直さなければならない問題となる。ニーチェは〈神の死〉が世界観と人生観の根本的変更を迫る問題であることを自覚して、やがてヨーロッパにニヒリズムが到来することを予言した。

ただし、一九世紀はヨーロッパの科学技術的資本主義的文明が飛躍的に発展し、ヨーロッパが抜きんでた力を持って世界を支配した「ヨーロッパの世紀」であり、ヨーロッパの人間は未だに歴史の進歩を信じることができ、そして歴史の漸次的進歩のはてに人類の理想世界の出現を信じることができた時代であり、ニヒリズムが到来したわけではなかった。神と来世を信じることができなくなっても、歴史の進歩を信じることによってしばしニヒリズムは覆い隠されていたが、ヨーロッパの世紀を終わらせた第一次世界大戦は楽天的な進歩信仰を破壊することによってニヒリズムを到来せしめた。それは同時にロシア革命によって政治的ラディカリズムが世界を震撼させる時代の始まりともなった。

神と来世に対する信仰を失うことによって人間に存在するのは現世だけとなり、この世だけに生きることの意味を見出さねばならなくなった。ヨーロッパの近代は、思想史的にみるとき、人間の意識が彼岸から此岸へと移行していく過渡期にあたる。近代の終わりに現れたヘーゲルは、来世と現世、神と人間を対立させるのではなく、世界史の全体を神の意志の実現過程としての進歩の過程ととらえ、近代ヨーロッパ世界を進歩が実現して理性的となった世界として把握することによって、現世自体が人間にとって生きるに値する意味深い世界であることを明らかにしようとした。現世を否定して来世にのみ希望を抱くのでもなければ、世俗的価値観によって現世に執着するのでもなく、まさに現世自体を宗教的に聖化することによって意味づけたのである。ここには、彼岸から此岸へという人間の意識の移行過程にある近代の最後の時代の世界観の典型が存在する。青年ヘーゲル学派によるヘーゲル哲学の批判と破壊の後、ヨーロッパの人間は来世に対する希望を抱いて現世を生きるのでもなければ、現世を摂理の光で満たされた世界として生きるのでもなく、現世を即物的に受け取ってそこに生きる意味を見出すという課題に直面することとなった。二〇〇〇年近くに及ぶキリスト教的世界観の時代が終わり、人間にとって存在するのは現世だけなのだという認識のもとに、生きる意味を考え、新たな世界観を形成していくという未曾有の課題に面して、根本的に新しい世界観を形成したのはとりわけマルクスとニーチェであった。

近代の最後に現れたヘーゲルは、キリスト教の立場に立ちながらも、現世を否定して来世に救いを求めるのではなく、現世自体が神の意志の実現した神的な世界なのだとしてそれを意味づけた。無神論の立場にたつマルクスにとって、歴史は神の意志が実現していく場ではなく、近代は神の意志が実現された理性的な世界などではなく、資本家が労働者を搾取し支配する資本制社会であり、自由と平等のない大多数の人間にとって悲惨な社会であった。現実の世界についてのこのような極めて否定的な見方にもかかわらず、マルクスはニヒリズムとはまったく無縁であった。その理由は、一つには、啓蒙思想家やヘーゲルと同じくマルクスもまた歴史を進歩発展の過程とみたことにある。ヘーゲルと異なってマルクスは現実の世界を矛盾に満ちた悲惨な世界と見たが、未来においては理想の世界が実現可能であると考えた。今の現実でもなければ来世でもなく、現世の未来に理想の世界を構想することによってマルクスはニヒリズムと無縁でありえた。さらにその上、科学的社会主義者たるマルクスは、現実の悲惨な世界が必然的に没落せざるを得ないことを「科学的に」明らかにすると同時に、歴史を動かすのは神ではなく人間が歴史を創ることを強調し、民衆、特に労働者階級を歴史を創る闘争に向けて駆り立てていった。現実の世界を闘争によって変革していった彼方には、すべての人間が解放され幸福となる理想の世界が待っているという意識を生み出すこととなった。マルクス主義は科学的理論であることを標榜するにもかかわらず、それはこれまで宗教のみがなしえたこと、すなわち悲惨な現実の彼方に希望を示すことによって人間に救いを与え、その希望の実現に向けて巨大なエネルギーを引き出していった。キリスト教は現世の悲惨にあえぐ人間に天国の希望を示すことによって救いを与えたが、マルクス主義は悲惨な現実の原因とその現実が変化していく必然性とを科学的に明らかにしていくと同時に、人間こそが歴史を創るのであり、人間が主体的に創る歴史の彼方には人間が本当に幸福になれる理想の世界が待っているという希望を示すことによって人間に救いを与えた。科学的理論のみが与えうる確信と、この世において人間がなすべきことは歴史を主体的に創っていく壮大な仕事であるという理想を与えることによって、マルクス主義は〈神の死〉の後で宗教のみが与え得たような希望を与え、そして宗教をも上回るエネルギーや行動力を人間から引き出した。ヨーロッパ精神史におけるマルクス主義の意義は、唯物論的あるいは無神論的立場に立ちながら、なおかつ理想主義的で積極的な人生観を打ち立てたということにある。しかし、マルクス主義は宗教が来世において与えようとした救いを現世において実現しようとし、そしてそれをとりわけ暴力的な方法をも用いて実現しようとしたことは、歴史上かつてないような政治的ラディカリズムを生み出すことになった。キリスト者ならば来世における神の救いを信じて現世の苦難を耐え忍び、すべてを摂理に委ねて生きていくことも可能であるが、人間にとって存在するのは現世だけであり、人間の闘争によってこそ現世は変革可能であると考えるマルクス主義は、人間を永遠の闘争に駆り立てていった。マルクス主義の生み出した運動と闘争とは二〇世紀の歴史を激しく動かし、革命を成就させ、数多くの社会主義国家を作り出していったが、そのほとんどはマルクスの思い描いたような社会を作り出すことはなく、しかも体制として行き詰まって崩壊の過程をたどっていった。〈神の死〉以後にマルクス主義が持った巨大な精神史的意義を考慮に入れるならば、マルクス主義の挫折と衰退は、単に一つの政治思想、社会思想が影響力を失ったというような問題にとどまらない。〈神の死〉によって人間にとって存在するのは現世だけに過ぎないという索漠とした認識が広がる時代において、この現世の中で、現実に立ち向かって、希望と理想に向かって積極的能動的に生きていこうとする態度を作り出した思想、それゆえキリスト教以後の時代の人生観と世界観に巨大な影響を及ぼした思想が生命力を失ってしまえば、現代人の人生観と世界観に深刻な影響を与えずにはいないであろう。

人間にとって存在するのは現世だけなのだという認識に立って、根本的に新しい世界観・人生観を作り出していったもう一人の重要な思想家はニーチェであった。マルクスと異なって、ニーチェはキリスト教信仰が失われること、〈神の死〉からきわめて深刻な事態すなわちニヒリズムが到来することは不可避的であるとみなした。ニーチェにとっては、マルクスのように現世の未来に理想社会を構想することによって希望を与えようとすることは、一つの幻想にかえて他の幻想を与えることであり、なんら根本的な解決になるものではない。〈神の死〉に直面した時、人間がなさねばならぬことは現世を越えたものによって現世を意味づけようとすることではなく、今やそれ自体としては無意味なものとしか思われぬこの世界をわれわれにとっての唯一の世界として受け入れ、そしてこの無意味で偶然な世界、永遠に回帰する世界、に生きることに耐えられる強い人間、超人になることである、とニーチェは言う。〈神の死〉から不可避的に到来するニヒリズムから逃れようとするのではなく、それを直視したうえでそれを克服しうる強い人間になること、それだけが人間に残された唯一の道であることになる。

ニーチェの哲学は、現世だけが人間にとっての唯一の世界なのだという事実を正面から受けとめ、そしてこの現世に生きる意味を何の幻想もまじえずに徹底的に考え抜いたという点で、マルクスの哲学以上に深い意義を持つものであった。マルクス主義がその終末論的救済を予言する教説によってほとんど宗教に匹敵する影響力を振るっていた時代が過ぎ去った後、ニーチェの哲学の影響はますます深まっているように思われる。しかしながら、ニーチェの哲学の意義は、〈神の死〉を宣言し、〈神の死〉からやがてヨーロッパにニヒリズムが到来することを予言したこと、そしてニヒリズムの意味するものを徹底的に考え抜き、それがヨーロッパの人間にいかに深刻で根本的な人生観と世界観の変更を迫るものであるかを明らかにしたことにあるのであり、彼の哲学の積極的な内容をなす〈超人思想〉や〈永遠回帰の哲学〉は、超人思想がナチス・ドイツに与えた悪しき影響という具体例を除けば、その影響は限られたものにとどまり、到底キリスト教に取って代わるような意味は持ち得なかったし、おそらく今後とも持ち得ないであろう。

かくして、キリスト教的世界観の衰退の後に登場したマルクスとニーチェの思想は、現実批判としては破壊的な力を発揮しながらも、積極的な主張においてはキリスト教やそれを土台とする近代思想の衰退によって生じた精神的空白を埋める役割を演じることはできなかった。むしろそれらの思想は、政治的ラディカリズムとニヒリズムを生み出すことによって、現代の精神的状況をきわめて不安定なものとした。しかも、ほとんど宗教的信仰に等しい影響を及ぼしていたマルクス主義の予言する理想社会の実現への期待が失われたことは、その反動としてニヒリズムを生み出すのであり、さらに、超人にもなりえず自殺することもできないニヒリストは、政治的変革に救済を求めて過激化する可能性をはらんでおり、両者は反発するだけではなく相互に結びついてより過激なものとなっていくこともある。現世だけを人間にとっての唯一の世界として受けとめ、そしてこの現世を積極的生産的に生きていくための哲学をわれわれはまだ見出していない。

2 丸山真男の生の哲学の意義

もし数百年後においても丸山の著作が読まれ続けているとすれば、それは彼の論壇における知識人としての仕事に対する関心によってでもなければ、政治学者としての仕事に対する関心によってでもなく、そして彼のライフワークであった日本思想史の研究に対する関心でさえもなく、彼の生涯を通して現れている彼の「生の哲学」に対する関心によってである、と我々には思われる。丸山は、〈神の死〉の後でこの短い現世における生のみを自らの唯一の生きる場として考えざるを得なくなった時に人間がしばしば向かっていく、ニヒリズムと政治的ラディカリズムという二つの極端な方向に進むこともなければ、後述するようなもう一つの陥穽にはまることもなく、知的に誠実でありながらなおかつ人生を愛し、それをきわめて積極的に、生産的に生き抜いた稀有の存在であった、と思われる。

これまでニヒリズムと政治的ラディカリズムを現代の精神的状況を特徴づける動向として述べてきたが、いつの時代においても多数の人間の生に対する態度を特徴づけるものは、人生の底にある深淵を見ようとせず、それに対して目隠しをして、人生を素朴に肯定して生きていこうとする態度であると思われる。ヨーロッパにおいては、キリスト教が人間の命を神によって与えられたものとして神聖化し、哲学が人間を他の動物と本質的に異なる理性的存在として特権化する考えを作り出してきたが、このような伝統的人間観、ヒューマニズムのもとに、人間存在、人生をあたかも特別な意義を持つものと前提することによって日々の生活を生きていこうとする態度が成り立つ。つまり人間であること、人間として生きること自体にすでに意味があると考えて、即自的な人生それ自体を素朴に肯定して生きていこうとする態度をもった人間が存在する。このような人生観、人生肯定の立場は、本質的に「知性を犠牲にする」ことによって成り立つものである。すなわち、人生の多面的な諸相、生誕から老いを経て死に至る過程、その過程における諸々の苦しみや憂慮、周囲の人々、特に弱いあるいは不運な人々の悲惨な状況、世界と歴史における無数の無意味で悲惨な出来事、こうしたことに思考を広げ、その中で生きることの意味を考えようとするのではなく、自分だけの狭い日常生活に閉じこもり、日々の出来事や当面の必要事にのみ応対しながら、毎日を大過なくそして安楽に過ごすことだけを考えて生きることによって生きることの無意味さから自らを守っていこうとする態度である。いわば日常生活に自ら埋没することによってニヒリズムから身を守ろうとするのである。〈神の死〉の後での現代の最も多数の人間に支配的な態度とはこのような日常生活主義である。

この日常生活主義の延長にあるのが所与の社会秩序の中で何らかの役割を演ずること、あるいはさらにその社会秩序の階梯を上昇していくことに自分の存在と人生の意味を見出そうとする態度である。この態度は、一見すると狭い日常生活に閉じこもって生きている人間とは異なる社会的に意義のある生を生きているように見える。しかし、この「社会的人間」は、ちょうど私生活に自閉する人間が日常生活を物神化して生きているのと同様に、所与の社会秩序を物神化して生きているに過ぎない。何らかの非日常的出来事によって日常生活の安定が破壊された時、日常生活に自閉する人間が生きる意味を失うのと同様に、所与の社会秩序が壊れた時や社会秩序から疎外された時、この「社会的人間」も生きる意味を見失ってしまうであろう。両者とも即自的に存在するもの、所与のものを素朴に肯定することによって生きることの無意味さから自らを守ろうとする態度である点で本質的な違いはない。二〇世紀の実存主義の哲学者がとりわけ批判の対象としたのは、このような日常生活や所与の社会秩序に埋没することによってニヒリズムから逃れようとする人間たちであった。この哲学によれば、この埋没によって人間は人間としての本来的あり方、すなわち自由な主体性、責任ある生き方を失って、惰性的な生を生きる物のような存在と化してしまう。それゆえ人間は自由な主体、責任ある存在として生きていくためには、この状態から脱却して存在することの意味を問うていかねばならない。しかし容易に答えを見出すことのできないこの問いを問うことによって、人間はニヒリズムの深淵のなかに踏み込んでいくことになる。

マックス・ウェーバーは、人類の歴史を貫く最も重要な傾向を合理化と考え、西洋の歴史、とりわけ近代ヨーロッパの歴史の際立った特質を合理化が最も進展したことに見た。ウェーバーによれば、合理化はとりわけ科学的合理的思考の発展によって担われていく。合理化は人間を呪術の園から解放する。それは結果的に人間を所与の即自的直接的な意味の世界から追放し、改めて世界と人間存在の意味を問うようにしむける。ウェーバーは学問のなしうる最大のことを、人間に明晰さ、知的誠実さを与えることに見た。学問の与える明晰さは、自己自身を含めてすべての存在を対象化し客観化して見るようにしむけると同時に、対象を即物的に見ることによって呪術的思考が与えていた意味を剥奪し、世界を無意味なものとしていく。ウェーバーは、明晰な学問的思考自体が世界から意味を奪い取っていく帰結をもたらすと見た。しかも学問が与える知的誠実さは、この帰結を受け入れ熟考させていく。つまりウェーバーは、学問の精神の核をなす明晰さ、知的誠実さ自体が、即自的直接的な意味の世界を破壊し、世界を無意味なものたらしめていく、すなわちニヒリズムを招きよせていくものであることを認識したうえで、人間は知的に誠実でなければならないと言う。

実際には、学問の世界においても、学問それ自体を神聖化し、学者であることがすでに意味のある生を生きているかのような素朴な学問観や、所与の社会秩序の目的に役立つことに自己の学問の存在理由を見出すような学問観も存在する。学問の精神をなす明晰さや知的誠実さは、学問自体にもその批判的まなざしを向けて学問を物神化するこうした見方を破壊し、自分の行っている学問研究にはたしてそしてどんな意味があるのかという際限の無い問いに向かわせていく。

このように学問が推し進めていく明晰で知的に誠実な態度は、現世を越えた存在を疑わしめて〈神の死〉をもたらすだけでなく、現世と人間存在をも批判的即物的に眺めさせることによってそこにまとわりついていた意味を剥ぎ取っていくのであり、それは学問に対する素朴な信仰をも破壊していくのである。かくして人間は、とりわけ学問に従事するものは、現世のみを人間の世界としたうえで、現世とそこにおける人間存在を素朴に神聖化する見方を破壊していく学問的思考の軌道に沿いながら、現世と人間存在の意味を問い直していかねばならない。実存の哲学と同様に、このような学問的思考の徹底もまた人間をニヒリズムの深淵に引き込んでいく。

神と来世に対する信仰を失った後、人間は明晰で知的に誠実な態度を放棄することによって、かろうじてニヒリズムから身を守って生きているように思われる。現世的秩序に身をゆだねることになるこうした態度を否定するものは、しばしば現世的秩序を根本的に変革して理想の世界を作ろうとする政治的ラディカリズムに引き寄せられていくが、このラディカリズムはまさに明晰で知的に誠実な態度に基づく政治的リアリズムを欠いた場合には、人命と社会秩序を犠牲にするだけの罪深い帰結をもたらすものとなる。

かくして問題は、現代に生きる人間にとって避けることのできないものであり、また人間の品位にもかなう態度である明晰で知的に誠実な態度をあくまで固持しながら、しかもなおこの現世的世界を肯定し、そして人生を積極的に生産的に生き抜いていくことはいかにして可能かを知ることである。我々が「丸山真男の生の哲学」を取り上げようとするのは、丸山がこの困難な課題をやり遂げたきわめて稀な人であったと思われるからである。

丸山の学問と生に対する態度に特徴的なことは、まさに明晰で知的に誠実な態度である。学問の精神をなす明晰さや知的誠実さはすべての存在、すべての対象に向けられるべきものであり、自らの学問研究自体にも向けられねばならない。こうした態度を取るとき、学問自体を物神化する態度は当然排除されるだけでなく、所与の社会的秩序・関係の中で有用であるとか、社会的目的に役立つものであるという理由で学問研究を意味づけるのではなく、学問研究を部分として包み込む全体としての社会秩序や目的自体にはたして正当性や存在理由があるかを批判的に問い直しながら、それとの関連において自らの研究の意味を問うていくことになるであろう。この時代、この状況において究明されねばならない問題は何かについての徹底した問い直しを通してなされた研究であったことが、丸山の仕事が戦後の日本の知的世界にあれほど巨大な影響を及ぼしえた原因をなしている。学問を物神化したり、所与の社会的秩序における有用性に安住したりしないで自らの研究の意味を問い続けていくことは、困難な道であるが故に自らの研究の意味を見出せないままに終わる危険を内包しているが、もし有意味な問題を見出せれば前者よりもはるかにやりがいのある研究となるだろう。

丸山に特徴的な明晰かつ知的に誠実な態度は、無論自らの学問研究に向けられるだけでなく、政治や歴史や人生を見る場合においても貫かれている。政治に関わるとき、最も必要なことは政治的に成熟していることである、と丸山は言う。政治的成熟は何よりも政治的リアリズムに基づく。明晰さ・知的誠実さを政治の世界に向けるとき、それはまさに政治的リアリズムを磨き、強めていくことになる。政治的リアリズムは、政治に関わるものが身につけねばならない必要不可欠の能力であり、徳でもあると丸山は考えていた。政治は権力闘争を本質としており、人を強制するものであり、秩序を維持するものでもあれば破壊するものでもあり、多数の人々の生活に益するものでもあれば多大の犠牲を強いるものでもある。それゆえ政治においては理想の美しさや意図の正しさよりも、状況判断と見通しの的確さこそが、すなわち政治的リアリズムが何よりも重要視されねばならない。政治的リアリズムは政治的状況の正確な認識のためにも必要であるが、さらにその上政治を通して実現できること、すなわち政治の可能性と限界を知るためにも必要である。前述のように、ニヒリズム自体が政治的ラディカリズムを誘発していくところに現代の精神的状況の特徴があり、政治闘争はしばしば宗教的救済を求める運動のような過激なものに転化していく。政治的ラディカリズムの問題性は、目的の追求における方法の激しさにあるだけではなく、状況を一面的に政治化して政治目的を過大視し、その実現に多くのことあるいはすべてがかかっているかのような見方を生み出し、目的に比して不釣合いな犠牲をもたらし、闘争の敗北が決定的な挫折やルサンチマンや政治的無関心などの精神的状況を生み出すことにある。

丸山自身、安保闘争と大学紛争の過程においてこのような政治的ラディカリズムに巻き込まれ激しく追及された。おそらく彼にとっては、政治的リアリズムを欠いたラディカリズムは政治的立場として誤っているだけではなく、明晰さという政治に関わるものにとって最も重要で必要不可欠な能力・徳を欠いたものであったであろう。

明晰で知的に誠実な態度で歴史を見るとき、歴史はどう見えるだろうか。来世への期待がたち切れられ、現世だけが人間に残された唯一の世界となった時、その現世の現実に救いや幸福を見出せなければ、人間はあとは歴史の変化に希望を託すほかはなくなる。レーヴィットによれば、神の死の後歴史への信仰が宗教に代わるものとなる。マルクス主義に典型的に現れているように、人間は歴史の彼方に救いを求めようとする。希望や期待を持って歴史を見る態度が生じてくる。近代の歴史家の中で、歴史を最も明晰な態度すなわち何の先入観も希望も底意もまじえずに考察したのはとりわけブルクハルトであった。ブルクハルトにとって歴史は人間が苦しみに耐えていく歴史にほかならなかった。彼は歴史が理性によって支配されているとか進歩の過程であるとか有意味な出来事の織り成す過程であるとは考えなかった。人間はこの地上の世界で絶えず苦しみと憂慮に追われながら運命に翻弄されて生きるのであり、人間になしうることは運命と苦しみに耐えて生きることである。ブルクハルトは、この世において人間がなしうる最大のことは他人のために自分を犠牲にすることであり、すでに太古の時代に他人のために自分の命を犠牲にする人間がいたのだとすれば、それ以後人間に本質的な進歩があったわけではないと考えた。

丸山は自ら述べているように、一八世紀啓蒙主義の思想を受け継いで歴史を基本的に進歩の過程としてとらえる立場にくみしている。明晰さ、知的誠実さの一貫性を求める立場からすれば、おそらく丸山の思想の中で彼の歴史観が最も問題的であるとみなされるだろう。彼の歴史観に対しては、「甘い」とか楽観的に過ぎるという批判が寄せられうるだろう。ヘーゲルとマルクスから深い学問的影響を受けた丸山が、特に前半期に歴史の中に進歩や発展を見ようとしていたことは確かである。ヘーゲル・マルクス的な歴史主義的な見方から距離をとっていった後期においても、彼は歴史の中に進歩のモメントを見出そうとする態度を変えてはいない。いかなる幻想も排除して明晰かつ公正に歴史を考察し、歴史の進歩を否定したブルクハルトの歴史観と比較すれば、丸山の歴史観が希望や期待を投げ入れて歴史を見ようとしている面があり、それゆえ明晰さ・知的誠実さを歴史に適用することにおいてやや厳格さを欠いていると批判されうるであろう。

ただし、丸山はまさに明晰さ・知的誠実さを不可欠の要素として含む理性的精神の発展を歴史の進歩の核心をなすものと見ているのであり、戦時中の日本の非合理的体制を理性的精神の未熟がもたらしたものと見る丸山にとって、理性的なるものの極限的否定としてのナチズムやファシズムの跋扈にもかかわらず、理性的精神の進歩の中に歴史の意味を見出すことは譲れぬ一線であったであろう。世界史の最も意味深い傾向を合理化とし、合理化がとりわけ学問の発展によって進行するとし、学問の精神の核心を明晰さ・知的誠実さに見出し、そして西欧近代を最も合理化の進展した世界と見たウェーバーが、決して歴史を進歩の過程とは見ていなかったにもかかわらず、世界史における西欧近代の特別な意義に着目していたことを考え合わせると、丸山の歴史観の意義はウェーバーのそれと同様に慎重に検討する必要がある。

丸山の生に対する肯定的な見方を支えていたのは、彼の歴史観とともにとりわけ彼の人生に対する独特な態度であったように思われる。学問の精神をなす明晰さ・知的誠実さは学問や政治や歴史だけでなく、当然人間存在そのもの、人生そのものにも向けられねばならない。この明晰な見方は、人間存在をそれ自体として神聖化して人間であること自体に価値があるとか、人生それ自体に、生きること自体に意味があるとするような考えを否定するとともに、われわれの存在を何らかの具体的な目的と結びつけて、その手段・道具として役立つという理由によって意味づける思考法をも拒否して、その後に残る不確かな世界に身をおいて、人間存在の意味を問うことに向ける。

丸山は「福沢諭吉の哲学」において、福沢の思想の特質をとりわけその思惟方法に求め、そしてその思惟方法の特質を、事物を静止的固定的に考えるのではなく、常に変転してやまない具体的状況の中で考えていくことに求めている。丸山の思考の特質も福沢同様、常に具体的状況の中で事物の意味や価値を判断していく態度にある。丸山のこのような思考態度に基づくとき、いかなる政治制度もそれ自体として絶対化されることはなく、また学問といえどもそれ自体として意味あるものとされることはない。それに代わって政治制度や学問をその具体的な在り方において多面的に見ていくことが必要とされるのと同じく、人生についてもそれを先験的に絶対化しない考えは、人生を無意味なものと見る見方に導くのとは反対に、人生の意味を具体的に多面的に見ていく態度を生み出していく。人間の価値、人生の意味は、それ自体として物神化されるようなものでもなければ、何らかの具体的な目的と結びつけてのみ肯定されるようなものでもない。この両極の意味づけを否定することからニヒリズムの危険が生じるが、丸山の場合はこの両極を否定することから人生をはるかに多面的に、幅広い相のもとに見ていこうとする柔軟にして積極的な態度が生まれてくる。

丸山の生に対する態度に特徴的なことは、学者として現代の主知的合理化の運命的過程に逆らうことなく、すべてを明晰に知的誠実さをもって見つめながらも、人生を否定するニヒリズムに陥ることなく、しかも生の意味づけを既存の社会秩序の一翼を担うことに求めるような安易な方法にたよらず、また理想の世界の実現のために現実の社会を一挙に過激な仕方で変革しようとする政治的ラディカリズムに進むこともなく、現実の世界と人生とを幅広い視野から多面的な相のもとに見つめて、様々な面と道を通して生きる意味を見出していったことにあると思われる。

現代に生きる人間は、自らの生きる世界をこの現世的世界にしか持ち得ない。天国あるいは来世を持たない人間が生への意欲を持ちうるためには、彼にとっての世界が来世信仰を持つ人間にとっての現世的世界よりもはるかに重要な意味を持ちうるのでなければならない。現世的世界が重要な意味を持ちうるためには、人間と世界との関係がより大きく広く多面的で緊密なものでなければならない。そして人間は本質的に世界と調和し融和しえるのでなければならない。

カール・レーヴィットは『ヘーゲルからニーチェへ』においてヘーゲル哲学の特質を世界史をキリスト教の原理の実現過程としてえがき、近代世界をキリスト教の原理すなわち神の意志が実現することによって、人間に最終的な融和が与えられたものとして把握したことに見た。そして青年ヘーゲル学派によるヘーゲル哲学の批判は、こうしたヘーゲルの現実把握を徹底的に否定することによって、人間から融和を、すなわち安定した世界そのものを奪い取ってしまったと見ている。ヘーゲル哲学の解体の後にやってきたのは、一方におけるニヒリズムの意識と他方における政治的ラディカリズムであるが、両者とも人間にとって存在するのは現世的世界だけであることを意識しながらも、この世界と融和することができず、特に政治的ラディカリズムは現実の世界の破壊に向かっていった。来世信仰を失った人間は、現世を受け入れそれと融和する方法を知らないが故に、現世の背後ではなく、現世の先（未来）に理想の世界、人間が融和できる世界を作り上げて、現実の世界をそこに至る一つの段階、それも徹底した否定によってのみ実現可能な一つの段階と看做してしまう。レーヴィットは政治的ラディカリズムの中に、現実の世界を受け入れてそれと豊かに関係していく能力の欠如を見ている。

現実と融和することは、現実を肯定する保守的な態度となることは否定できない。保守的であることは、現実の否定面に対する鈍感さ、既成秩序へのもたれかかり、理想の世界を思い描く構想力の欠如を意味することもあるが、他方では現実の世界を受け入れて生きていく力、現実の世界を享受する柔軟で豊かな能力を意味する場合もある。ヘーゲル以後にあらわれて今日まで続く政治的ラディカリズムは、現実の矛盾に対する鋭敏な感受性と批判意識、理想の世界を思い描く構想力と理想を追求する強靭な意志を表すものであるとともに、他方では現実の世界を幅広く多面的に見て世界と柔軟に豊かに関係し、それを受け入れ享受していく能力の欠如を意味するものでもある。

来世を失った人間が現世において積極的に生きていくためには、ただ単に現実を否定して理想を追求するのではなく、現世的世界そのものを豊かに享受してそれと融和していく能力をもつことがぜひとも必要である。現実と融和することは人間を保守的な態度に導くことになることは否定できない。現実との融和が特権的な立場によって可能となるものならば、それは政治的に見ても有害な態度といえるだろう。しかし、特権的立場による享受ではない生を享受する能力は、変革すべき現実と保守すべき現実とを正当かつ冷静に把握するためにも必要である。この現代の政治化の時代において、何をどんなプロセス、速度において変革すべきかについての客観的で冷静な判断力を得るためにも、人は現実の世界を自分の世界として享受する能力を身につけなければならないのである。特権的な立場にあるが故に現存秩序を保守したいと思うのも偏向であり有害であるが、およそこの世界の中に自分の居場所を持たず、世界と融和することができないが故に現実を否定しようとする「革命的」立場もやはり偏向であり、同じように有害である。丸山の生に対する態度に特徴的な生を享受する力は、冷静な判断力を保持するためにも必要不可欠なものとして意識的に保たれたものであったと思われる。

〈参考文献〉

『丸山真男集』全一六巻別巻一、岩波書店、一九九五～九七年。
『丸山真男講義録』全七冊、東京大学出版会、一九九八～二〇〇〇年。
『丸山真男座談』全九巻、岩波書店、一九九八年。
丸山真男『自己内対話』、みすず書房、一九九八年。
カール・レーヴィット『ヘーゲルからニーチェへ』Ⅰ、Ⅱ　柴田治三郎訳、岩波書店、一九五二年。Von Hegel zu Nietzsche, Karl Löwith Sämtliche Schriften. 4. K. B. Metzler.
カール・レーヴィット『ヨーロッパのニヒリズム』柴田治三郎訳、筑摩書房、一九四七年。Der europäische Nihilismus, Karl Löwith Sämtliche Schriften. 2.
カール・レーヴィット『ヤーコプ・ブルクハルト』西尾幹二・瀧内槙雄訳、ちくま学芸文庫、一九九四年。Jacob Burckhardt.

Der Mensch inmitten der Geschichite, Karl Löwith Sämtliche Schriften. 7.
カール・レーヴィット『学問とわれわれの時代の運命』上村忠男・山之内靖訳、未来社、一九八九年。Max Webers Stellung zur Wissenschaft, Karl Löwith Sämtliche Schriften. 5.

第10章　小河滋次郎とその時代

小野　修三

1　小河滋次郎とは

その初孫たる渡部千鶴さんから伺った話しでは、小河滋次郎はとても面白いおじいさんだったとのことである。お酒などまったく飲んでいないのに、酔っぱらった人のように手振り身振りおかしく踊ってみせるおじいさんだったと。多分それは誕生日の時だったのだろう。小河と同郷信州上田出身の旧友宮下鈖太郎(1)によれば、「毎年十二月三日の博士の誕生日には牡丹餅の振舞い」があり、「歌留多取り」をして、「招かれた連中は勿論家族女中までも一團となつて大騒ぎをする」のが恒例だったとのことで、その「大騒ぎ」の中心に、大阪府庁の小河顧問室では「額に幾筋かの皺を作り、口を一文字に固く結んでフフフと(2)」鼻でしか笑わぬ小河滋次郎がいたのである。

小河滋次郎の養母リサは小河が他界する前年の大正一三年まで存命したが、そのリサについては「先生とは違ひ快活なる御方で話杯は餘程面白く爲されます(3)」との証言もある。「快活なる」養母や孫たちが同座する機会では「面白く」はしゃぎ、おどける人物は、世間一般からは笑う時も「口を一文字に固く結んで」しか笑わぬ渋面の監獄事務官、法学博士、大阪府嘱託であった。

また例えば青年期に郷里上田に近い富岡製糸場について、工女の「苦役勤労」の様を知り、その勤労「時間ノ改良ヲ行フニ就テ適宜ノ方法ヲ講セズンバアルベカラズ」と新聞投書（『東京日日新聞』明治一五年八月二日付、筆名は品野攻）(4)を行ない、当局者を大いにあわてさせていたが、一方で内務省に入省後パリで開催される万国監獄会議出席のため明治二八年三月、初めて洋行する途次、シンガポールで目撃した光景を次のようにその日記に記していた。すなわち、

婦人をさへ連れて來れば奇利を博すること疑ひなし國禁の嚴しきと云ふに尚ほ斯く多數の密航婦あるの偶然ならざるを知るべきなり云々偖も〳〵嘆はしき事の限りなるかなトハ云ふもの丶其勇氣の程は恐ろしくも亦た感ずべしと謂ふべく（中略）婦人は多く九州殊に五島天草邊の者のみにて關東ものは殆んど絶無なりとドレも〳〵人三化七のお面相唯た驚くの外なし(5)

小河滋次郎が生れたのは文久三年一二月三日（西暦一八六四年一月一一日）なので、明治一五（一八八二）年で満一八歳となるが、その頃から、自分の運命は「既に弱き者の友たれと云ふことに極つて居つたものと見へる」(6)と後に書いている。しかし明治二八年、三一歳の小河は「九州殊に五島天草邊」出身の「密航婦」、すなわちからゆきさん(7)を見て、富岡製糸場の工女を見ていた一八歳の頃の自分を思い出すことはなかった。「苦役勤労」の工女と「人三化七」のからゆきさんを共に「弱き者」と見ることはなかったわけである。これは小河のなかで人間一般という存在、つまり人を思うことがなかったということだろうか。小河は、だが後に、こうも言っていた。すなわち、

吾々ハ罪悪ノ人ナリ　宗教ニ由テ之ヲ懺悔シ教育ト境遇トニ由テ僅カニ犯罪ノ人タラサルヲ得ルニ過キス　吾人ハ日々夜々ニ罪悪ヲ改悛シツヽ向上スル者ナリ　犯罪者豈独リ改悛セサルノ理アランヤ　悪人コソ反テ往生ノ正因ナルヲ知ラスヤ(8)

小河が「親鸞信者(9)」だとの証言が出る所以であるが、「教育ト境遇トニ由テ僅カニ」差異が生じるのであるならば、何故にからゆきさんの場合にその「教育ト境遇ト」を認めて同情出来なかったのか。「關東もの」たる小河においては、からゆきさんという「婦人」だけはその常識を如何ともし難く越える存在であったのか。

小河滋次郎という官職名は最後まで事務官であったが、一時は内務省監獄局長心得(10)を務めたこともあり、明治三九年には論文「未成年者ニ対スル刑事制度ノ改良ニ就テ(11)」により法学博士の称号を授与され、その学識の高さは誰もが認めるところであった人物が何を考え、そしてどう行動したか。監獄事務官、法学博士、大阪府嘱託たる小河を説明することは、必然的に、近代日本の統治過程そのものを説明することになるはずであるが、ここでは小河において上述のように、外側からは矛盾していると見える場合がいろいろあったことを強調しておきたい。

それは外側からはそう見えるだけで、内面では矛盾していなかったといずれも説明し切れるだろうか。もし小河が自己の矛盾をそのまま放置するだけで、それ以上のことが何もないという意味において、説明出来ないとしたら、私は彼がスキゾイド（統合失調症）だったと宣告していることになるのだろうか。

私は小河をスキゾイドという精神の病に陥った人間として説明したいと思ってはいない。そうではなく、近代国家の内部で、その統治の任務を担うということは、近代社会を前提にして、〈知的誠実さ〉を兼ね備える人間である場合には、そしてその限りにおいて、矛盾を抱え込み、矛盾に苦悩することはむしろ正常なことだと考えている。近代国家の統治に当たる人間は、近代社会を前提とする限り、分裂的にならざるを得ない。むしろ、矛盾に満ち、分裂的であることこそ、その時代を生きた証拠なのではないか。

近代国家と近代社会とを同時に一人の人間が抱え込む時、その抱え込んだ人間が分裂的になるとは、近代国家と近代社会とが、その動作原理を異にする側面があるからである。確かに、近代国家と近代社会は共にまさしく近代性を持つ。近代性とは、一人の人間において近代国家の政府の一員である場合にも、国民としてある場合にも、あるいは近代社会のなかの成員である市民としてある場合にも、いずれの場合でも、ジョン・ロックの『統治二論』(一六八九年)のなかの言葉を用いれば、人間に固有なるもの、すなわち人間の「生命、自由そして財産」[12]を相互に守り合うという価値認識が抱かれているということだと規定しておこう。

人間の「生命、自由そして財産」を価値であるとその構成員のすべてが思っているという共通性が支配する一方で、近代国家は統治という原理で、そして近代社会は自治という原理で動くという、動作原理を異にする側面も持っている。近代国家における統治とは、上記の価値を価値として承認しつつ、政府が国民の行為を指定することである。これに対して、国民が自らの行為を政府から指定されるのではなく、自らが自らの行為を指定すること、その限りで国民は政府から独立して社会を形成し、等価なる人間同士として、自分たちの行為を指定し合うのが、近代社会における自治である。なお、前者の統治の場合でも、政府と国民が、価値を共有している以上、全面的な信頼関係が成立することもあり得るわけで、その場合、つまり文字通りの近代性が前提されていれば、政府と国民の二者は等価の存在となるはずである。

すなわち、国民にとって自分たちと価値を共有する政治家あるいは役人が、選挙制度あるいは試験制度を通して自分たち国民の代表者として選出されることが期待されるが、しかしその期待の実現が、言い換えれば近代性が、常に保証されているとは限らないのであって、そうした状況の中で統治と自治の間で、ないし政府と国民の間に緊張が起こり、選挙あるいは試験は繰り返されることになる。さらに自治を求める要求は、統治と同様に人間の「生命、自由そして財産」がその目的であるにもかかわらず、統治への妨害要因と看做され勝ちとなる。だが別の見方をすれば、自治を求める要求は統治の側が無視出来ないほど強力だということでもある。

統治と自治とが、また国家と社会とがこのように緊張をはらんだ構造を成すに至った理由の一つに、近代国家が近代社会を援助し、自治が統治に対抗し得るまでに成長したアイロニカルな歴史があったことは、J・ハーバーマスがその『公共性の構造転換』（一九六二年）のなかで、近代国家が採用した重商主義政策の帰結として論じていた。

このハーバーマスの議論に関しては、私は旧著[13]でも説明を行なっているので、ここでは簡単に辿れば、近代国家はその国力増大のために重商主義政策を採用し、その結果育成された国内の私的産業においては、「私的」財産はあくまで「私的」財産でありながら、同時に「私的」性格を越え、「公的」性格を帯びる。私的な存在が従来は「私的」であるが故に関与することを許されなかった全体の事柄に関わるに至り、これまで全体の事柄の唯一の担い手であった国家権力を「フォーラム」（公開討論会場）に引きずり出す。

こうした新しい事態は、従来の政策決定における自らの独占状況が破られる点において国家権力にとっては〈望まれざること〉だったが、また同時にその新設の「フォーラム」の存在を前提にして、権力側が自らの正当化をさらに推進することが可能になるということでもあった。つまり「フォーラム」とは、もともとはその役割が公認されていなかった「私」が、国家権力と競って自分たち「私」の側にこそ正当性のあることを証明するはずのところが、逆にその「フォーラム」を含む全体性の観点から、すなわちハーバーマスの言う「公益」[14]、今日言うところの〈公共の福祉〉の観点から、「私」の主張を抑制する方向にも働くのだった。

明治三一（一八九八）年に施行されたわが国の民法の第一条が「私権ノ享有ハ出生ニ始マル」であったのに対して、昭和二二（一九四七）年の改正で同項は第一条ノ三に格下げされ、これに代わって「私権ハ公共ノ福祉ニ遵フ」が新たに第一条ノ一となった。これはその前年五月に施行された新憲法の、「個人主義の理念を宣言し、國民の権利が、『公共の福祉に反しない限り』、國家によつて最大の尊重を拂われるべきことを定める」[15]第一三条に由来する変更であった。

日本国憲法における「公共の福祉」とは、一つには、「各人の基本的人権相互の衝突の可能性を調整するための原理」[16]であり、一つには、社会権の保障のために個人の財産の処分権を制約する原理であった。したがって、それは「戦争中の日本で使われた『公益優先』における『公益』や、『滅私奉公』における『公』[17]」の主張とはまったく異なるものであったが、しかし「立法的および行政的な作為」[18]つまり統治の都合が優先することで、日本国憲法第一三条が謳う「生命、自由及び幸福追求」の価値が貶められる恐れはあった。「『公共の福祉』の名の下にどのような基本的人権に対する制限をも是認する」[19]事態に陥る恐れがあるからである。そして、こうした恐れが出てきたのは、必ずしもこうした第二次大戦後の新しい現象とは言えないものであった。近代を採用することに賛成した人間たちが、今度は近代を放棄することに躊躇がない人間たちに変貌する恐れは、わが国の場合には不平等条約改正に成功した明治三〇年代においてすでに見られたからである。[20]

だがその一方で、明治期に統治を担当して、国民の行為を指定する側の一員でありつつ、しかも人間に固有なる「生命、自由そして財産」を価値として実現することを自分自身の問題として考え、自らが自らの行為を指定する人間、換言すれば自分自身の内面において「フォーラム」を持つ人間ならば、どんな緊張を抱えていたのだろうか。自己の内面に「フォーラム」を持てば、自分にとって、あるいは自分の属する組織にとって不都合なこと、〈望まれざること〉に対しても正当な発言権が与えられることになろう。そうした人間の生き様を明らかにすることで、近代国家が近代社会を前提とする時の、その時代状況を明らかにしたいと思う。「一個の人物およびその生活を、時代の象徴という意味でとらえたもの」[21]たる歴史を私も志向する次第である。

そして本稿ではその「一個の人物」として小河滋次郎を考えているわけだが、しかしその彼における近代性はこれまで名を挙げた一七世紀のジョン・ロックの思想そのものを受容したことに由来するものではなかった。ロックが語った人間に固有なるものとしての「生命、自由そして財産」を相互に守り合うという思想と等価なものが、次の三つの経路を通じて小河の血となり肉となったと考えられる。すなわち、〈言論の人として〉、〈監獄学の人として〉そして〈信仰の人として〉の三つの経路である。より厳密に言えば、彼は西洋に由来する近代思想を「古物あつかいする論法」(22)にて貶めたことがあり、象牙の塔にはあらざる官界に生きた人物の近代受容であることは忘れられてはならない。

そうした「存在被拘束性」(23)を持ちながらも、なお近代国家官僚小河滋次郎が近代社会を内面に所有していたことは間違いない。〈言論の人〉たる小河の側面は、「東京外国語学校の学生有志の演説・討論団体の記録」(24)、「若き日の小河滋次郎」(25)、また「言論の人　小河滋次郎」(26)で明らかにしてきたつもりである。そして、近代社会を内面化していた小河が、国家官僚として、その「国家と社会」の矛盾のなかでいかに自覚的に〈監獄学の人〉を生きてきたかは「小河滋次郎の行刑思想」(27)、「小河滋次郎覚書――監獄行政官僚の誕生――」(28)、「統治のなかにも自治、自治のなかにも統治」(29)のなかで見て来たつもりである。

矛盾といえば、明らかに小河は矛盾を犯したままであった。監獄事務官たる小河が死刑廃止論者であったことは、彼における最大の矛盾だったと言えよう(30)。だが、遂にはその矛盾から離れ、監獄事務官を辞する道を明治末年に選ぶことになり、大正二年に大阪府嘱託として地方行政の一端を担うに至る。大阪府で社会事業と社会行政の協働に従事した期間については旧著(31)にて紹介した。

ところで、小河を「親鸞信者」だと証言したのは内務官僚相田良雄であったが、小河が宗教的であったことをもって、監獄事務官としては失格であると明治三七年に公言した司法官僚・鈴木宗言については、ダニエル・ボツマン、梅森直之がすでに言及している。ボツマン、梅森を論じ、本稿では〈信仰の人として〉の小河を、その同時代人たる鈴木宗言、さらにまた井上友一との比較のなかで考察したいと思う。在家信者としての小河は結果的には秩序維持の側に位置したわけだが、その内面は山片蟠桃の如く「権威への否定あるいは破砕におよびかねない」ところを「渾身の力で[32]」踏みとどまったと見るべきだろうか、あるいは森鷗外の如く状況への「見切りがあった」、つまり「五分五分の戦いは試みもしよう、しかし、勝味三分で兵を動かしてはいけない」という「武士の心得としての見切り[33]」があったと考えるべきだろうか。何とか小河滋次郎自身の肉声を聞きたいと思っている。

2　小河滋次郎の同時代人たち

日本による植民地統治開始と共に台湾に笞刑を導入することをめぐる小河滋次郎と鈴木宗言との論争に最初に着目したのはダニエル・ボツマンであり、また梅森直之であったので、まず彼らの業績が参照されねばならないが、私の結論を予め示せば、ボツマンは明治日本に関する構造的理解、つまりどのような憲法的な枠組みが明治日本にあり、その内部での人々の常識がどうであったかについての理解、また当該の人物（小河滋次郎、鈴木宗言）の思考様式に関する認識に乏しく、帝国主義的な近代日本の動向を、各個人の思想と直結する傾向があるように思われた。つまり、「内には立憲主義、外には帝国主義[34]」は明治憲法下の日本の常識であり、また植民地保有に関してイギリスが「その正当化が必要な時代がきたことを認識し[35]」始めたのは第一次世界大戦後、つまり大正期に入ってからであり、明治期の小河が帝国主義的な思考から脱していないことを以って、特別に彼を非難する理由とはならないはずである。ただし、ほぼ同時代に小日本主義を唱えた石橋湛山のような存在は忘れられてはならないのであり、石橋に小日本主義を発想させたものが何であったかは、十分に問われる必要のある事柄である[36]。

一方、小河滋次郎という人物は自らの職務、つまり政府メカニズムの一機能たる監獄行政職と、自らの信仰世界を含んだ全精神世界とが不可分のものとしてあったという特徴を、ボツマンは捉えることが出来ていないように思われた。私は、そのような小河の思考様式、私の言い方では〈信仰の人〉小河滋次郎があったが故に、小河には国家と共に社会も認識されていた、と考えている。

ボツマンがその近著『近代日本形成における刑罰と権力』(37)で行なっている説明はこうである。すなわち、一八九五（明治二八）年に日本による統治が始まってから九年目の一九〇四（明治三七）年に台湾において、刑罰の一つとして笞刑が始められた。笞刑それ自体は一八九五年以前の清国統治下の台湾では行なわれていて、日本による統治と共に廃止されていたものであった。この笞刑の導入によって植民地台湾において、そして後の植民地朝鮮でも即決裁判が可能となり、「この笞刑の利用が急速に拡大されてから、その結果として、一九一〇年代の台湾においては、平均してほとんど毎年六〇〇〇人以上に対して笞刑が執行された(38)」。しかし、この笞刑が導入されたその年に、日本国内からこれを非難する声が挙がった。その声の主が小河滋次郎であった。「笞刑は……中古蒙昧の時代から……陰惨な刑である(39)」。文明の程度が低い所では、こうした刑罰も許されるという議論に対して、小河はこう反論する。すなわち、自分たち日本も文明の程度は低かったのであり、そこから人々の民度を引き上げるということを日本は明治維新以来営々とやって来たではないか。そのような日本がやってきたこと、低い文明から高い文明へという努力を、台湾ではなぜ否定するのか。日本の経験をなぜ台湾では無視するのかと。

小河は同時に、こうした蛮行は実は西洋の文明国の現状と無縁なものではない、とも考えていた。西洋世界の人々は自国内では行なわない蛮刑を海外の植民地では行なっていることが問題なのだと。つまり、台湾の植民地当局は「外国崇拝(40)」があったのだと。ここには法の前の平等に値せぬ人々、つまり「植民地の臣民(41)」という別の階級を作り出している西欧諸国の偽善が入り込んでいるのだと。

この小河の議論は、結局その当時の日本の植民地統治に偽善があることを意味し、その限りで植民地当局からの反発が必至であった。そしてその小河への反論を直接的に行なったのが台湾法院長鈴木宗言であった。鈴木からの批判は、小河は死刑反対論者であることに示されるように、刑罰制度改革について理性的にものごとを考えることの出来ない、感傷的な理想主義者だというものであった(42)。さらに鈴木は次のように述べた。すなわち、「台湾に笞刑を導入するという決定は、差別的な処置なのではなく、一重に実際的なもの、つまり刑罰の形式としての刑務所内収容の限界を実際に計測した上の実際的なもの(43)」なのであると。また西洋の制度を採用しているというのならば、明治初期に笞刑を廃止し、西洋の考え方を導入したことこそ、誤った判断をしていたのだと。つまり、笞刑廃止は「ラディカルなフランス思想の唐突なる流入(44)」で行なわれたのだと。

この論争は、結論的には、小河の側がやがて黙してしまうことで終焉しているが、この一連の問題を日本の近代史上の問題として初めて提起したボツマンは、小河自身の批判の意味を正確に把握しているようには私には思われない。

ボツマンの問題意識は、昭和前期の軍国主義日本まで行き着く日本のナショナリズムの源泉がどこにあるかという点にあり、そのナショナリズムの発現形態の一つとして、明治政府の笞刑の廃止の方針転換、すなわち植民地台湾における笞刑導入を議論していると思われる。その際の、従来の明治政府の立場の代表する側の小河滋次郎と、その立場を否定する側の鈴木宗言とで、共通している点として、ボツマンは「両者とも『先進的』西洋を『後進的』日本から区別する進歩の安定的ヒエラルヒーという概念を拒否し、掘り崩そうとしている(45)」点があるとしている。私は本稿において、小河が「『先進的』西洋」の崇拝者であったかどうかではなく、小河が近代思想の持ち主であることを論証しようとしているので、ボツマンに対してここで抗う必要は感じていない。私は小河がいかに近代的かを主張すれば良いのだと、思っている。

私は小河の思考様式で重要な特徴は、小河が鈴木宗言のような行政官僚が自己の職務として考える職務の範囲内に自己を限定することは、彼自身の判断としては行なっていない、という点だと考えている。鈴木宗言からすれば行政官僚としての逸脱行為が、彼の「日々夜々ニ罪悪ヲ改悛」する「親鸞信者」としての、つまり〈信仰の人〉としてのアイデンティティから派生すると私は理解している。その小河が批判すべき相手に対して批判を行ない続けることを中止したら、それはまた明らかに矛盾である。しかしそうした矛盾ないし挫折は前節にて説明して来た意味ある矛盾だと考える。「フォーラム」を自己の内部に抱えた人間、つまり自分の属する組織にとって不都合なことに対しても正当な発言権が与えられねばならない、と考える人間の苦悩だと私は考えている。

一九〇四年の小河による反論に対して、鈴木宗言はこう反批判している。すなわち、「氏ノ論タル唯抽象的空想ニ基キタル一種宗教的口吻ヲ假リテ慢罵ヲ逞フスルニ止マリ曾テ其實際的必須點タル統治政策刑治政策若クハ刑罰ノ目的ノ上ニ就テハ殆ト一モ具體的誠實ニ論證スル所ナシ（中略）斯クテハ宗教家教育家ノ言トシテモ餘リニ効力アルヘシト思ハレス況ンヤ法學者若クハ刑事實際家ノ議論トシテハ一層其價値ヲ疑ハサルヲ得サルナリ」(46)（圏点原文）。

鈴木の言う小河の「一種宗教的口吻」とは、小河自身の「口吻」をもってすれば、こういう主張である。すなわち、「刑罰として人に笞鞭を施すと云ふ以上は受くる者の之れに由て堪へ難き程の痛苦を感するに至らしめさるへからさるは勿論にして之を行ふ者また彼れに此の痛苦を感せしむるに足るの力を加へしめすんはあるへからす、力の動機は心なり心、先つ人を痛苦せしめんと欲するに非されは以て人を痛苦せしむるに足るの力を生せしめ得へきに非す、人にして人即ち同胞に對し而かも笞杖の如き鑾器を用ひて以て之を痛苦せしめんと欲す、此の心、既に人の至情に戻る」(47)（傍点原文）。

この刑罰を受ける者と刑罰を与える者の両方、つまり人間という存在が持つ「人の至情」が小河の「統治政策刑治政策」には含まれている。「法學者若クハ刑事實際家ノ議論」という部分に限定されるのではなく、「心」また「人の至情」という人間そのものを問う目を持つ小河を、私は本稿では〈信仰の人〉と呼びたいのである。その〈信仰の人〉

小河滋次郎は、社会への損害も国家へのそれと同時に考慮する人間であった。信仰においては、人間のすべてが、必然的に関わる。部分性、専門性は何の意味も無い。人間のすべてが問われるからである。その人間への眼差しから次のような発言が出てくる。それは『統治二論』のジョン・ロックを学ばずして獲得された、『統治二論』のジョン・ロックと等価な、社会への着目と言えよう。小河は、笞刑の導入によって入獄者数が減少したが故に、これを鈴木宗言が「適當なる措置」だと認めることに対して、「此の心を以て此の刑を作る、左らぬたに弊害多かるへき笞刑の前途其の如何に社會を蠹毒するの甚しきや」[48]（圏点原文）と述べた。

小河も計算、すなわち鈴木宗言が言うところの「実際に計測した上の実際的なもの」を考慮している。小河はいまここで笞刑を導入して監獄経費の減少を達成することの利益の大きさと、いまここで笞刑を導入して「社會を蠹毒する」、すなわち「人を痛苦せしめんと欲する」心を人が抱くことが罪悪視されずに日常化することによって、人々の心を荒ませ、社会を蝕むこと、つまり社会への損害の大きさとを比較することを求めているのである。当時から百年後の今日の児童虐待、育児放棄（ネグレクト）といった現象は、後者の社会の損害の延長線上の出来事のように感じられる。「心」また「人の至情」を問うことは、鈴木宗言の見た通り「一種宗教的口吻」であった。その点で鈴木宗言の感覚は間違っていない。ただ、その「一種宗教的口吻」とはジョン・ロックが志向した近代社会の形成に資するか否か、という問題において、まさにその違いを生む源泉の一つだったと私は考える。以上のような小河の主張が持つ意味を、私はボツマンと共有出来ていない。しかし日本の近代史を考える際に、小河のような主張を行なった監獄事務官が存在していたことは、たとえその同僚からは監獄事務官として失格であると宣言され、そして実際に明治四三年に清国政府からの招聘生活を終えて帰国した時、司法省当局から監獄事務官として遂行すべき職務を再び与えられることがなかったとしても[49]、まさにそのように不要と見做された国家官僚が明治末の日本にいたことは確認されるべき重要な事柄と思う。

なお小河が批判を持続しなかった点については、その理由を小河自身の口から聞き出すことは出来ないが、ボツマンが紹介していた小河の師たる穂積陳重が小河とは意見を異にしていた点が大きいように思われる。[50]小河にとって、自分の主張を公に貫徹することが自分の師に公に逆らい続けることになったら、自己の主張を中断すること、外見的には論争に敗北することが、必然的に導き出される結論だったように思われる。知的誠実さから見れば、行なってはならない判断ないし矛盾であっても、小河滋次郎の内面は、山片蟠桃の如く「権威への否定あるいは破砕におよびかねない」ところを「渾身の力で」踏みとどまった、と近似のものがあったのではないか。穂積陳重こそ、「法の極致は刑を以て人を救ふことである」[51]との認識の持ち主であることがわかっている小河にとって、まさに親身なる「権威」だったからである。穂積という「権威」に小河の如く帰依する人物は、鈴木宗言からいかに不要と見做されようとも、穂積と同様に、国家を支えている点で、国家から必要とされていた人物でもあった。

一方梅森直之はその「変奏する統治――二〇世紀初頭における台湾と韓国の刑罰・治安機構」において「幕末維新期の動乱を経験した藩閥官僚にとって、統治が、戦闘行為と切り離しえない問題であったのに対し、かれら（小河滋次郎や松井茂といった）学士官僚は、統治を、純粋に行政的な見地から問題化することが出来た最初の世代であった」[52]と、M・フーコーの「ポリティーク」と「ポリツァイ」の概念の援用した分析を展開する。その「ポリツァイ」の実例として、最初に梅森はイギリスの植民地行政官僚クローマーによるエジプト統治を指摘し、それを実際に「大日本帝国の統治」[53]は学んだとしている。台湾総督府民政局長当時の後藤新平がその属官の上田恭輔から笞刑を提唱するクローマーのことを聞き、鈴木宗言をして各国の植民地を調査せしめ、日本国内の法曹界の反対を押し切って、笞刑を植民地台湾で導入したと梅森は説明している。[54]

イギリスによる植民地統治を考える場合には、その人的要素つまり武官（ポリティーク担当）よりも上位に立つ植民地統治の文官（ポリツァイ担当）を補給したイギリスのエリート教育制度、とくにパブリック・スクールが重要であったと考えられる。イギリスの植民地統治は「統治者個人に大きな裁量権を認め[55]」ていたが、「統治が個人の人格、力量に大きく依存すればするほど、統治者の知的トレーニングをした大学よりも、人間の基本的調教をしたパブリック・スクールのカラーが統治に出るのは当然であった[56]」といった全人格的教育の重要性認識が、後藤新平の属官たちの間でどれほど共有されていたかも指摘して欲しかったと思う。イギリスの帝国主義者は「自己の掌握した覇権を飽くまで持續せんとする意圖と、他はその覇權の全部又は一部を放棄せんとする自治的理想[57]」という「互に他を打ち消す如き理想の下に、常に努力してゐる[58]」とクローマー自身は述べていたのである。八紘一宇という唯一の理想の下にあった帝国主義者とは、少なくとも言論の上では異なることは明白ではないだろうか。

本稿では次にもう一人の同時代人井上友一を紹介しよう。明治四二年博文館から出版した『救濟制度要義』の緒言において、井上はこの書が目指す所は「學究的に救濟制度の理想を明らかにするに在り（中略）實際に於ける施設の得失を説き又は経濟學、社會學の上より觀て彼此事業の當否を論することとなし[59]」と述べた。これに対して、執筆時期を明確に判断し得ないが、井上の『救濟制度要義』第一篇第一章「古代の救濟制度」の冒頭また同第三章「近世の救濟制度」の冒頭を引用した個所があるので、明治四二年以降から大正前期に執筆されたと思われる小河滋次郎の原稿「救貧要論」のなかには、例えば「救濟は根本的なるを要す。先づ窮迫の由て基く所の原因を探究して、之を征壓するの工夫を凝らすこと救濟事業の最緊要務なりと知るべし[60]」という個所がある。これは同原稿の第五章「救貧事業の十則」の一節であり、その十則は明治四五年に出版される『社會問題十訓』のダイジェスト版の趣きがあるわけだが、井上と小河を比較すれば、同じ「救濟制度」、「救貧事業」を扱っても、その態度には一方は客体的、他方は主体的の違いを見る。

この両者の対照は同じ社会行政官僚であっても、一方は意思決定権を有する者への助言者たる位置に自らを置き、一方は自らが意思決定権を有する者たる位置に立たんとしている。明治四二年という時期であれば、助言者たらんとする姿勢を示す井上友一は内務省神社局長兼地方局府県課長、決定権者たらんとする小河滋次郎は司法省監獄事務官（清国派遣中）であり、大正四年であれば、井上は東京府知事、小河は大阪府嘱託であった。[61]官僚としての実際の地位と主張の趣旨の逆転現象は何を意味すると言えるのだろうか。

ここには、先の場合と同様に官僚としての部分性、専門性を無視し、人間そのものに志向する小河がいる。そしてさらに、「五分五分の戦いは試みもしよう、しかし、勝味三分で兵を動かしてはいけない」という「武士の心得としての見切り」を無視する小河がいる。勝ち目のない戦いを敢えて挑む小河はその出自たる「武士」[62]の心得を捨てた「信仰の人」だったのではないか。すなわち、ロックで言えば、『統治二論』と同時に公表した『寛容に関する書簡』における「魂への配慮」[63]の次元、つまりそうした次元を認めない方が統治し易いにもかかわらず、あえてそうした魂の領域の承認が小河においても重大視されていたということではないだろうか。小河の同時代人の一人森鷗外の場合にも、「勝味三分で兵を動か」すことはなかったわけである。武士あるいは統治者側には非常識ではあろうとも、社会あるいは自治を営む側には、その同じ事柄が常識なのである。この常識と非常識とが一人の人間において並存することこそ、小河滋次郎によって象徴される時代、すなわち近代なのではないだろうか。

以上で本稿における小河滋次郎とその時代に関する考察を一応終えたいと思う。次の作業として考えていることは、旧著『公私協働の発端』でカバーしたつもりであった、大正二年からの大阪府にて社会事業と社会行政の協働のために従事した期間についての再検討である。旧著では小河自身が編集に当たった『救済研究』の記事の調査で終始していたが、小河と救済事業研究会のメンバーとの交流を、特にそのメンバーの側に関する資料蒐集を通して一層詳細に照らしだして見たいと考えている次第である。

注

(1) 宮下釟太郎「小河博士の思出」『上田郷友會月報』第四六四号、二一頁。拙稿「若き日の小河滋次郎」『慶應義塾大学日吉紀要社会科学』第一〇号(一九九九年度)四頁。
(2) 村島歸之「二昔前を顧みる」『社會事業研究』第二三巻第一〇号、三六八頁。
(3) 『監獄協会雑誌』第一六巻第二号、五七頁。拙稿「若き日の小河滋次郎」六頁。
(4) 拙稿「言論の人　小河滋次郎」慶應義塾大学法学研究会編『教養論叢』第一一七号、四七~五〇頁。
(5) 拙稿「上田郷友會月報に見る小河滋次郎」『慶應義塾大学日吉紀要社会科学』第九号(一九九八年度)九四~九五頁。
(6) 監修・解説小野坂弘『小河滋次郎監獄学集成』第五巻(五山堂書店、一九八九年)所収「丁未課筆春之巻」二四頁。拙稿「言論の人　小河滋次郎」四六頁。
(7) 森崎和江『からゆきさん』(朝日新聞社、一九八〇年)。
(8) 拙稿「小河滋次郎の犯罪豫防論」『慶應義塾大学日吉紀要社会科学』第一六号(二〇〇五年度)五五頁。
(9) 相田良雄「小河滋次郎博士に關する思出」『児童保護』第一〇巻第四号、八四頁。拙稿「小河滋次郎の犯罪豫防論」九頁。
(10) 戦前期官僚制研究会編・秦郁彦著『戦前期日本官僚制の制度・組織・人事』(東京大学出版会、一九八一年)内務省「監獄局長」の項(三二八頁)参照。
(11) 『小河滋次郎監獄学集成』第三巻所収。
(12) 『統治二論』第二論文第九章一二三節(宮川透訳「統治論」世界の名著27『ロック　ヒューム』中央公論社、昭和四三年、二七一頁)。
(13) 拙著『公私協働の発端――大正期社会行政史研究――』(時潮社、一九九四年)五頁参照。なお細谷貞雄訳、ユルゲン・ハーバーマス『公共性の構造転換』(未来社、一九七三年)三七頁では、Forum(公開討論会場)は「民衆広場」と訳されている。
(14) 細谷訳、前掲書二三六頁。
(15) 宮澤俊義『日本國憲法』(日本評論新社、昭和三〇年)一九八頁。
(16) 同前、二〇一頁。

(17)　同前、二〇五頁。
(18)　同前、二〇二頁。
(19)　同前、二〇四～二〇五頁。
(20)　官庁内部での小河滋次郎に対する冷遇はこの傾向の現われである。例えば、『少年矯正の近代的展開』（財団法人矯正協会、昭和五九年）六七～七〇頁参照。
(21)　桑原武夫編、現代日本思想大系27『歴史の思想』（筑摩書房、一九六五年）四一頁。
(22)　拙稿「統治のなかにも自治、自治のなかにも統治」、高畠通敏編『現代市民政治論』（世織書房、二〇〇三年）三〇七頁の注（21）参照。
(23)　鈴木二郎訳、カール・マンハイム『イデオロギーとユートピア』（未来社、一九六八年）四七頁、三二四頁等参照。
(24)　慶應義塾福澤研究センター編『近代日本研究』第一四巻（一九九七年度）一一三～一四二頁。
(25)　『慶應義塾大学日吉紀要社会科学』第一〇号、一～二四頁。
(26)　『教養論叢』第一一七号、四五～九六頁。
(27)　『法学研究』第六七巻第一二号、二〇三～二二四頁。
(28)　『三田商学研究』第四一巻第四号、一七三～一九三頁。
(29)　高畠編『現代市民政治論』八九～一一一頁。
(30)　その矛盾のなかで何を彼がしていたかについては、明治三五年に小河が公表した『刑法改正ノ二眼目――死刑及刑ノ執行猶予――』（『小河滋次郎監獄学集成』第四巻所収）と明治四〇年第二三回衆議院特別委員会での小河の政府委員としての発言（『増補刑法沿革総覧』原著大正一二年刊。増補復刻版、信山社出版、平成二年、一八七五頁）参照。
(31)　拙著『公私協働の発端――大正期社会行政史研究――』第二章「小河滋次郎と救済事業研究会」、第三章「方面委員制度の誕生前後」参照。
(32)　司馬遼太郎『十六の話』（中央公論社、一九九三年）一五〇頁。
(33)　桑原武夫『歴史と文學』（新潮社、昭和二六年）八〇頁。
(34)　松尾尊兊『大正デモクラシー』（岩波書店、一九七四年）三八頁など。また「内政に就いては、進歩的社會政策の實施を急言し、外交に對しては日本膨張の行進曲を吹奏した」後藤新平も、同一の傾向を示している。鶴見祐輔『後藤新平傳』國務大臣時代前期下（太平洋協會「出版部」、昭和一九年）七六～七七頁。

(35) 浜渦哲雄『英国紳士の植民地統治』（中公新書、一九九一年）一五六頁。

(36) 『石橋湛山著作集3』「大日本主義との闘争」（東洋経済新報社、一九九六年）所収の「大日本主義の幻想」（大正一〇年）のなかには、例えばこういう個所がある。すなわち、「昔、英国等が、しきりに海外に領土を拡張した頃は、その被侵略地の住民に、まだ国民的独立心が覚めていなかった。だから比較的容易に、それらの土地を勝手にすることが出来たが、これからは、なかなかそうは行かぬ（中略）過去において併合したものも、漸次これを解放し、独立または自治を与うる外ないことになるであろう」（七九頁）と。

(37) Daniel V. Botsman, "Punishment and Power in the Making of Modern Japan", Princeton UP, New Jersey, 2005.

(38) Ibid., p. 212.

(39) Ibid., p. 213.

(40) Ibid., p. 214.

(41) Ibid.

(42) Ibid., p. 216.

(43) Ibid.

(44) Ibid. p. 217.

(45) Ibid.

(46) 鈴木宗言『臺灣罰金及笞刑論 全 附小河氏著笞刑論批評』（臺灣日日新報社、明治三七年）三七頁。

(47) 小河滋次郎『笞刑論　全』（パンフレット）四九頁。

(48) 同前、五六頁。

(49) 高畠編『現代市民政治論』一〇七頁 参照。

(50) Botsman, ibid., p. 216.

(51) 穂積陳重「小河博士と監獄學の専攻」、『人道』第二六三号、大正一四年六月一五日、一三頁。

(52)　岩波講座『「帝国」日本の学知』第一巻『「帝国」変成の系譜』（岩波書店、二〇〇六年）第二章、四七頁。
(53)　同前、四五頁。
(54)　同前、四九頁。
(55)　浜渦、前掲書、八二頁。
(56)　同前。
(57)　E・B・クローマー著、東半球協會譯『古今外領統治策批判』（興文社、昭和一八年）一一三頁。
(58)　同前。
(59)　井上友一『救濟制度要義』（昭森社、昭和一一年）九〜一〇頁。
(60)　拙稿「小河滋次郎の救貧要論」『慶應義塾大学日吉紀要社会科学』第一一号（二〇〇〇年度）四四頁。
(61)　戦前期官僚制研究会編・秦著、前掲書。井上友一の項（二六頁）、小河滋次郎の項（四九頁）参照。
(62)　拙稿「若き日の小河滋次郎」五頁。小河の養父直行は小諸牧野藩槍指南役の藩士であった。
(63)　高畠編『現代市民政治論』一〇五頁参照。

第11章　ハンナ・アレントにおける政治的思考の場――〈非時間の小径〉と公的空間再興の物語――

川原　彰

ある種の人びとは、人生において（人生においてであって人格としてではありません）、あまりにも剥き出しに曝されているために、いわば人生そのものの結節点となり具体的客観化となってしまうかに見えます。

――ハンナ・アレント『アレント＝ヤスパース往復書簡1』（Arendt, 1985: 45=2004: 13）

はじめに――ハンナ・アレントという「範例」――

ハンナ・アレント（Hannah Arendt）という存在は、二〇世紀以降の「政治理論」という試みの一つの「範例」[1]となっている。古代ギリシア以来の伝統的な政治理論という試みは、一九世紀末から第二次世界大戦の終結まで、「イデオロギーと新実証主義の両頭支配」のもとで「荒涼憮然たる時期」（ダンテ・ジェルミィノ）をすごした。オーギユスト・コントのイデオロギー的還元主義（科学主義的メシアニズムによる社会科学の実証主義化）とカール・マルクスのイデオロギー的還元主義（理論的理解のイデオロギー的還元主義への転移）は、伝統的政治理論の没落を引き起こした。全体主義の時代経験と脱イデオロギー的な「客観的」社会科学の台頭は、秩序の批判的原理の学問としての政治理論、すなわち「批判的政治理論」の衰退をもたらしたのである（川原 2001: 123–124）。

アレントは、一方でマルクス主義のような政治におけるメシアニズムとユートピア主義を拒絶し、また他方で行動論政治学のような科学主義的な政治学を拒絶し、同時代にファシズムやスターリニズムといった「全体主義」現象に真剣に取り組むことで、二〇世紀の人間存在の条件を提起した。このアレントの試みによってこそ、伝統的政治理論は現代の政治理論へと「転回」したのである（川原 2006: 21–93）。言うまでもなく、アレントの主要な著作、『全体主義の起原』（Arendt 1955〔1951〕=1972–74）、『人間の条件』（Arendt 1958〔1998〕=1994）、『過去と未来の間』（Arendt 1968a〔1961〕=1994）および『革命について』（Arendt 1963=1995）は、こうした意味で、二〇世紀の政治理論の記念碑的な成果である。(2)

そして、冷戦期には「反共的」と誤解されてきたアレントの作品は、冷戦構造が崩壊し、左右のイデオロギー的対立が意味を失っていくにつれて、その評価が高まっていった（川崎 1997）。それは、アレントの政治的思考が依拠していた「剥き出しに曝され」た〈生〉という条件が、グローバル化する政治空間のなかで「普遍化」したということであろう（Agamben 1995=2003）。一人のユダヤ人女性が、祖国ドイツを追放され、難民という存在として（アメリカ市民権を得るまでの二〇年近くを）「剥き出しの生」を生き抜いた経験から紡ぎだした成果が、上記の作品群なのである（Young-Bruehl 2004〔1982〕=1999）。このアレントの独自の政治的思考のスタイルが、二〇世紀以降の政治理論という試みの「範例」を提示している。本章は、ハンナ・アレントにおける独自の政治的思考の場を、彼女が発見した〈非時間の小径〉と公的空間再興の物語に即して検討するものである。

1　〈生〉は一つのナラティヴである

このアレント独自の思考のスタイルを描ききった優れた作品として、ジュリア・クリステヴァ（Julia Kristeva）の『ハンナ・アレント』（Kristeva 1999=2006）がある。この特異な評伝は、ブルガリア出身のユダヤ人女性の哲学者が、アレントの最盛期の政治理論の作品群を「斜めに」貫く思考のスタイルを、初期の『アウグスティヌスの愛の概念』（Arendt 1929=2002）、『ラーエル・ファルンハーゲン』（Arendt 1959=1999）から晩年の未完に終わった『精神の生活』（Arendt 1978=1994）に読み解いたものである。「生きることは思考することであるというあの至福に到達できた、現代における稀な人物」としてアレントを描くクリステヴァは、アレントの議論の特異性を以下のように述べている。

> 彼女のテクストが、作品というよりも活動だという印象を与えるのは、何よりもそれが彼女の個人的経験と今〔二〇〕世紀の生に投錨しているからである。アレントの議論の余地のない特異性が明らかになるのは、ここである。すなわち彼女は、凝らないし完成させないのと同様、自らの言説を論戦に限定しないのである。この理解者は、好機をすばやくとらえ、「データ」に問いかけ、たえず他者たちと、まずは自分自身と相互作用しながら、明らかなあるいは隠された「当事者たち」と対話する。この論争の迷宮において、この思想はおそらくは鋭い純化を自らに禁じているのだろうが、それは以前の（複数の）記憶とよりよく反響しあって、現在進行中の世界に切り込むためである。（Kristeva 1999=2006: 46–47）

この「現在進行中の世界に切り込む」活動としてのアレントのテクスト群は、常に来たるべき読者との対話的な構造のなかに、政治理論という営みのあり方を提示している。アレントの議論の特異性を議論するクリステヴァは、アレントの初期の二つの著作に着目する。

アレントが政治理論家としてデヴューした『全体主義の起原』（Arendt 1955〔1951〕=1972–74）に先立つ、ドイツ時代（「あの頃」）の著作において、アレントはまず「誕生」、つまり「生起する生」という主題そのものを、アウグスティヌス研究から引き出した。「世界で生起することは、その世界に生きている人びとによっても構成されるものだ」。『アウグスティヌスの愛の概念』（Arendt 1929=2002）における、この「生が世界を構成する」というアレントの新しい定義に注目するクリステヴァは、人間の自由を「世界内の人間の実存の性格そのものに根づかせる」努力に着目している。「〈存在〉のなかに誕生し、そこに住み、それを愛する人間が、すでにそこにあるものに補足的次元をつけ加えるという事実」は、「開始と行為の次元」となる。つまり、「神の始元（principium）の時から、人間の始まり（initium）は、誕生と活動を巻き込んでいる」と考えた場合、「生は『創造』を『世界』に変形することになる」のだ（Kristeva 1999=2006: 54–55）。

かくして、クリステヴァは、「人間の生が、『人類』と、愛の生のなかの『新たな共同‐存在』との両方に、二重に属している『結び目』を強調しながら、この女子学生が来るべき政治思想を準備している」ことを明らかにしていく。そこから、「キリスト教哲学から取り入れた、しかし古い時代には知られていなかった『約束』や『許し』といった概念が、後に彼女によって展開され、彼女の作品全体を通じて、彼女にとっての準拠点と政治的仮説として役立つことになる」ことを明らかにしているのである（Kristeva 1999=2006: 60）。そして、この「誕生への問いを率先して再開した」アレントは、『ラーエル・ファルンハーゲン』研究において、「ラーエルにとった『範例』……のなかに、思想の劇場を素描」した。この「思想の劇場」の論理を明らかにすることで、アレントは、「ラーエルを介して、自分自身の心理的苦悩の乗り越えと同時に、経験に根ざした政治思想の練り上げへと向かったのである」(Kristeva 1999=2006: 70－77)。

この「経験に根ざした政治思想」とは、「歴史＝物語」の形をとる。逆に言うならば、アレントの若き日のテクストと、その後の独自の政治理論とをつなぐ「失われた環」は、「歴史の言語（物語［story］と歴史［history］）のなかに示される政治活動としての、アレント的な人間の生の概念」(Kristeva 1999=2006: 95) なのである。「生は一つのナラティヴである」。

> 本質的に政治的な思想が自らを実現するのは、言語そのものにおいてではなく（それでも言語が手段でありかつ通り道であることに変わりはない）、物語によってなのである。人間的生が必然的に政治的生である限りにおいて、人間は、物語というこの語られた活動によって、生と一致し、あるいは生に所属する。物語とは、人間が生命《ゾーエー》ではなく生《ビオス》によって、政治的生そして／あるいは他者に語られた活動を生きる、最初の次元なのである。人間と生の最初の一致は物語である。そして、物語とは最も直接的に共有された活動であり、その意味で最初の政治的活動なのである。結局のところ、また物語の事実から、「始源」そのものが無限の語《ナラシオン》りにおける異他性《エトランジュテ》のなかに分散しているのである。(Kristeva 1999=2006: 113)

こうして、生の経験から紡がれる物語は、どのように政治理論へと展開していくのであろうか。以下では、具体的に「公的空間再興の物語」として展開しているアレントの政治理論の存在論的基盤を探る作業を試みたい。生の経験から出発するアレントの政治的思考は、いわゆる「リアリティ」に専念する「職業的思想家」とは異なり、徹底的に「アクチュアリティ」にこだわることで、政治的出来事の「現場」から思考している。それゆえにこそ、アレントの公的空間にかかわる思考は、「非時間の小径」（後述）を経由して、二〇世紀後半から二一世紀の様々な変革の現場に影響を及ぼしてきた。《アレント的モメント》とも言うべきその影響力は、歴史の地下水脈のように、現代史の様々な瞬間《モメント》に表れている（川原 2006）。このモメントを生みだす政治的思考の場をめぐる問題は、「カフカの形而上的葛藤についてのテクスト」に関するアレント独自の解釈にも示されている。

2 カフカの寓話を読む

革命の「失われた宝」にはそもそも名前がない。ハンナ・アレント自身が「その宝は現実《リアリティ》ではなく幻覚」かもしれず、「革命の失われた宝と較べれば、一角獣や妖精の女王のほうがリアリティをもつように思えよう」（Arendt 1968a=1994: 3）とさえ述べている。近代の革命の経験から発見された宝を、暫定的に「公的空間の創造」とするならば、この革命の宝が失われた原因を、アレントは「その現れやリアリティを予見させる伝統が存在せず、それを未来に受け継がせる遺言が何一つなかった」（Arendt 1968a=1994: 4）と考えた。リアリティは思考の光を透過させてはじめて「完成」するのであり、「実際、演じられた出来事というものはいずれも、その物語を語りその意味を伝える人びとの精神において『完成』されねばならない」（Arendt 1968a=1994: 5）のだ。リアリティが思考と結びつかないと、語るべき物語は何一つ残らない。

政治言語のキーワードを考えてみれば、「抜け殻」と化した言葉の例にこと欠かない。自由、正義、権威、責任、権力といった言葉から、「その起源をなしていた精神が蒸気のように掻き消え、後にはそれらの言葉の根底にあった現象のリアリティなどおかまいなくおよそすべてを帳消しにする抜け殻しか残されていない」（Arendt 1968a=1994: 17）とき、アレントはどのような精神的態度をとったのであろうか。アレントの政治的思考の特徴は明確である。アレントは「あらためて伝統的概念からその起源となった精神の精髄を抽出するために、伝統的概念の現実《リアル》の起源を発見する」（Arendt 1968a=1994: 17）という独自の「解釈」を試みたのである。それは決して、「断ち切られた伝統の糸を結び直したり、伝統に代わるものを新たに拵えて過去と未来の間の裂け目を埋めること」を意図したものではない。

そうではなく、二〇世紀の精神史を描くために、アレントはあえて「過去と未来の間の裂け目」に位置をとった。アレントの関心は「いかに位置をとるか」に向けられている。アレントがこのような「過去の批判的解釈」を遂行するのは、ひとえに「政治的出来事のアクチュアリティから生じてくる政治的思考」（Arendt 1968a=1994: 16）を求めているからにほかならない。アレントが言うように、「思考そのものは生きた経験の出来事から生じるのであり、また、思考が位置を確かめる際の唯一の道標となるこうした出来事に結びついていなければならない」（Arendt 1968a=1994: 16）のである。この政治的出来事の現在性《アクチュアリティ》に即して「過去と未来の裂け目」という独自の場で思考することが、アレントが求めた政治理論という試みなのである。過去の権威が失われ伝統が崩壊した二〇世紀になると、「この裂け目は、すべての人が感覚でとらえることのできるリアリティであると同時にすべての人のアポリアとなった」。その意味で、この裂け目は「政治に係わる事実となった」（Arendt 1968a=1994: 15）のである。

ここで、現在性と現実性をそれぞれ表す「アクチュアリティ」と「リアリティ」という対概念の相違を確認しておく方がよかろう。ラテン語の語源をたどると、アクチュアリティが「行為、行動」を意味する actio に由来するに対して、リアリティは「もの、事物」を意味する res に由来する。そこで、現実性《リアリティ》と現在性《アクチュアリティ》を区分するのは、「リアリティが現実を構成する事物の存在に関して、これを認識し確認する立場から言われるのに対して、アクチュアリティは現実に向かってはたらきかける行為のはたらきそのものに関して言われる」からなのである（木村 2000: 13）。

この相違を踏まえたとき、二〇世紀における政治的思考の場である「過去と未来の裂け目」をめぐる経験が、二〇世紀精神史の核となる問題であることが理解できる。アレントが好んで取り上げるフランツ・カフカの次の寓話も、政治的思考の場での「思考の経験」を伝えている。

彼には二人の敵がいる。第一の敵は後方から、彼の出てきた起源の方から彼を圧迫している。第二の敵は彼の前方に立ち塞がっている。彼はこの二人の敵と戦わねばならない。本来、第一の敵は、彼が第二の敵と戦うときは彼に味方する。そもそも、彼を前方に押し出したいからである。同様に、第二の敵は彼を後方に押し戻したいから、彼が第一の敵と闘うときは彼に味方する。しかし、これは理論上そうなるだけのことである。というのは、戦闘の場には二人の敵だけではなく彼自身も存在しているのであり、おまけに、どちらの敵も彼の意図を知りえないからである。ともかくも、彼の夢は、いつか敵どもが油断している隙を狙って――このためにはこれまでの夜よりももっと暗い夜が必要である――戦線を抜け出し、これまでの戦いの経験を生かして、互いに争う二人の敵どもの審判官をつとめることである。(Arendt 1968a=1994: 6–7)

カフカの寓話そのものの解釈はわかれるところであるが、少なくともこの寓話からアレントが読みとったのは、「時間の裂け目」に位置する「彼」の戦いの「記録」である。アレントは、カフカの寓話を次のように解釈している。

舞台は過去と未来の力《フォーシズ》が衝突し合う戦場である。過去と未来の間にはカフカが「彼」と呼ぶ人物がいる。「彼」は、少なくとも自らの陣地を固守しようとするならば、この双方と戦わねばならぬ。したがって、同時に二つ、あるいは三つの戦いが進行する。つまり、「彼」の敵同士の戦いと、間に挟まれた「彼」が敵の双方と交わす戦いである。しかし、ともかくも戦いがあるという事実は、もっぱら「彼」の現前(presence)に依るように思われる。「彼」の現前がなければ、過去の力も未来の力もとうの昔に互いを相殺するか、破壊するかしていたと思われる。（Arendt 1968a=1994: 10−11）

このようにアレントは、「彼」の戦う「第一の敵」と「第二の敵」を、それぞれ「過去」と「未来」という二つの時間として解釈している。そして、その時間は「一つの力《フォース》」として「彼」に立ちはだかる。「この力としての過去ははるか起源に辿り着こうとしながら」、意外なことに、「後方に押し戻すのではなく前方に押し出そうとする」のである。逆に「彼」を過去へと押し戻すのは「未来の波」なのである。「つねに過去と未来のはざま《インターヴァル》に生きる人間の観点から見ると、時間は連続体つまり途絶えることなく連続する流れではない」と、アレントは考える（Arendt 1968a=1994: 10−11）。「時間は、中間《ミドル》すなわち『彼』が立つ地点で裂けている」のだ。しかも、この時間の「裂け目」は、「『彼』の絶えざる戦い、『彼』が過去と未来に抗することによって存在」しているのである。人間が「時間のうちに立ち現れ」、また人間が「自らの場を占める」という存在であるからこそ、「無差別な時間の流れは断ち切られ、時制となる」のである（Arendt 1968a=1994: 11）。このように、アレントがカフカの寓話に託した、過去と未来の間に位置する「時間の裂け目」にこそ、アレントの政治的思考の場がある。

3　〈非時間の小径〉という空間

「始まりが存在せんがために人間は創られた。この始まり以前には何者も存在しなかった」（アウグスティヌス）。この新しい何かがもたらされる「始まりの始まり」を、アレントは早くから重視していた。「この人間の立ち現れこそ、時間の連続体を過去と未来の力へと分裂させ」、現在に「時間の裂け目」を生みだすのである（Arendt

1968a=1994: 11)。この時間の裂け目にアレントは固執している。それは、アレントの政治的思考集『過去と未来の間』(一九六一年)の序のモチーフが、未完に終わったライフワーク『精神の生活』(一九七八年)の第一部「思考」で執拗に繰り返されていることからもわかる。アレントの政治的思考の核心は、カフカの寓話をさらに独自にパラフレーズしていく道筋に現れる。

アレントは、カフカが「直線的に進む時間という伝統的イメージ」を保持していたがために、「彼」には存在するための場所がない、と批判する(Arendt 1968a=1994: 12)。アレントは、思考に固有の領域とされてきた「時間も空間もない超感性的な領域」という西洋形而上学の「夢想」の残滓をカフカにも見ている。

カフカが描く思考の出来事に欠けているのは、或る空間的次元、つまり思考が人間の時間から抜け出ることを強いられずにはたらきうる空間的次元である。カフカの物語は紛れもなく壮大だが、その問題点は、もし一定方向への時間の流れが人間に向かい人間に作用する敵対的諸力へと裂けるとすれば、直線的時間の運動の観念はおよそ保持できない、ということである。連続体を断ち切る人間の立ち現れは、必ずや諸力をその元々の方向からたとえわずかにせよ逸らせる結果をもたらす。そうとすれば、諸力は正面衝突するのではなく斜めに交差する。いいかえれば、「彼」が立つ裂け目は少なくとも潜在的には、たんなるはざま《インターヴァル》ではなく、物理学者が力の平行四辺形と呼ぶものに似るのである。(Arendt 1968a=1994: 12)

この過去と未来という二つの力が作用する「場」に生まれる「対角線の力」が、アレントのいう「思考の活動様式の比喩《メタファー》」なのである。この対角線の力が、それを生みだした過去と未来の力と異なるのは、この二つの力の始まりが「不可知」(無限)であるのに対して、対角線の力は「敵対する二つの力」の「衝突」をその「始点」とするために、「その起源は限定されている」点である。対角線の力は、「知られうる起源をもち、過去と未来によって方向を決定されるが、その終端は無限のうちにある」ため、思考の活動様式のメタファーとなりうる（Arendt 1968a=1994: 13）。つまり、「精神の現象の領域」は「歴史の時間や個人の生の時間」とは異なり、過去と未来の間の裂け目から始まる。その意味で、「人間はまさしく思考するかぎりでのみ、すなわち時間による規定を受けつけないかぎりでのみ、みずからの具体的存在の完全なアクチュアリティ、つまり過去と未来の間の時間の裂け目に生きる」（Arendt 1968a=1994: 14）ことが可能になるのである。

アレントが「みずからの具体的存在の完全なアクチュアリティ」に生きる人間の思考活動の「空間」を、過去と未来の間の裂け目というメタファーで語るとき、意外に思えるかもしれないが、彼女は二〇世紀的現代の政治的思考の現場を報告しているのである。先に挙げた「政治的思考が政治的出来事のアクチュアリティから生じてくる」というアレントの指摘は、「リアリティは思考の光を透過させてはじめて『完成』する」という指摘と対になっている。「思考するとき、われわれはどこにいるか」ということを探求したアレントは、思考によって踏みならされた「非時間の小径」を発見したのだ。

思考の活動様式は死すべき人間が住まう時間の空間のなかにこの非時間《ノン・タイム》の小径を踏み固める。そして思考の歩み、つまり想起と予期の歩みは、触れるものすべてをこの非時間の小径に保存することで、歴史の時間と個人の生の時間による破壊から救うのである。時間の奥底そのもののうちにあるこの密やかな非時間《ノン・タイム》の空間《スペース》は、われわれが生れてくる世界や文化とは異なり、示しうるのみであって過去から受け継いだり伝え残したりはできない。新しい世代それぞれが、それどころか、人間の存在は無限の過去と無限の未来に間に立ち現れるものであるゆえ、新たに到来する人間一人一人が、この非時間の空間をあらためて発見し着実な足取りで踏みならさねばならない。

(Arendt 1968a=1994: 14–15)

二〇世紀に至るまで、過去と未来の間の裂け目を架橋してきたのは、いわゆる「伝統」であった。ところが、過去の権威が失われ伝統が崩壊した二〇世紀になると、「過去と未来の間の裂け目は思考の活動様式特有の条件であることを止め、思考を主たる仕事としている少数のものに限られた経験ではなくなった」のである。その結果として、「この裂け目は、すべての人が感覚でとらえることのできるリアリティであると同時にすべての人のアポリアとなった」のだ。また、それはこの裂け目が「政治に関わる事実となった」(Arendt 1968a=1994: 15) ということでもある。政治的思考は、政治哲学者や政治家の専管事項ではなくなったのだ。

この伝統の崩壊を「埋めた」のは、二〇世紀を代表する二つの運動——実存主義とマルクス主義——であった。「サルトルの世紀」とは、この二つの運動が隆盛であった時代の謂いである。しかしアレントに言わせれば、この二つの運動は、「近代哲学のアポリアから行為の全面的アンガジュマンへの逃避」、すなわち「思考から行為への逃避」をもたらしたのである (Arendt 1968a=1994: 8)。こうした思考とリアリティの分離こそが、二〇世紀の全体主義を生みだす非政治的思考の本質にある。だからこそ、求められる政治的思考の「実習」は、非時間の小径で「いかに思考するかの経験をつむこと」(Arendt 1968a=1994: 16) なのである。

この思考の経験は、非時間の小径で「失われた宝」を発見し、「断片化された過去」を蘇えらせる営みとなろう。ここでも、カフカは道標となる。

> かれ〔カフカ〕は伝統的な比喩に決定的な変化を与えること、もしくは伝統的なスタイルで新しい比喩を創出することによってそれ〔伝達可能性に固執するために真理を犠牲にする新しい試み〕を行った。……カフカが過

去という海底に下っていく場合でさえも、それは保存しようとする願望と破壊しようとする願望との独自の二重性を持っていた。かれは、ただ「消えゆくものの新しい美しさ」のためだけにでも、たとえそれが真理ではないとしてもそれを保存したいと願っていた。しかも他方で、かれは伝統の魔力を破る最も有効な方法は、一個のがっしりした断片として手渡されたもののなかから「ゆたかでふしぎなもの」、すなわち珊瑚と真珠とを抜きとることであるのを知っていたのである。（Arendt 1968b=2005: 303）

アレントは、『暗い時代の人々』（一九六八年）に収録されたヴァルター・ベンヤミン論において、「伝統の破産」と「破壊された過去の断片のなかから断片や破片を集める」方法との関連性に着目していた。一九二〇年代のヨーロッパ、とくにドイツで進行した「伝統の破産」のなかから新しい方法を見いだしたカフカ、ベンヤミン、ハイデガーの方法は、アレントの政治的思考に深いインスピレーションを与えている。ハイデガーが先鞭をつけた「過去に身をゆだねるのではなく、現在を考える伝統に耳を傾ける」という態度は、ベンヤミンにもカフカにもみられる（Arendt 1968b=2005: 310）。アレントは、とくにベンヤミンの方法について、「この方法は穿孔することによって地底深く隠された水源から水を得るようなものである」と指摘している。つまり、「この方法は儀式的祈祷の現代版ともいうべきものであり、今、一定不変に生起する精神も、生きた目から真珠へ、生きた骨から珊瑚へと変わるシェイクスピアの『海神の力』を経験してきた過去からの精神的真髄」（Arendt 1968b=2005: 314）だということなのである。

4　真珠採りの身振り

ここまできたとき、アレントのいう「非時間の小径」が二一世紀の創造的な仕事とどのように結びついているのかを考察できる。過去と未来の間の裂け目からのびる、この非時間の小径は、先に述べたように、「思考の空間」なのであり、そこから生まれる思考の経験は、「真珠採り」の経験に類似している。このアレントの言う「思考の空間」へと至る「始まりの経験」を、拙著『現代市民社会論の新地平』では《アレント的モメント》と呼んできた。

そこで論じたように、アレントが反全体主義のために存在論的に構成した政治理論とは、端的に言うと、「マルチチュード（多数多様性）」(multitude) の「政体構成的権力」(constitutional power) によって、間欠泉のように歴史のなかで湧き出してくる公的空間（＝政治空間）の水脈を「記憶」しようと試みる「叙事詩的《エピック》」な政治理論であった。この公的空間の再興を求める志向性が、《アレント的モメント》なのである。この真珠採りの経験のアナロジーで語られるアレントの存在論的な政治理論は、アカデミズムの領域よりもつねに変革を求める現場で再発見され、また独自に再構成されてきた。それは二〇世紀に入って以来、政治的思考の〈場〉としての「非時間の空間《ノン・タイム・スペース》」が、政治哲学者や政治家の閉じられた空間ではなくなっているからなのだ。

アレントが探し求めた「革命の失われた宝」は、二〇世紀の様々な歴史的モメントにおいて形を変えながら再興されてきた。アレントがアメリカ革命に託して再発見しようとした公共空間再興の契機《モメント》、すなわち《アレント的モメント》は、アレントが評議会制として同時代に評価したハンガリー動乱以降も、六〇年安保、公民権運動、プラハの春、新しい社会運動、「連帯」運動、反グローバリズム運動……と、二〇世紀後半から二一世紀にかけての様々な局面で「真珠採り」によって再発見されてきた。このように、位相を異にする多様な運動にもかかわらず、そこには地下水脈のような一つの志向性を見いだすことができる。それこそ、アレントのいう「非時間の空間《ノン・タイム・スペース》」での思考から始まる公的空間（公共圏）再興の物語にほかならない。

この公的空間の再興が「政体変更の政治」(constitutional politics) につながるとき、それは「革命」という名前で呼ばれる。しかし革命が「成就」したとき、革命の「宝」はすでに失われており、それには名前さえないのだ。革命の歴史は、まさに「変幻自在にいたるところで突如予期せずに姿を現したかと思うと、摩訶不思議にもまるで蜃気楼だったかのようにふたたび姿を消し去る古の宝物についての伝承譚に倣って、寓話の形式で語る」ほかないといえよう。このアレントの語り口が、アレントの政治理論という試みのアクチュアリティを生みだしているのだ。「日常の政治」(normal politics) の時期ではなく、「政体変更の政治」(constitutional politics) の時期になると、「マルチチュード（多数多様性）」(multitude) の「政体構成的権力」(constitutional power) が決定的な問題になるからである。

こうしたアレントの独創的な政治的思考に対する関心は、何も政治哲学・政治理論にかぎられるものではない。詩人になることなく「詩的に思考する才能」(Arendt 1968b=2005: 317) の持ち主として、アレントはヴァルター・ベンヤミンの思考のスタイルを高く評価していた。そのベンヤミンは、カフカの詩の注釈を多く残しているが、アレントにおけるベンヤミンとカフカの位置関係に着目したのが、詩人の細見和之である。その著書『言葉と記憶』(二〇〇五年) に収録された「アレントが読んだカフカ」(細見 2005: 219–251) は、「アレントという稀有な思考者がカフカおよびベンヤミンという特異な表現者と向きあいながら辿っていった『非時間の小径』、そのかすかな踏み跡のひとつが、ぼくたちを新たな思考へと強く誘惑している」(細見 2005: 247) と結んでいる。

さらに、ベンヤミンの「詩的思考」をめぐるアレントの議論に着目し、〈力としての歴史〉が「関与する現存在の力学的均衡が破綻した」二〇世紀の精神病理学的容態への「抵抗」として、アレントの思考を論じる試みまでが現れた。渡辺哲夫著『二〇世紀精神病理学史』(二〇〇五年) の第八章「『病みゆく』ことへの抵抗」(渡辺 2005: 211–240) がそれである。「病者の光学で見る二〇世紀思想史の一局面」との副題がつけられた同書は、「生成に存在の性格を刻印する〈力〉」としての〈歴史〉の不在がもたらす精神病理学的容態を、二〇世紀の「浮力」に抗する思考の試みから診断している。

二〇世紀「精神」を襲い、惑星的規模のフェアシュタイゲンハイト〔Versteigenheit: 思い上がり〕を惹起している奇怪な「浮力」に抗する〈力〉は、二つあることになる。言うまでもなく〈力としての歴史〉と〈自然生命直接的事態〉と、である。この二つの「引力・重力」が、一方において人間的現存在の〝間接化原理〟であり、他方においてその〝直接化原理〟である事情は、たいへん奇妙であり、また、じつに興味深いと私には思われる。われわれを襲っている「浮力」に抗する「重力・引力」が一見すると明白に矛盾した重層性を帯びていることは、さらなる思索を要する精神病理学に固有の難題であろう（渡辺 2005: 280–281）。

渡辺は、精神病理学者から哲学者に転じたカール・ヤスパースと、この「歴史不在」がもたらす「存在忘却」と格闘したハイデガーの双方から直接学んだアレントの思想史的な役割に注目している。つまり、「アレントが思想史的に、ハイデガーとヤスパースとを結びつける役割を担い続けていたことは事実で、また、二〇世紀精神病理学史がハイデガーとヤスパースとから甚大な影響を受けて盛衰記を演じてきた経緯をも考慮すると彼女の思想を研究することは、精神病理学の自己理解に資する可能性がある」（渡辺 2005: 222）と指摘している。それは、たとえば「『全体主義の起原』（一九五一年）には、すでに明らかに、二〇世紀人を『病理学』的に考察する姿勢が認められる」と指摘しているのは、フェアラーセンハイト（Verlassenheit: 見捨てられること）の時代経験こそが全体主義を生みだす重要な基盤だと、アレントが考えていたからにほかならない。

二〇世紀の病みゆく人間に対して「〈歴史〉がどのようにメタモルフォーゼして〈力〉を発揮してくるか」。ここで、渡辺はアレントの「真珠採り」をめぐる文章に注目する。

> こうした思考は現在に触発されながら、過去からひき離して、自分自身のまわりに集めることのできる「思想の断片」をもってはじめて機能する。海底に穴を掘りそこに光を当てるためにではなく、豊かなものや不思議なもの、すなわち海底深く横たわる真珠や珊瑚をてこでゆるめ、それらを海面にまでもたらすべく海の底へと降りて行く真珠採りのように、こうした思考も過去の深淵へと探究の手をのばす――しかしそれは過去をあるがままによみがえらせるためでも、また消え去った時代の再生に役立つためでもない。こうした思考を導くものは、たとえ生存は荒廃した時代の支配を受けるとしても、腐朽の過程は同時に結晶の過程であるとする信念、かつては生きていたものも沈み、溶け去っていく海の底深く、あるものは『海神の力によって』自然の力にも犯されることなく新たな形に結晶して生き残るという信念である。（Arendt 1968b=2005: 317. 傍点は渡辺）

渡辺は、「海神の力」を〈力としての歴史〉の「美しいメタファー」と捉えている。「この力が世俗的な〈個的生命体の群れ〉のありとあらゆる混乱を浄化し、『結晶』を創り出す」のである。しかし歴史不在の光景は、パラドクスに満ちている。「伝統」の破壊は、〈想起〉の前提となる。この「受難としての〈想起〉」というベンヤミンの身振りが、アレントには「真珠採り」に見えたのである（渡辺 2005: 230）。二〇世紀的現代という受難の時代における「救済的な」思考は、「過去に対する絶望ではなく、現在に対する絶望と現在を破壊しようとする願望とから生まれ」ていた。だからこそ、アレントが「こうして生き残ったものは、いつの日か海底に降りて来て生あるものの世界へと運び上げてくれる真珠採りだけを待ち望む」（Arendt 1968b=2005: 317）と述べる際の「真珠採り」という言葉は、この救済的な思考のメタファーとなるのだ。

「真珠採り」を待ち望む思考の「結晶」には、「革命の失われた宝」もある。政治的出来事のアクチュアリティは、政治的思考の「空間」を生みだす。たとえば、「ギリシアのポリスは、われわれが『政治《ポリティクス》』という言葉を使用するかぎり、われわれの政治生活の根底、すなわち海の底に存在し続ける」というように、「言語には過去が根深く含まれて」いる（Arendt 1968b=2005: 315）。アレントが依拠する、過去と未来の間の裂け目に位置する「非時間の空間」とは、「寓話の形式」＝物語として、政治的思考のなかに「政治的出来事のアクチュアリティ」を保存する場所なのである。

5　美的判断力と公的空間

このアレントの主題をめぐっては、『非建築的考察』（鈴木 1988）や『建築零年』（鈴木 2001）の著者であり、物質試行を探究する建築家の鈴木了二が卓抜な議論を示している。現代建築が依拠する「空間」イメージを、アレントの「非時間の小径」から読み取っているのだ。

とはいえ、ただじっとしていても空間は生まれない。考えるという活動が、息苦しく世界を埋尽す時間の塊に隙間をこじ開ける。そして、真の現在性＝アクチュアリティとは、触れることのすべてを、この「非時間の小径」のなかに保存することなのだという。それは秘かに掘り抜かれた巣穴か塹壕を思わせる。ところが困ったことに、この非時間の扱い方に私たちはさっぱり慣れていない、とアレントは言うのである。……それ〔伝統〕が近代の中ですっかり衰弱しきった今、それに代わる「非時間の小径」はあるのか。……『過去と未来の間』は、「伝統」に見切りをつけた後に、なおも小径を見つけ出そうとする、死活を賭けた、いわば生命線確保のマニュアルなのである。（鈴木 2006: 123）

そして、この「生命線確保のマニュアル」は、思考経験を実習するマニュアルでもある。過去と未来の間の裂け目につくりだす「非時間の小径」の空間において、哲学と政治の関係が問い直される。「観照と活動《アクション》の二分法、つまり真理は究極的には言論と行為《アクション》を伴わぬ観照《シーイング》によってのみ捉えられると指図してきた伝統的ヒエラルヒーが維持できなくなる」（Arendt 1968a=1994: 49）と、「活動的生活」（vita activa）に優位する「観照的生活」（vita contemplative）の位置は暴落した。「観照」は理論と同等なものと化し、実践優位の価値体系の下で実践の僕となりはてたのである。アレントは、「活動的生活」との関係で「精神の生活」の復権をはかる（Arendt 1978=1994）。とくに、「活動としての政治」と「政治的思考」の関係が問い直されるのである。

アレントによれば、政治的な活動様式は、「パフォーマンス芸術」のそれと類似している。「舞踊家、俳優、音楽家などのパフォーマンス芸術は、自らの至芸を示すために観客を必要とするが、それはちょうど、行為する人びとが自らの姿を現わすために他者の現前を必要とするのと同じ」（Arendt 1968a=1994: 208）なのである。政治的な活動もパフォーマンス芸術もともに「現れの空間」、つまり「公的に組織された空間」を必要とする。このように、「芸術と政治を結ぶ共通の要素は、両者がともに公的世界の現象だということ」（Arendt 1968a=1994: 295）にほかならない。この「公的世界」をめぐって、アレントが提出した独創的な観点が、カントの「美的判断力」に独自の政治哲学を見出していく「判断力」論に示されている。

> 判断する能力は、まさしくカントが示した意味で特殊に政治的な能力、すなわち、事柄を自ら自身の視点からだけではなく、そこに居合わせるあらゆる人のパースペクティヴで見る能力にほかならないこと、さらに、人びとが公的領域、共通世界で自らの位置を定めうるのは判断力によるのであるから、判断力は政治的存在者としての人間の基本的な能力の一つでさえあること――これらは、政治的経験が他から区別されて以来の旧い洞察であ

る。（Arendt 1968a=1994: 299）

この政治的経験に基づく「洞察力」は、「共通感覚」に根ざしているのであり、「他者との世界の共有」という点で、政治的判断と美的判断（趣味判断）は共通性をもつとされる（Arendt 1968a=1994: 299）。アレントの突然の死（一九七五年）によって、『精神の生活』（Arendt 1978=1994）における「判断力」論は幻に終わった――このエッセンスは『カント政治哲学の講義』（Arendt 1982=1987）として残されている――ものの、その基本的な志向性は、『過去と未来の間』においても十分に示されている。政治的思考は「不在の人の立場をわたしの心に現前させることで意見を形成する」という意味で、「再現前化的思考」（カントのいう「視野の広い思考様式」の能力）なのである。そして、「われわれの思考が真に言説的（discursive）であるのは、真理ではなく意見に係わる場合」である。こうした思考によって初めて、「これらの見解の特殊性を超えて何らかの公平な普遍性へと高まる」ため、政治的判断力が陶治されることになるのである（Arendt 1968a=1994: 327－328）。

この政治的判断力について、クリステヴァは、アレントの『カント政治哲学の講義』に着目し、アレントの政治的思考に内在する「深淵なる曖昧さ」（シェルドン・ウォーリン）の秘密に限りなく迫っている。クリステヴァによれば、アレントの独創性が示されるのはカント思想から読み取る「複数性」の観念なのである。つまり、アレントがカントの判断力に対するアプローチの基盤としている「観客の複数性」の問題こそが、書かれざるカントの政治哲学を独自に再構成する鍵となるのだ[3]。

観客は公共領域を形づくる。すなわち、一方で彼らは複数である。なぜなら、一人の観客の経験は他の観客の経験によって有効だと認められねばならず、こうして「私的感覚」（「論理的エゴイズム」とも呼ばれる）に対立する「共通感覚」が形成されるからだ。他方で、彼らなしでは、美しいオブジェは現れることができない。それは、観客と批評家の判断によって創り出されるのである。「カントにとって人間なき世界とは、注視者〔観客〕のいない世界を意味する」。「狂気の本質は、注視者《スペクテイター》〔観客〕としての判断を可能にする共通感覚の喪失にある」。（Kristeva 1999=2006: 297）

アレントは、注視者《スペクテイター》〔観客〕を特徴づける「趣味」に着目し、「判断の基盤にあると同時に最も共有可能なものである」趣味＝判断の力の可能性を抽出する。「〔趣味の〕尺度となるのが伝達可能性であり……、さらにそれを決定する基準（standard）が共通感覚（common sense）である」（Kristeva 1999=2006: 298）。こうした議論は、「原初的共同体を基礎づける」という目的に導かれている。つまり、「一個の感情として全く私的で非伝達的にみえる〈私が快または不快に感じること〉は、実際この共同体感覚（community sense）に根ざしており、それ故それは、他のあらゆる人びととそれらの人びとの感情とを考慮に入れるところの反省によって一度変形されると、伝達可能になる」（Kristeva 1999=2006: 299–300）のである。こうした「共同体の一員」として判断するからこそ、美的なものは政治的思考に通ずる。書かれざるカントの政治哲学は、ここに姿を現す。

　この「第三批判」、判断力批判は、「純粋理性批判」と「実践理性批判」の後で、実際、一つの政治哲学を基礎づける試みだと解釈することもできる。その原型は、「特殊と普遍とを不可思議な仕方で結合する能力」と定義される限りでの美的判断力以上でも以下でもない。……政治の基礎であろうとするこの「判断力」は、……「認識的判断力」ではない。それは共通感覚による趣味の承認として、悟性に挑戦する。……カントによる趣味は、本質的に政治的である。実際、『判断力批判』は、全体としての人類共同体と「永遠平和」の希望に対するカントの関心に結びついている。この「永遠平和」は、対立の除去によってではなく、「拡大された心性」によって達成される。趣味と、趣味が基礎づける判断とを基礎づける「拡大された心性」は、「世界市民的な存在」の可能性を予見させる。(Kristeva 1999=2006: 300)

クリステヴァは、アレントが「練り上げるつもりだった……『政治的理性批判』」の判断から始まる構想のなかに、「美的判断」に基づいた政治共同体のイメージを「夢想」している。しかし、「この判断自身、趣味に基づいており、直接伝達可能で、悟性を利用しており、学ぶことができず、ただ遂行されるだけ」(Kristeva 1999=2006: 303)なのである。ここでクリステヴァが重視しているのは、「自由であると同時に正当でもある生きよい人間の条件を正当化するために、特殊と一般のあいだの、個人と多数性のあいだの結びつきの基盤をたえず探し求める、アレントにおける思考への欲望」なのである。クリステヴァは、「生きることは思考することであるというあの至福に到達できた、現代における稀な人物の一人」として、アレントの〈天才《ジェニ》〉を描いたのである。

おわりに——アレントという〈果てしない物語〉——

政治を政治領域の外部の観点から論じることは、回顧(歴史)のパースペクティヴから出来事の継起を眺めるだけである。それでは、「政治の生の実際の内容——つまり、同等の者と交わり、共に行為し公的に姿を現わし、言葉と行いによってわれわれ自身を世界のうちに立ち現わせ、そのことによってわれわれの人格のアイデンティティを維持獲得し、まったく新しいことを始めること、こうしたことから生ずる喜びや満足」(Arendt 1968a=1994: 359–360)を知ることはない。アレントは、あくまでも期待(活動)のパースペクティヴから、「始まりの経験」を生成的・構成的に捉えている。そのことは、アレントが「政治的出来事のアクチュアリティから生じてくる政治的思考」の現場に身をおくという位置取りをしていることを示しているのだ。

「公的領域」と重なり合う、現代の「市民社会」概念も、一九八九年を頂点とする具体的な政治的出来事の経験と深く結びついている。こうした民主化運動の現場で、アレントの議論が独自の「市民社会」論を生みだす契機《モメント》となったように、アレントの議論が常に「公的空間」を求める変革の現場で再発見されてきたのは、アレントがつねに政治領域の内部から生成的・構成的に出来事を捉え、期待（活動）のパースペクティヴから政治的考察を加えていたからなのである（Arendt 1968a=1994: 359–360）。同時にそうした認識は、「真珠採り」のように、海底に埋もれた「革命の失われた宝」を掘り起こし、現代の出来事に「名前を与える」営みでもある。その意味では、拙著『現代市民社会論の新地平』（二〇〇六年）には、古くて新しい「市民社会」概念をめぐる「真珠採り」の物語という側面が見られよう。

「市民社会」の政治空間をめぐる公／私の境界線をめぐる問題は、今日ではさらに公共圏・親密圏・生命圏の関係づけの問題に展開している。それはさらに、外部が消失したグローバル化世界における「戦争の内戦化」、生政治的次元における「ゾーエとしての生」の蔓延、および〈共同〉を構成する政治主体の消失と再発見、といった新たなテーマへと移行している。これらは、ミシェル・フーコー、ジョルジョ・アガンベン、アントニオ・ネグリ＆マイケル・ハート、栗原彬らの研究に見られるテーマである。

しかし一方で、こうしたテーマはアレントの議論をもとに現代へと補助線を引いた「応用問題」の側面を基本的にもっている。丸山眞男、藤田省三、ユルゲン・ハバーマス、シェルドン・ウォーリンにせよ、上に名前を挙げた思想家にせよ、アレントのいう「非時間の小径」を発見し、その空間で政治的思考を始めることは、現代のアクチュアルな政治的思考に必要不可欠な条件なのである。それは、二〇世紀の「剥き出しの生」の現場から紡ぎだされたアレントの政治的思考が、二〇世紀の政治理論の「範例」だということでもある。二〇世紀以降の政治理論という営みは、ここから始まる。ハンナ・アレントの政治的思考を跡づけるテクスト群は、〈非時間の小径〉を通って公的空間再興をもたらす宝を発見する〈果てしない物語〉への誘いとして、未来の読者に開かれている。

＊本稿は、拙著『現代市民社会論の新地平――《アレント的モメント》の再発見』（有信堂、二〇〇六年）の終章として書き下ろした「アレントの〈非時間の小径〉――政治的思考の空間的次元」を基に、改稿したものであることをお断りしておきたい。

注

（1）　ここで言う「範例」とは、「想像力をかきたてる個人や出来事」というカント的な意味である。アレントの言葉を借りるならば、「範例は、それ自身のうちに概念または一般的規則を含む特殊なもの、あるいは含むと見られる特殊なものである。この範例の妥当性は、同時代人としてか、この特殊な歴史的伝統の継承者としてか、特殊な体験を有するものに限定されるであろう。歴史学や政治学における概念のほとんどは、この種の限定された性格をもっている。それらは、ある特殊な歴史上の出来事にその起源をもつものであるが、後になってわれわれが、その特殊なもののうちに、その出来事の唯一性を越えてより多くの事例に妥当する事柄を見ようとして、その出来事を『範例』とするようになるものである」（Arendt 1982=1987: 129-130）。

（2）　こうしたアレントの政治理論の全貌については、川崎 1984-86; 1989; 1995; 1998, 千葉 1996, 森川 1999-2000; 2000-2001; 2004, 矢野 2002, 寺島 2006に詳しい。アレント研究の諸潮流については、森川 2002-2003が優れた整理を行っている。特に日本のアレント研究の現状については、川崎 1997が詳しい。近年のポストモダニズムからのアレント研究については、Villa 1996; 1999, 小野 1994; 1996を参照されたい。アレントの伝記的な研究については、今でも Young-Bruehl 2004〔1982〕=1999が定本である。

（3）　このアレントの「複数性」概念をめぐる優れた論稿として、梅木 2005: 241-295がある。カントの趣味判断がアレントの公共性の思考へと展開していく思想線を、ハイデガーとヤスパースの立ち位置をふまえながら、詳細に跡づけている。ただし、アレントの政治的思考の根拠を「脱構築」する哲学的作業は、「政治を、いわば哲学に濁らされていない眼で見ようとしている」政治理論家アレントの基本的な志向性を見逃している点において問題を孕んでいる。

参考文献

Agamben, Giorgio, 1995, *Homo Sacer: Il potere sovrano e la nuda vita*, Einaudi.（＝二〇〇三年、高桑和己訳『ホモ・サケル――主権権力と剥き出しの生』以文社）.

Arendt, Hannah, 1929, *Der Liebesbegriff bei Augustin: Versuch einer Philosophischen Interpretation*. Verlag von Julius Springer.（＝二〇〇二年、千葉眞訳『アウグスティヌスの愛の概念』みすず書房）.

――――, 1958, *The Human Condition*, The University of Chicago Press.（＝一九九四年、志水速雄訳『人間の条件』筑摩書房）.

――――, 1959, *Rahel Varnhagen: Lebensgeschichte einer deutschen Judin aus der Romantik*, Piper Verlag GmbH.（＝一九九九年、大島かおり訳『ラーエル・ファルンハーゲン』みすず書房）.

――――, 1962〔1951〕, *Elemente und Ursprunge totaler Herrschaft*, Frankfurt am Main.（＝一九七二－七四年、大久保和郎・大島通義・大島かおり訳『全体主義の起原』全三巻、みすず書房）.

――――, 1963, *On Revolution*, The Viking Press.（＝一九九五年、志水速雄訳『革命について』筑摩書房）.

――――, 1968a〔1961〕, *Between Past and Future*, Penguin.（＝一九九四年、引田隆也・斎藤純一訳『過去と未来の間』みすず書房）.

――――, 1968b, *Men in dark Times*, Harcourt Brace.（＝二〇〇五年、阿部斉訳『暗い時代の人々』河出書房新社）.

――――, 1978, *The Life of the Mind*, Harcourt Brace.（＝一九九四年、『精神の生活』全二巻、岩波書店）.

――――,〔Beiner, R., ed.〕1982, *Lectures on Kant's Political Philosophy*, The University of Chicago.（＝一九八七年、浜田義文監訳『カント政治哲学の講義』法政大学出版局）.

――――,〔Kohler, L. and Saner, H. eds.〕1985, *Hnnah Arendt/Karl Jaspers Briefwechsel 1926-1969*, Piper Verlag GmbH.（＝二〇〇四年、大島かおり訳『アーレント＝ヤスパース往復書簡　一九二六－一九六九』全三巻、みすず書房）.

Kristeva, Julia, 1999, *Hannah Arendt: ou l'action comme naissance et comme etrangete*, Paris, Fayard.（＝二〇〇六年、『ハンナ・アーレント――〈生〉は一つのナラティヴである』作品社）.

Villa, Dana R., 1996, *Arendt and Heidegger*, Princeton University Press.（＝二〇〇四年、青木隆嘉訳『アレントとハイデガー——政治的なものの運命』法政大学出版局）.
——, 1999, *Politics, Philosophy, Terror: Essays on the Thought of Hannah Arendt*, Princeton University Press.（＝二〇〇四年、伊藤誓・磯山甚一訳『政治・哲学・恐怖——ハンナ・アレントの思想』法政大学出版局）.
Young-Bruehl, Elisabeth, 1982, *Hannah Arendt: For Love of the World*, Yale University Press.（＝一九九九年、荒川育男ほか訳『ハンナ・アーレント伝』晶文社）.

梅木達郎、二〇〇五、『支配なき公共性——デリダ・灰・複数性』洛北出版。

小野紀明、一九九四、『現象学と政治——20世紀ドイツの精神史研究』行人社。

——、一九九六、『20世紀の政治思想』岩波書店。

川崎修、一九八四-八六、「ハンナ・アレントの政治思想——哲学・人間学・政治理論」『国家学会雑誌』九七（九・一〇）：一-六九、九八（三・四）：一-五二、九九（三・四）：一-七〇。

——、一九八九、「ハンナ・アレントはハイデガーをどう読んだか」『思想』七八〇：四八-九二。

——、一九九五、「解説」、アレント『革命について』筑摩書房、四六七-四七八。

——、一九九七、「アレントを導入する」『現代思想』二五（八）：一一一-一二七。

——、一九九八、『アレント——公共性の復権』講談社。

川原彰、一九九三、『東中欧の民主化の構造——一九八九年革命と比較政治研究の新展開』有信堂。

——、二〇〇一、『市民社会の政治学』三嶺書房。

——、二〇〇六、『現代市民社会論の新地平——《アレント的モメント》の再発見』有信堂。

木村敏、二〇〇〇、『偶然性の精神病理』岩波書店。

鈴木了二、一九八八、『非建築的考察』筑摩書房。

——、二〇〇一、『建築零年』筑摩書房。

——、「読書日和⑭」『室内』六一四：一一二。

千葉眞、一九九六、『アーレントと現代――自由の政治とその展望』岩波書店。

寺島俊穂、二〇〇六、『ハンナ・アレントの政治理論』ミネルヴァ書房。

細見和之、二〇〇五、『言葉と記憶』岩波書店。

森川輝一、一九九九－二〇〇〇、「ハンナ・アレントの活動概念」『法学論叢』一四八（二）：一〇二－一二一、一四九（六）：一一三－一三三。

――、二〇〇〇－二〇〇一、「隣人の起源――ハンナ・アレントのアウグスティヌス解釈」『法学論叢』一四五（二）：六六－八四、一四七（二）：一一三－一三三。

――、二〇〇二－二〇〇三、「アレント解釈を読む」『名城法学』五二（一）：五一－七九、五二（四）：六三－一一一。

――、二〇〇四、「『出生』について――アーレントにおける政治的なるものの『はじまり』」『思想』九五八：五－二八。

矢野久美子、二〇〇二、『ハンナ・アーレント、あるいは政治的思考の場所』みすず書房。

渡辺哲夫、二〇〇五、『20世紀精神病理学史――病者の光学で見る20世紀思想史の一局面』筑摩書房。

第12章　カール・シュミットの現代的意義について——その予備的考察——

中道寿一

精神の位階は今日、武装とのその関係によって決ります。あなたは特別の戦争技術上の発明に成功なさっています。それは音もなく爆発する地雷です。魔術によってのように廃虚が崩れ落ちて行く様が見えます。そして破壊はそれと知れる前にすでに起こっています。

——エルンスト・ユンガー　一九三〇年

はじめに

C・シュミットがその波乱に富んだ九七年の生涯を閉じたのは一九八五年のことである。したがって、二〇〇五年はシュミット没後二〇年に当たった。ドイツでは、E・W・ベッケンフェルデやH・クヴァーリチェなどを編者とするDer Staat（国家論・憲法史・ドイツおよびヨーロッパ公法に関する雑誌）が、二〇〇四年、二〇〇五年にシュミット特集を組み、R・メーリング、H・ホフマン、E・ノルテなどの論稿を掲載している。[1] また、日本でも、二〇〇三年に行われたシンポジュウム「カール・シュミットと現代」を基に、新たな論稿をも含めた臼井隆一郎編『カール・シュミットと現代』が、二〇〇五年に公刊されている。これは、「カール・シュミットはたぐいまれな深さと広さを備えた、極めて多面的な相貌を有する現代屈指の思想家」であるという判断のもと、「その多面性そのものを強調する試み」であると同時に、その意義を評価する試みでもある。[2] 「ナチの理論家」「ヒトラーの桂冠法学者」「デモクラシーの反面教師」といったシュミット評価は、今や、その逆の評価へと大きく揺れ動いている。

それは、「平和の世紀」へとなるはずだった二一世紀が「革命と戦争の世紀」としての二〇世紀の様相を継続させているからだけでなく、「国家主権に制限を加えながら進展する『広域秩序』や9・11、真相が何か不穏な藪の中に潜むアメリカのイラク先制攻撃、戦争の相手を『犯罪者』に仕立て上げる現代の全体的絶滅戦争への傾向」[3] など、つとにシュミットの指摘していたように、世界が動いているからに他ならない。なかでも、9・11テロは、シュミット評価の一つの重要な契機であった。それゆえ、アメリカでのシュミットの読み直しの活況ぶりは注目に値する。ここでは、9・11テロ以降のシュミット評価を手がかりに、これまで繰り返し投げかけられてきた「なぜ今シュミットなのか」という問いへのいくつかの回答について考察してみたい。

1　H・クヴァーリチェのシュミット評価について

マーク・リラは、シュミットを再発見した人物として、R・アロン、A・コジェーヴ、J・タウベス、P・ノアックを挙げている。確かに、A・コジェーブは、シュミットの「友敵理論」を前提にしながら、「本質的に平和主義的な国家は、事実上、本来の国家であることを止めてしまい、その成員の安楽を至高の目的とする私的、商工業的な団体となる」[4]とか、「政治には中立的なものはありえない」[5]と主張し、ドイツにおいてカール・シュミットこそ「話をするに値する唯一の人物」[6]と明言しているし、J・タウベスも、自分は「意識的なユダヤ人なので、彼［シュミット］のいう『敵』」[7]であり、「カール・シュミットのどの言葉にも私とは異質なものを感じた」[8]けれども、「私はカール・シュミットをつねに大きな関心を抱きながら読み、その精神的な華麗さ、表現スタイルの的確さに魅了され続けた」[9]と告白している。

それでは、なぜ今もなお人々はシュミットに魅せられるのであろうか。M・リラによれば、それは一つには「直截的で宝石細工のように緻密な文体」を駆使しうるシュミットの文学的才能によるものであり、また、シュミットこそ「この一世紀にドイツが遭遇してきた問題に関心を寄せた数少ない政治理論家の一人であり、戦後も活躍した主要な理論家である」からであるが、何よりも、主権、国家的統一、諸国家間の敵意を無視することの危険、立憲的安定性、戦争といったシュミットの「政治的な関心事がふたたびヨーロッパ政治の中心的テーマとなったこと」[10]があげられる。そして、リラは、「シュミット研究の保守的な弁護論」としてR・コゼレック、E・W・ベッケンフェルデを、「シュミット研究の左翼の弁護論」としてはJ・シッケル、C・ムフを挙げるが、とりわけ、後者に関しては、「シュミットの反自由主義は、当時すでに信用失墜していたマルクス主義の経済・歴史理論にかわる歓迎すべき代案を提供した」[11]として、シュミットの左翼知識人への影響について以下のように指摘する。「一部のヨーロッパ左翼の目から見れば、シュミットは（たとえ右翼であっても）急進的な民主主義者であり、その残酷な現実主義も、今日われわれが『政治的なもの』を再発見し、正当性は人民の意志によって付与されるものだという感覚を回復する一助となりうる。議会主義や中立性原理に対する彼の批判も、左翼の観点から見れば、リベラルな社会のうちにある支配の仮面をはぎとるものと理解することができる。また彼が友敵の区分を臆面もなく擁護したことは、政治とは何よりもまず闘争であることをわれわれに思い出させるものだと称する」[12]と。いずれにしても、昨今のシュミット思想の評価から、

「シュミットはリベラルな道徳的幻想なしに政治の基礎を研究した古典的な政治理論家であったか、またはリベラルな偽善とイデオロギーのラディカルな暴露者であったかのどちらか」という判断が下されることになるが、しかしリラは、こうした評価、判断に対して、「今日シュミットを研究して売り込もうとする人々」には、「党派的な動機はあっても真剣さが目にあまるほど欠けて」いると、手厳しく批判する。「どうしてシュミットは、人間の敵意が実存的にそれほどまでにも根源的であると確信できるのか。かれがこれほどまでに断固として、政治的秩序の成否はときに隠れて見えない主権の恣意的な決断に徹頭徹尾かかっているというのはなぜなのか。何がリベラルな社会をこれほどまでにも侮蔑的なものにしていると彼の目には映るのか」。「現代のシュミット売り込み係」は「リベラルな社会にむけた彼の暴力的なまでの嫌悪をこれみよがしにする」が、「シュミットの追い求めていたもの」はいったい何かを理解しなければならない。この「自由主義の真に哲学的な批判者たちと神学的絶望の政治を実践する者たち」という「基本的区別を怠ったままカール・シュミットから学ぼうとするひと」は、何ごとも学ばずにおわることになる、と。[13]すなわち、リラは、シュミットとL・シュトラウスとの「隠された対話」を明らかにしたM・マイヤーの「シュミットとシュトラウス――政治神学と政治哲学の対話」を手がかりに、昨今のシュミット評価に対して、より冷静な判断を求めたのである。

ところで、ドイツにおける最近のシュミット研究として、『政治的なものの概念』に関する注釈書[14]や『憲法論』に関する研究書などが公刊され、シュミットへの関心が持続していることを示しているが、それと同時に、シュミット評価も行われている。たとえばH・ボルトは、シュミットの全作品の中でも中心的な著書である『政治的なものの概念』に関する議論はその出版以来途絶えたことがないし、また、この著書にはその批判にもかかわらず、今なお考慮に値するものや真実が含まれていることについて異論を挟むものはいないと述べている。[15]さらに、シュミットが一九三二年版の『政治的なものの概念』を一九六三年に再版しようとしたのは、「中間状況」の持続、すなわち、主権国家によって枠付けられた国家間戦争が消滅し始め、「パルチザン」のような新しい種類の戦争と敵が姿を現し始めた「中間状況」の持続があったからであると指摘する。(16) また、U・ティーレは、一九三三年のシュミットの政治選択を、政治選択としてではなく、「シュミット理論の法的機能」に注目し、「シュミットは継続的に国家の活動領域の広範な法的緩和を追求した」のであり、状況に応じて、大統領、首相、総統・独裁に結び付けたのであると主張している。(17) さらに、T・フラッシュによれば、シュミットに関する学問的・ジャーナリスティックな関心は今日でもなお魅力を失っていないし、さらにまた、友敵区分――理論的不明確さやその意味連関の問題性にもかかわらず――は、まさに、政治的現実を簡潔かつ率直に記述するためのカテゴリーであるとして、(18) シュミットの現代的意義を指摘している。

しかし、ドイツにおけるシュミットの評価は多岐にわたっている。眞次によれば、ドイツにおけるシュミット評価には以下のような立場がある。すなわち、(1)「ナチの理論家」、「デモクラシーの反面教師」としてのシュミット評価(K・ゾントハイマーなど)、(2)「シュミットと異なる政治的立場をとりながら、彼の思惟構造や市民社会批判に共鳴」する「シュミット左派」(V・ノイマン、E・ケネディなど。マシュケの区分にしたがえば、左翼シュミット主義者)、(3)「保守的なカトリシズム」の立場からシュミットを解釈する「シュミット右派」(G・マシュケなど。右翼シュミット主義者)、(4)「シュミットの体制批判的ラディカリズムを切り捨て、彼の憲法理論を戦後のボン基本法体制の自由で民主的な国家のあり方に適合した自由主義的憲法論」としてシュミット解釈をする「シュミット中間派」(E・ベッケンフェルデなど、体制シュミット主義者)という立場である。ちなみに、日本においては、(1)「ナチの理論家」、「保守革命の思想家」、「権威主義的国家再編の理論家」と規定するシュミット評価、(2)「カトリシズムの思想家」としてのシュミット評価、(3)「リベラル・デモクラシーの憲法を説明するための理論的装置として十分な有用性を持つ理論」とみなすシュミット評価という立場がある。(19)

シュミットの死から一年後の、一九八六年一〇月一～三日に、シュパイヤー行政学院で「二十世紀の法学および精神科学におけるカール・シュミットの地位」と題するシンポジュウムが開かれた。これまで、シュミットの現代的意義について語られるときには概ね「反面教師」としてであり、シュミットは克服すべき対象であった。しかし、このシュパイヤー・シンポジュウムでは、シュミットの政治神学、政治的なものの概念、具体的秩序思想、決断の概念、憲法制定権力論など現代への影響が確認された。[20] H・クヴァーリチェによれば、シュミットが「ナチス体制を学問的に支持したことは疑う余地がない」のであり、「総統は法を守る」（一九三四年）や「ユダヤ精神と闘うドイツ法学」（一九三六年）から「無罪放免」や「情状酌量」「時効」を期待することなど「できない相談」であり、シュミットを語るときにそこから議論を始めることも「一種の政治的判決」であって、シュミットの正当な評価とはならないという。したがって、「カール・シュミットを学問的に取り扱おうとする者」は、一五九六年に死んだJ・ボダンと同じように、シュミットとその著作を考察しなければならない。すなわち、「怒りや熱狂なしに［冷静に］評価するならば、この［シュミットの］教説はそれなりに批判的に利用する価値のあるものとなりうる」と言う。それゆえ、一九四九年から一九八二年までのドイツ国法学者連盟での報告者たちによるH・ヘラーとシュミットとの引用数の比較から、シュミット思想の現代的意義について実証している。[21] かくして、「カール・シュミットは政治思想における最新の古典的大家か？」という問に対する回答として、「カール・シュミットが古典的大家であることは、世界的規模で次第に広く承認されるようになってきており、今日では、それを否定するものはもはや偏狭的無知な考えでしかない」（B・ヴィルムス）と結論付けられる。[22] もっとも、このシンポジュウムには、アルミン・モーラーによれば、「右翼シュミット主義者」「左翼シュミット主義者」「体制シュミット主義者」という立場の違いを持つ人々が参加していたとは言え、「シュミットの弟子を中心に、圧倒的にシュミットに好意的な人々」が招待されていたのであり、したがって、「最初からシュミットの人と思想に対するラディカルな批判は登場する余地がなかった」。たしかにそこには、H・ホフマンの指摘するように、「なんとなく胡散臭い遠い親戚たちが集まった家族会議」[23] のような特徴もあり、また、そこではシュミットとその思想について多くの点で議論されながらも、「カール・シュミットとナチズム」という問題が明確に取り上げられもせず、また議論もされなかったのであるが[24]、それでもそこには、「シュミット研究の新時代を画したものとして評価に値する」ものがあった[25]。

ところで、H・クヴァーリチェは、「憲法と政治におけるカール・シュミットの現代的意義」という日本での講演（一九九六年九月）においても、「シュミットに関する文献の数量的考察」を行っている。彼によれば、シュミットは六〇年間に「四四冊の書物と二〇〇本の論文」を書いているが、そのシュミットに関する文献は、一九三一年から一九九六年九月一日までの時点で一四二本である。その内訳は、一九四五年から一九八五年という彼の死までの四〇年間に出されたシュミットに関する著書は三九冊であるのに対して、一九八六年から一九九六年までの一〇年間に出されたシュミットに関する著書は「九三冊を下らない」。また、一四二冊のなかの五冊は日本語の研究書であるが、残りはヨーロッパの言語でかかれたものであり、七九冊はドイツ語でかかれたものである。さらに、外国語文献の出版時期は、一九四五年以前では二冊、一九八五年まででは一八冊、一九九六年まででは四三冊である。まして、一九九六年八月までに発表されたシュミットに関する論文数となると、総計一〇二〇本（ドイツ語論文数五五〇本、イタリア語論文数二〇〇本以上、スペイン語論文数約八〇本、英語論文数七〇本、フランス語論文数五〇本、その他の言語論文数約七〇本）であり、シュミットを詳しく論じていても他の著者とともに取り扱っているヨーロッパ言語で公表された論文数は一五〇〇本に上ると言う[26]。

以上のような「数量的考察」を行ったうえで、クヴァーリチェは、シュミットの各主要著作の現代的意義について以下のように考察している。すなわち、憲法制定権力や建設的な不信任投票、第七九条などでボン基本法へ影響を与えている『憲法論』、ワイマル期と現代では異なるけれども、現代議会の権力カルテル状況に対する批判において現代的意味を持つ『現代議会主義の精神史的地位』、大統領独裁や例外状態が政治的現実の一部となっているアメリカやアフリカ、アジアの国々の政治的現実を解明する鍵となっている『独裁』、「主権者とは例外状態を決定するものである」や「近代国家学のすべての重要な概念は、世俗化された神学概念である」というテーゼで今なおアクチュアリティをもつ『政治神学』、さらには、議会制の前提とする「権力獲得の平等な機会」を手がかりに、反議会主義的な議会多数派が五一％の多数を持って「残りの四九％の議員を合法的な方法で非合法化」し、「機会均等」を除去してしまう危険性を指摘して、ナチ党によるライヒ議会の野党の排除を予見しただけでなく、戦後のトルコ、アルジェリアの政治状況にも適応しうる『合法性と正当性』などを取り上げ、そのアクチュアリティについて論じている。(27) しかし、そのなかでも、最近の政治状況においてますますアクチュアリティを持つようになってきた『政治的なものの概念』の意義を強調する。

クヴァーリチェによれば、『政治的なものの概念』は、「宗教的、道徳的、経済的、ないしエスニック的といったあらゆる対立から頭をもたげてくる恐ろしいゴルゴーン（ギリシア神話で、ステノ、エウリュアレ、メドゥサという三人姉妹の怪物。頭髪は蛇、黄金の翼を持ち、目は人を石に化する力があった）の頭を明らかにした」だけでない。「国家概念は政治的なものの概念を前提としている」というテーゼは、左右両翼の対決による当時のドイツ国内の「内戦状況」を前提にして、「国内においては、国家だけが友・敵区別の実現を阻止することができる」ことを意図したものであるが、今日のテロ事件の頻発する国家や内戦の可能性を孕んだ国家においてアクチュアリティを持っている。さらに、以下のような指摘は、湾岸戦争において「ヘゲモニー国の出兵にお金を出すように要求された」ドイツや日本に見られるように、「ヘゲモニーの同盟の現実が覆い隠すような言葉のベールを引き裂く」ものでもあった。(28) すなわち、「個々の国民が全世界に対し友好宣言をし、あるいは自ら進んで武装解除することによって、友・敵の区別を除去できると考えることは幻想であろう。このような方法で、世界が非政治化し、純道徳性・純合法性・純経済性の状態に移行したりするものではない。もしも一国民が、政治的生存の労苦と危険とを恐れるならば、その時まさに、この労苦を肩代わりしてくれる他の国民が現われるであろう。後者は、前者の『外的に対する保護』を引き受け、それとともに政治的支配を引き受ける。この場合には、保護と服従という永遠の連関によって、保護者が敵を定めることになるのである」[29]。まさしく、シュミットにとって、「保護と服従という連関なしには、いかなる上下関係、いかなる合理的な正統性・合法性も存在しないのである。保護するがゆえに拘束す、ということは、国家にとっての、われ思うゆえにわれ在り［根本命題］であって、この命題を体系的に自覚しない国家理論は、不十分な断片にしかすぎない」のであった[30]。

かくしてクヴァーリチェは、今なお多くの読者をひきつけるシュミットの魅力として、「直接的に事物を定式化し、洗練された散文を書いた」こと、「最終的な結論を読者に委ねている」こと、そして、何よりも、「無秩序な現実を概念にまで高めていること、一時的な現象の中に繰り返される状況を発見し、その状況を概念まで高めている」ことを挙げ、シュミットの著作に対する国際的反響を考慮に入れるならば、シュミットを「古典的大家と呼ぶことは正当であろう」[31]と結論するのである。

2　A・ノリスのシュミット評価について

アンドリュー・ノリスによれば、ワイマル期から現代にいたるまでヨーロッパにおいてシュミットの影響を受けた人物として、G・アガンベン、W・ベンヤミン、E・W・ベッケンフェルデ、J・デリダ、J・ハーバーマス、F・ハイエク、H・モーゲンソー、C・ムフ、L・シュトラウス、S・ジジェクたちがいる。

しかし、最近、英語圏、特にアメリカにおいてシュミットへの関心が高まっている。このシュミットへの関心の高まりは、シュミット思想の重要性および難解さにもよるが、それ以上に、「グローバルな『テロに対する闘い』における新たな強い友・敵区分の出現」によるところが大きい。たとえば、「国際的な諸制度を無視し主権を脅かすブッシュ政権、敵と対立した際の政府による統一要求、粗野な人権原理や他の政府機関によって行政権を抑制すべきではないという主張、戦争と平和との区分の曖昧化、グァンタナモ湾のような例外状態の行使」、こうした事柄は、まさにシュミット的分析を要請するものである(32)。

ノリスによれば、たとえば、W・ショイアマンは、シュミットとナチズムとの結び付きはシュミットの法学の中心的要素から内在的に生じたものであり、シュミットはナチズムの最も恐るべき特質を裏書していると指摘しながらも、シュンペーターの民主主義論やハイエクの福祉国家批判、モーゲンソーの国際関係理論は、シュミットとの「大なり小なり隠された議論によって形成された」ものであるとして、第二次世界大戦後のアメリカ政治学へのシュミットの影響を認めている(33)。また、シュミットからできるだけ多くのことを学ぶべきとするG・バラクリッシュマンは、全人類のために行動せよと正戦を主張する帝国権力の「匿名性の偽善」に関するシュミットの分析を評価し、「政治システムが真に民主的であるためには、人民が独立した立法権力として行動できるように、周期的な危機に対して開かれていること。デモ、大集会、ゼネストは、人民の憲法制定権力を活性化させることのできる事象であり、デモクラシーは例外的な状況においてその真の意味を帯びる」として、シュミットをラディカル・デモクラシーの視点からとらえることの必要性を強調している(34)。しかし、ノリスによれば、9・11という例外的状況において、また、友と敵とのより大きな闘争の文脈に対応して取られた決定に関するブッシュ政権の表現方法から即座に思い起こされる政治哲学者は、「イエス・キリストではなく、背教カトリック教徒でかつてナチであったカール・シュミット」なのである、と(35)。それゆえ、ここではノリスのシュミット評価を概観してみよう。

ノリスによれば、『政治的なものの概念』や『政治神学』におけるシュミットの立場と、9・11以降のブッシュ政権の態度とを比較してみると、双方に極めて多くの類似点が認められる、と言う。たとえば、政治的生活様式への威嚇に対する例外的措置の必要性の強調、こうした措置には被治者の積極的参加や明白な同意を無視できる権威が必要であるという要求、原則的に被治者が通常状態あるいはそれへの脅威を識別することができ、したがって、行政府ないし主権者を判別し規制できるということの否定、たとえ潜在的であっても緊急状態を恒久的なものとすることの示唆、国際法の拒絶（ブッシュ政権の場合明白なのは、グァンタナモ湾の収容施設の囚人がジュネーブ条約で保護されることの否定や、国際犯罪裁判所の拒否）、二〇〇一年九月一一日以来のアメリカにおける「祖国」、社会の一体性の強調、当該社会の好戦的性格などがそれである。しかし、ノリスによれば、こうした類似点以上に不気味なのは、ブッシュ政権がシュミットの主権という「境界概念」に共鳴している点である。合衆国憲法は、緊急状態を認識し宣言する、緊急状態に見合った、委任独裁（主権独裁ではなく）を十分に機能させる制度的枠組みを樹立していないので、これは、この合衆国憲法の弱点や欠陥を利用しようという政府の問題でもある、と。[36][37]

この点に関して、ノリスは、以下のようなA・アラートの指摘を取り上げる。すなわち、独裁は自薦であってはならないし、緊急事態は独裁者の支配下にない組織によって宣言され終結されなければならない。こうした仕組みは全く技術的なもの、手続き的なものであるから、その背後には、「機敏な」人民、真の憲法制定権力が存在しなければならない。しかし、十分にデザインされたルールは機敏な市民や組織に対して来るべき危険を知らせる里程標であるということもまた確かである。しかしながら、今日、合衆国において、こうした原理の一つとして満足できるものはない。緊急権力のためのルールは、異常なまでに柔軟である。緊急権力のルールは協議もなく決定され、法的チェックは常に事後的になされるだけである。大統領が緊急状態を宣言し、大統領のみがその権限を行使する。議会は大統領の拒否権を恐れることなく立法によって緊急状態を収束させることができるし、また、その法に時間制限もないのであるが、そうした規定はほとんど空文である。このように、緊急状態に対する公的監視の法的指標が全くない。したがって、反対はほとんど、真の緊急状態における市民的自由へのあらゆる制限を非難するという全く誤った無益で

不人気な非難をもたらすだけである、と。(38)

だとすれば、大統領が途方もなく大きな緊急権限を主張するとき、大統領は正当性を身にまとい合法的に行動することができるし、少なくとも、明示的な憲法条項を侵犯しなくてすむ。ノリスによれば、この「シュミット的性質」が明確となるのは、9・11事件後のブッシュ大統領の緊急措置の最も顕著な対象、すなわち、「無法な戦士」の場合においてである。囚人たちは、形式的な告訴もなく、弁護士との接見もなく、裁判審理もなく、大統領の命令で設立された裁判所（ここでは、行政部局が裁判官、陪審、執行官を演じる権利を要求する）の命令に従い、独房へ入れられたのである。確かに、政府は、国民をなだめるために、広範な行政裁量の要求に一部修正を加えたけれども、基本的に政府は、「悪とテロに対するこの戦いに終わりはない」と公然と主張し、外国人だけでなくアメリカ市民も、とりわけ、弁護士と相談する権利もなく大統領の命令で無制限の拘留に服するという「恒久的な例外状態」になるような極端な事例にかかわった。

ノリスは、この「例外状態」こそシュミットの例外状態の曖昧な性格そのものである、と言う。なぜなら、主権者とその行為は憲法秩序の内部でも外部でもない境界を定義するからである。この曖昧さから、規範の適用を可能にする「同質的媒体」を発展させるために例外状態を樹立する国家の責任について考えた人物こそシュミットだからである、と。(39)

シュミットは『政治神学』において次のように述べている。「例外事例が、その絶対的な姿で出現するのは、法規が有効となりうる状況が作り出された上でのことである。いかなる一般的規範も、生活関係の正常な形成を要求するのであって、一般的規範は、事実上それに適用されるべきであり、かつそれを規範的規制に従わせるのである。規範は、同質的媒体を必要とする。この事実上の正常性は、たんに『外的前提』として、法律学者の無視しうるものではなく、それはむしろ、規範の内在的有効性の一部を構成するのである。混乱状態に適用しうるような規範などは存在しない。法秩序が意味を持ちうるためには、秩序が作り出されていなければならないのである。正常な状態が作り出されなければならないし、また、この正常な状態が実際に存在するか否かを明確に決定する者こそが、主権者なのである」（傍点引用者）。[40] ノリスによれば、法学者たちが「国内法と対外的事件との曖昧な境界」について述べているように、9・11のテロ攻撃は、ある意味において国内刑事事件であるが、他の意味においては、対外事件の問題である。これは、アメリカ法では難しい領域である。なぜなら、裁判官たちは議会と大統領に外交問題についてほとんど完全な裁量権を伝統的に与えているからである。したがって、ブッシュ政府は、戦争という言葉を頻繁に使用しながら、疑惑のあるテロリストや敵の組織の拘留のための第三の道、通常の刑事訴訟の保護でもなく通常の戦争犯罪人という地位の保護でもない方法を作り上げたのである。すなわち、ブッシュ政府は、「敵の戦士」を、司法的なもので解決するのではなく、シュミット的な境界の創出、すなわち、憲法秩序の内部でも外部でもない、そして、国内法規範でもなく国際法のルールでもなく、政府の主権的決定にのみ従わせ、「永続的な例外状態」に置くような境界の創出という方法を用いたのである。[41] これは、まさしく、シュミットを援用したG・アガンベンの「例外状態」でもあった。

G・アガンベンによれば、「例外状態は『法的には空虚な空間』（そこでは法は、法の解体という形象においてこそ効果をもち、したがってそこでは主権者が事実上必要と思うあらゆることが起こりえた）が、その空間的かつ時間的な境界を打ち砕き、その境界の外に溢れ出して、今やいたるところで通常の秩序と一致しようとしている」。[42] また、「例外状態とは、その本質上、これこれの危険があるという事実状況にもとづいて法秩序が一時的に宙吊りにされるということであったが、これが今や永続的な空間的配置を獲得する」。その意味で、「収容所とは、例外状態が規則になりはじめるときに開かれた空間のことである」。[43] アガンベンは、こうした「例外状態」規定を、まさにシュミットのかかわったナチ・ドイツに例をとると同時に、9・11テロ以降のアメリカ合衆国も例としている。すなわち、ドイツにおいて一九三三年二月二八日に発布された「人民と国家の保護のための政令」はワイマル憲法の「個人の自由を保障する条文をすべて宙吊りにしてしまうもの」であり、当局は「現行の制度や法の内に法的基礎を持たない」保護拘禁を多用したことから、第三帝国全体が「例外状態」であり「収容所」であったし、二〇〇一年一一月一三日のブッシュ大統領の発布した「軍事命令」は「テロ活動をしている疑いのある『非市民』を特別の裁判にかけ、被疑者の『無制限の拘禁』」を可能とするものであることを指摘している(44)。とりわけアガンベンは、9・11テロ直後、安全性の追求とテロリズムとの間に「内密の共犯関係」のあることを指摘し、さらにこのことが「世界内戦」を招来することをも指摘して、次のように述べていた。「安全を唯一の正当化根拠および唯一の使命としている国家はもろい組織である。すなわち、国家は絶え間なくテロリズムから挑発を受けるようになるが、自らもテロ（暴力主義）的になる。……政治が完全に警察に還元されるならば、国家とテロリズムとの区別は消失してしまい、ついには安全とテロリズムがその行為を相互に正当化するという、致命的なシステムを作り上げることになる」、「この場合の危険は、たんに国家とテロリストとの間の内密の共犯関係があるというだけではなく、安全の追求がいかなる文明的共生も不可能にするような世界内戦に至るということである(45)」と。そして、イラク戦争後の二〇〇三年には、「世界内戦」へのアメリカの対応策としての「永続的な例外状態」について次のように述べている。すなわち、「アメリカは現在、例外状態を単に国内政治の手段としてだけではなく、とりわけ自らの対外政治を正当化するためにも利用している。この観点からすれば、アメリカ政府は、国家とテロリズムとの一種の世界内戦に対する不可避的回答とされる永続的な例外状態を地球全体に強要しようとしていると言える」。「例外状態と内戦という二つのパラダイムの戦略的結合によって、アメリカ主義的新世界秩序は、非常事態をもはや通常状態と区別できなくし、さらに、戦争と平和、対外戦争と内戦の区別をも不可能にする状況にある(46)」と。

さて、シュミットがブッシュ大統領と同様の立場を強烈かつ明確に表現しているということから、シュミットとの比較が役立つのであれば、こうした「永続的な例外状態」という危険な見方に対してもシュミットの提案した制限は役立つはずである、とノリスは言う。彼は、こうした戦争は「勝者の獲得する利権の問題」、より一般的には、「アメリカにおける戦争ビジネスの民営化」の問題であるとして、シュミットの以下のような警告を引用する。すなわち、「人間に向かって、人間を殺せ、みずからも死を覚悟せよ、それによって残存者の商工業の繁栄と子孫の消費力の増大をはかれ、と本気で要求するなどは、恐ろしいことであり、狂気のさたである」[47]、「経済的権力地位の維持ないし拡張のために行われる戦争は、宣伝の力で『十字軍』とされ、『人類の最終戦争』に仕立て上げざるを得ない。倫理・経済の両極性が、これを要求するのである」[48]と。このシュミットの警告は、今日「急速に当たり前のこととなっていることの過ち」について思い起こさせてくれるだけでなく、経済的利益のために殺人や軍事的犠牲を払うという邪悪な愚行、人類の名のもとになされる戦争という愚行がそれとは全く反対のものへと容赦なく進んでいくプロセス、人類の名による戦いが敵意を緩和しないどころか、敵を非人間的なものの代表ないし権化に仕立て上げていくプロセスを明らかにしてくれる。かくして、ノリスは、G・バラクリッシュナンとともに、このことへのシュミットの対応は、政治に対して「最低限の倫理」、すなわち、「汝の隣人を愛せよ」ではなく、「汝の敵を尊重せよ」を提案することである、と結論づける。[49]すなわち、「正しい敵」の認識である。

3　シュミットの「見過ごされた遺産」

E・ボルジンガーは、D・ケリーの『政治的なものの現状』に関する書評の中で、以下のように述べている。すなわち、現代政治理論は政治制度や政治決定を評価する道徳的基準の確定に主たる関心を持っている。確かにこのことは善なる共同体、正しい社会の本質をよりよく理解する上で必要なことである。しかし、こうした道徳的な政治理論の優先は、支配と暴力、国家と法、正当性と合法性、闘争と秩序の問題を排除しようとする試みを伴っている。国家権力や政治闘争は絶えず法形式を超えて拡大するものであるが、リベラリズムや法実証主義はこの考えを政治的に危険なものとして拒否する。だが、政治は道徳でも交換でも言説でも法でもない。本質的に政治は支配、リーダーシップ、暴力、闘争、そして、本来的に闘争的な世界における政治秩序の形成と維持とにかかわらねばならず、ここに、政治領域の自立性と必然性がある。それゆえ、政治理論は法、経済、道徳理論とは異なる。こうした政治理論にかかわった人物こそ、M・ウェーバー、F・ノイマン、そしてC・シュミットであった、と。(50)

ところで、そのシュミットは、一九六三年に「政治的なものの概念についての中間的所見」という副題のついた『パルチザンの理論』を発表するが、同時に、『政治的なものの概念』(一九三二年版)を復刻する。そして、その「まえがき」において、一九三二年版の「主たる欠陥」として「さまざまな種類の敵――在来的な敵、現実の敵、絶対的な敵――が十分明確に分離され区分されていないという点」を確認した。G・スロンプは、この『政治的なものの概念』と『パルチザンの理論』との「見過ごされた関係」について考察し、ヨーロッパ公法の前提とする「在来の敵」の衰退と、「現実の敵」「絶対の敵」の発展による敵の犯罪化と非人間化について分析を行いながら、次のように主張している。すなわち、シュミットは、『パルチザンの理論』において、(1)二〇世紀における国家の危機はヨーロッパ公法によって限定され規制された「在来の敵」概念の危機を伴うこと、内戦および植民地戦争において台頭した土地的性格を有する防衛的パルチザンは、ヨーロッパ公法によって規制されない、しかし、時間空間的に位置づけられる特定の敵を標的にする限りにおいて部分的に限定される、「現実の敵」の登場であること、グローバルな革命派(世界革命的パルチザン)の台頭は規制も限定もされない「絶対の敵」の登場であることを示し、『政治的なものの概念』において抽象的であった「敵」概念や「政治的なもの」の概念に歴史的内容を与えようとした。しかし、(2)「政治的なもの」の概念は、ある特定の歴史形態と一致するものではないが、一致したときにのみ具体的意味を獲得するように、敵の概念も、各時代の特定の歴史的形態と一致するものではないが、にもかかわらず、各時代の多くの要因との相互作用から具体的な内容を獲得する。シュミットは、確かに一方では、三つの敵概念の起源を三つの歴史的状況や三つのエージェントと結びつけているけれども、他方では、「現実の敵」と「絶対の敵」の概念が国際領域に登場するとき、もはやそれらは当初の状況やエージェンシーに限定されないとも考えている。そして、(3)シュミットは、「絶対の敵」に強く反対するけれども、ナチズムについて全く触れていない。確かに『パルチザンの理論』では、「敵は犯罪者ではない」と主張する際に、ニュールンベルグ裁判をヨーロッパ公法の放棄の例として簡単に言及し、また、正規兵がパルチザンと戦うことがいかに困難であるかの例として、ヒトラードイツについて数回触れているけれども、二〇世紀最大の非人間化の例としての説明からナチズムを除外している、と。[51]

ここに、シュミットの主張する「ヨーロッパ公法」と「正しい敵」の意味がある。シュミットは、『ヨーロッパ公法という国際法における大地のノモス』（一九五〇年）において、地理上の発見以後の近代主権国家間の均衡によって担われた新しいヨーロッパのラウム秩序、「秩序と場所確定との統一としての法」としての「ヨーロッパ公法」の存在を喚起する。「ヨーロッパ公法」のもとで、近代主権国家は互いに「正しい敵」として尊重しあい、勢力の相互測定としての国家間戦争を、国家の正規軍同士の戦争として「枠づけ」「限定」する、「戦争の限定」が可能であった。[52]すなわち、「ヨーロッパ公法」のもとでは、「正しい敵」の条件は主権国家であり、主権国家同士が互いに相手を「正しい敵」と見なして尊重している限り、敵を犯罪者として殲滅の対象とすることは避けられ、戦争の「人道化」が可能となる。ヨーロッパ公法の本質はまさにこの「戦争の限定化」にあり、シュミットはこの限定された戦争を「人間理性の芸術作品」と呼んでいる。[53]

しかし、この「ヨーロッパ公法」も「秩序と場所確定との統一としての法」としての自覚を失い、普遍性を要求することによって崩壊のプロセスをたどることになる。「正しい敵」を前提としたヨーロッパ主権国家間の戦争として始まった第一次世界大戦は、アメリカの参戦によって「正しい戦争」へと変化し、「世界内戦」へと転化した。敵は

「絶対の敵」へと変わり、戦争は「警察と犯罪者の争い」へと変化し、諸国家間の戦争は「国際的な内戦」へと変容したのである。だからこそ、「無差別的戦争概念への転換」（一九三八年）や『ヨーロッパ法学の状況』（一九四三・四四年の講演）において論じているように、敗戦国ドイツは第一次世界大戦において、また、「米ソの普遍主義によるドイツを標的とした正戦」であった第二次世界大戦においても、「不正な戦争」を行った「犯罪者」として取り扱われたのである。(54) したがって、シュミットにとって、アメリカの普遍主義は「ヨーロッパ公法」の崩壊、戦争概念および敵概念の変化において決定的であった。

シュミットはすでに「現代帝国主義の国際法的諸形態」（一九三二年）において、戦勝国としての無制限な超権力を利用して正義、人間性、人権を独占するというアメリカ帝国主義の特異性について指摘していた。すなわち、シュミットは、経済と政治との二分法に基づき「英米の所為はプロイセン等の軍国主義者の所為と異なり『概念必然的に』帝国主義ではない、それと本質を異にするものである、なぜならその拡大は経済的なものであり、それゆえ平和的なものだから(55)」であると主張するJ・シュンペーターを引き合いに出しながら、アメリカ普遍主義のイデオロギー性、虚偽性を次のように暴露する。「モンロー原則は米国の意のままになるもので、ケロッグ条約との関係でも一世界大国たる米国は当然のことのように、その定義・解釈・適用権は自己自身にあるという立場を取ることができる。あるものが戦争か、国際政策の平和的手段か、生命私有財産の保護能力のない国家内の公安を維持する平和的手段か、否世界平和のための平和的手段かを決定するものは米国である。……米国が限定されない一般的概念を用いていることの重要性はここにあり、その偉大な思慮と驚嘆すべきこの政治的業績は繰り返し示されてきた。……かかる弾力性、広い概念を用いて全世界の人々にその尊重を強制する能力、これこそ世界史的重要性を持った現象である。決定的重要性をもった政治的概念において重要なのはその解釈者・定義者・適用者である。すなわち平和とは、軍縮とは、干渉とは、公序公安とは何かの具体的決断者が問題である。人類一般の法生活・精神生活において千鈞の重みを持つ現象の一つは、真の権力者とは自ら概念や用語を定める者であることである。……一大国民が他の諸国民の言語様式、さらには思考様式さえ支配し、語彙・述語・概念を自ら定めるにいたることこそ、真の政治的実権の表現である」と。[56]

W・ラッシュによれば、シュミットは一九五五年という冷戦の真只中で、三つの選択肢を考えた。(1)米ソのいずれかが完全な勝利を得て、世界の唯一の支配者となり、すべてを取得し、自らの計画と考えに基づいて分配、使用する。(2)一つ以上の権力のヘゲモニーのもとに、グローバルに管理された権力バランスが樹立される。この種のヘゲモニーを行使できるのはアメリカのみであり、地域ブロックはアメリカの監視下に置かれる。(3)いくつかの地域権力ないしブロックが形成され、権力均衡や世界秩序を創出しうる、真に調和的な地域的権力バランスが樹立される。[57] ラッシュによれば、シュミットは一九八九年の諸事象を待たずとも、今後の事態の形を決定するものはアメリカ合衆国というたった一つの権力しかないことをすでに知っていたのであり、したがって、アメリカ帝国主義の特異性についても看破していた。すなわち、アメリカの搾取は圧倒的に経済的であるために平和的かつ非政治的であるかのように見えるし、また、アメリカは合法的であり、普遍的合法性そのものを促進・拡大していると自己主張しているが、その自己主張は「イデオロギー的であるだけでなく、プロパガンダである」と看破していた。[58] なぜなら、超大国アメリカのみが、「リベラルな立憲民主主義体制の市民の所有する権利」を人権として普遍化し、この人権を侵害する国家を「アウトロー国家」と非難し、さらに、この非難に抵抗する権利をその「非リベラル」で「野蛮な国家」から奪い取り、必要ならば、この「野蛮な国家」に対して「正しい戦争」を行うことができるからである。ラッシュによれば、シュミットにとって、「抽象的普遍的規範から道徳的に正しい政治制度が導き出されるなどと考えることは、馬の前に馬車を置くようなものである。真に重要な問題は、誰が決定するかということである。人権という言葉をどの政治秩序が定義するのか、人間的とはどういうものかをどの政治権力が決めるのか、何が政治的で何が非政治的であるかをどの政治権力が決めるのか」ということなのである。[59] シュミットは言う。「戦争はその場合、『人類の最終究極戦争』という形で展開される。そのような戦争は政治的なものを越え出て、敵を同時に、道徳的その他の諸範疇においても蔑視し、単に撃退するだけでなく、はっきり抹殺せざるを得ない非人間的怪物に仕立て上げずにはいない。それゆえに、もはやたんに、自国の域内に追い返されるべき敵などというものではない[60]」と。シュミットの思想は今なお、否、現代に至ってより確実にその力を炸裂させている。

おわりに――音もなく爆発する地雷――

ラッシュの言うように、アメリカの制度的・文化的道徳的優位を信じている人々は、どのような社会が良くてどのような社会が悪いのか、どんな暴力行為であればテロリストとなり、どんな要素があれば聖戦になるのかということについて、「われわれ」アメリカが決定することに対して無自覚となる。これに対して、アメリカの新世界秩序に反対する「野蛮人」はどうしたらよいのか。アガンベンのように、「完全に新しい政治」の到来まで待つという方法もあるが、その場合、その全体像はその実現までわからない。あるいは、ベンヤミンの「聖なる暴力」によって悪しき法の支配が一掃されるまで、「野蛮人」はシュミットの言う平等主義的な権力バランスを受け入れるのも良いかもしれない。だが、古いヨーロッパ内部の権力バランスは、非ヨーロッパ世界を非対称的に排除するのであるから、新しいバランスに必要なのはどのようなバランスであるのかという問題が生じる。[61] しかし、ラッシュによれば、この問題への回答は存在しないのであって、回答するための前提があるだけである。ただ人間性の概念が再び、シュミットの指摘するような機能を果たさないようにするためにも、「『人間的』という言葉は『価値』ではなく『事実』を記述するものとならなければならない。さもなければ『人』権の追求は、常に『非人間的』他者の過酷な追求という否定的イメージになるであろう[62]」。

確かに、シュミットの指摘するように、人間性の独占は他者を非人間的に捕らえ排除する可能性を含んでいる。その意味で、「事実」としての人間からは多元的な存在としての人間、異質な人間の多元的存在が見えてくる。しかし、必要なことは、異質な人間の多元的存在を事実として認めながら、しかも、開かれた人間性概念のもとに、「価値」としての人間の不断の追求ではないのか。だとすれば、「事実」としての人間からだけでもなく「価値」としての人間からだけでもなく、人間を「事実」と「価値」の双方から捉えること、人間を「事実」と「価値」の間において捉えることが必要なのではないのか。

かつてE・ユンガーはシュミットの諸著作を「音もなく爆発する地雷[63]」と呼んだが、グローバル化のますます進行する現在、シュミットの思想は、ユンガーの指摘したように、いたるところで「音もなく爆発している」。この爆発を防止するためにも、シュミットの諸著作を「事実」と「価値」の双方から、「事実」と「価値」の間において捉えることが必要ではないのか。シュミットがナチズムにかかわった人物である「にもかかわらず」ではなく、人間存在の総体にかかわるあのナチズムにかかわった人物である「からこそ」、そうしなければならないのではないのか。シュミットの現代的意義とはそのなかに見出されるものではないだろうか。

注

(1) Der Staat, 43. Band, 2004 Heft 1 には、Reinhard Mehring, Macht im Recht. Carl Schmitts Rechtsbegriff in seiner Entwicklung. Dirk Blasius, Zeitdiagnosen: Carl Schmitt und Lorenz von Stein. Andreas Herberg-Rothe, Hannah Arendt und Carl Schmitt- "Vermittlung" von Freund und Feind. Lauri Mälksoo, Von der Demokratie bis zur Diktatur: Ein verborgener Dialog zwischen Artur-Töeleid Kliimann und Carl Schmitt が所収されている。また、Der Staat, 44. Band, 2005 Heft 2 には、Hasso Hofmann, "Souverän ist, wer über den Ausnahmezustand entscheidet". Ernst Nolte, Carl Schmitt und der

Marxismus. Andreas Fischer-Lescano/Ralph Christensen, Auctoritatis interpositio. Die Dekonstruktion des Dezisionismus durch die Systemtheorie. David R. Wenger, Eine Formsache: Zur Begründungsferne von Carl Schmitts Dezisionismus. Eine Antwort auf Andreas Fischer-Lescarno und Ralph Christensen が所収されている。

(2) 臼井隆一郎編『カール・シュミットと現代』沖積舎、二〇〇五年、七頁。

(3) 同右、五頁。

(4) 『ヘーゲル読解入門』上妻精・今野雅方訳、国文社、一九八七年、四〇六頁。

(5) 『法の現象学』今村仁志・堅田研一訳、法政大学出版局、一九九六年、六九六頁。

(6) ヤーコブ・タウベス「カール・シュミット――反革命の黙示録を書く男」杉橋陽一訳、『批評空間』一九九四年Ⅱ、一二八頁。

(7) 同右、一一九頁。

(8) 同右、一二三頁。

(9) 同右。

(10) マーク・リラ『シュラクサイの誘惑――現代思想にみる無謀な精神』佐藤貴志・高田宏史・中金聡訳、日本経済評論社、二〇〇五年、七四頁。

(11) 同右、七七頁。

(12) 同右、七六頁。

(13) 同右、七四～七八、八八頁。

(14) Carl Schmitt: Der Begriff des Politischen. Ein kooperativer Kommentar. Hrsg. von Reinhard Mehring. Akademie Verlag, Berlin 2003. S. 251.

(15) Hans Bolt, Essay von Carl Schmitt, in: Neue Politische Literatur 49, 1-3, 2004.

(16) a. a. O. S. 100.

(17) Oliver Eberl, Carl Schmitts Verfassungstheorie. In: Neue Politische Literatur 49, 1-3, 2004 S. 102.

(18) Timo Frasch, Zwischen Selbstinszenierung und Rezeption- Carl Schmitts Ort in der Bundesrepublik Deutschland,

Bouvier, 2006, S. 115.

（19）眞次宏典「カール・シュミット――市民的法治国家の憲法理論」飯島昇藏編『両大戦間期の政治思想』新評論、一九九八年、一〇三～一〇七頁。

（20）古賀敬太「解説」H・クヴァーリチェ『カール・シュミットの遺産』初宿正典・古賀敬太編訳、風行社、一九九三年、三六五～三六八頁。

（21）同右、一～一三頁。また、初宿正典「ドイツ国法学者大会報告の中のC・シュミットとH・ヘラー――R・フォークトの引用分析に即して――」『人文』一九八八年、三五巻、三〇～五九頁を参照。

（22）同右、二七三頁。

（23）H. Hofman, Was ist uns Carl Schmitt?, in: H. Maier（Hrsg.）, Politik, Philosophie, Praxis. Festschrift für W. Hennis zum 65. Geburtstag. Stuttgart 1988, S. 545.

（24）Peter Romer, Tod und Verklarung des Carl Schmitt, in:ARSP, Bd. 76, Heft3, 1990, S. 386.

（25）H・クヴァーリチェ、前掲書、三六七頁。

（26）講演ヘルムート・クヴァーリチェ「憲法と政治におけるカール・シュミットの現代的意義」古賀敬太訳、『国際研究論叢』一二巻一・二合併号、一九九八年、八九～九一頁。

（27）同右、九二～一〇〇頁。

（28）同右、九六～九九頁。

（29）C. Schmitt, Der Begriff des Politischen, Dumcker & Humblot. München. 1932. 1963. S. 52-53. 田中浩・原田武雄訳『政治的なものの概念』未来社、一九七〇年、五九頁。

（30）同右、邦訳六〇頁。

（31）同右、一〇二頁。

（32）Andrew Norris, "A mine that explodes silently- Carl Schmitt in Weimar and after," *Political Theory*, Vol. 33, No. 6, December 2005, p. 887.

（33）Ibid., p. 891.

(34) Ibid., p. 894.

(35) Andrew Norris, "'US" and "Them": The Politics of American Self-Assertion after 9/11," Tom Rockmore, Joseph Margolis and Armen T. Marsoobian (ed.), *The Philosophical Challenge of September 11,* Blackwell 2005, p. 30.

(36) Ibid., pp. 33–34.

(37) Ibid., p. 34.

(38) Andrew Arato, "The Bush Tribunals and the Specter of Dictatorship," *Constellations* 9, no. 4 (December 2002): pp. 470–471.

(39) Norris, "'US" and "Them",' pp. 35–36.

(40) Carl Schmitt, Politische Theologie (1922), Zweite Ausgabe. 1934. S. 13–14. 前掲『政治神学』二〇〜二一頁。

(41) Norris, "'US" and "Them",' p. 36.

(42) G・アガンベン『ホモ・サケル』高桑和巳・上村忠男訳、以文社、二〇〇三年、五九頁。

(43) 同右、二三〇頁。

(44) 同右、二三〇〜二三一頁。

(45) Giorgio Agamben, "Heimliche Komplizen-Über Sicherheit und Terror," Frankfurter Allgemeine Zeitung. Donnerstag, 20. September 2001, Nr. 219 S. 45.

(46) Giorgio Agamben, "Ausnahmezustand als Weltordnung," FAZ. Samstag,. April 2003, Nr. 92 S. 33.

(47) C. Schmitt, Der Begriff des Politischen, S. 49. 邦訳五三〜五四頁。

(48) a. a. O., S 77. 邦訳一〇二頁。

(49) Norris, "'US" and "Them",' p. 38.

(50) History of Political Thought, Vol XXVI, Issue 1, Spring 2005, p. 150.

(51) Eckard Bolsinger, Book Reviews (Duncan Kelly, The State of the Political: Conceptions of Politics and the State in the Thought of Max Weber, Carl Schmitt and Franz Neumann.), Gabriella Slomp, "The Theory of the Partisan: Carl Schmitt's neglected Legacy," *History of Political thought,* Vol. XXVI, No. 3. Autamn 2005.

(52) 新田邦夫「訳者解説」『パルチザンの理論』福村出版、一九七〇〜一九一頁。『大地のノモス』福村出版、一九七二年、一六八〜一八七頁。

(53) 田中純「カール・シュミット『大地のノモス』」『現代思想』一六三頁、また『大地のノモス』一八七頁。

(54) 権左武志「カール・シュミットの正戦論——その起源と射程」『創文』二〇〇五年七月、二〇頁。

(55) 長尾龍一訳『現代帝国主義論』福村出版、一九七二年、四六頁。

(56) 同右、七六〜七七頁。

(57) Staat, Grossraum, Nomos: Arbeiten aus den Jahren 1916–1969, ed. Günter Maschke, Berlin, Duncker & Humblot, 1995, S. 521.

(58) William Rasch, "Human Rights as Geopolitics: Carl Schmitt and the legal form of American supremacy," *Cultural Critique* 54, spring 2003, p. 121.

(59) a. a. O., p. 141.

(60) C. Schmitt, Der Begriff des Politischen, S. 37.

(61) William Rasch, "Human Rights as Geopolitics: Carl Schmitt and the legal form of American Supremacy," p. 143.

(62) a. a. O., p. 144.

(63) Helmuth Kiesel (Hrsg.), Ernst Jünger, Carl Schmitt: Briefe 1930–1983. Klett-Cotta, 1999, S. 7.『ユンガー＝シュミット往復書簡一九三〇－一九八三』山本尤訳、法政大学出版局、五頁。

第13章　古典とどう向き合うか——政治思想史の研究と教授の体験のなかから——

柴田平三郎

はじめに——本の世界の現在——

いささか旧聞に属するが、昨秋ある新聞の特集記事に載っていた気鋭の文芸評論家、斎藤美奈子さんの一文がいまも心に残っている。その文章はこうはじまる。

戦後六〇年の今年の夏は、先の戦争をふりかえる好機になるはずだったのだ。それが解散総選挙でキレイに吹き飛び、いまはもう秋。このようにして私どもはいつも過去をかえりみ損ね、「地滑り的」にどこかに向かっていくのだなあと絶望的な気分になり、絶望ついでにアドルフ・ヒトラー著『わが闘争』（平野一郎・将積茂訳、角川文庫、上・下）を読みはじめたら、おもしろくって止まらなくなってしまった。（朝日新聞、朝刊、二〇〇五年一〇月二七日）

斎藤さんはここでヒトラーの言葉を引用し、そしてそれに対する自分の感想を例の彼女らしい口跡で述べている。

〈宣伝はすべて大衆的であるべきであり、その知的水準は、宣伝が目ざすべきものの中で最低級のものがわかる程度に調整すべきである〉〈宣伝は短く、制限し、これをたえず繰り返すべきである〉／おおー、どこかの国みたい！一九二四年、拘置所の中でルドルフ・ヘスに口述したというこの本は、いま読むと、まるで広告会社のマニュアルだ。／九月の総選挙後、強調されたのは「小泉劇場の作戦勝ち」という分析だった。対抗するには野党も「小泉的手法」に学ぶべきだと。しかし、ほんとにそうなのか。政治宣伝がなべて「劇場」に近づくのだとすれば、識者と呼ばれる人々の役目は「民主党も自民党に学べ」とあおることではなく、「人々よ、宣伝に踊らされるな」と説くことじゃねーの？／みんなが火に油を注ごうとし、われもわれもと火に飛び込みたがる時代、本になにがしかの存在意義があるとしたら、熱冷ましの効果である。立ち止まって火を消すための読書。

斎藤さんは読書の効用は「熱冷まし」にあるという。そこで、「人々の熱狂がどんな結果を招くか」を知ることのできる書物として彼女が薦めるのがヒトラー政権下におけるユダヤ人少年との友情を描いたハンス・ペーター・リヒターの『あのころはフリードリヒがいた』の続編で、ヒトラー・ユーゲントに入団した三人の少年の正直な体験談を記した『ぼくたちもそこにいた』（いずれも上田真而子訳、岩波少年文庫）だ。

さらに、斎藤さんは「ほとんど二〇〇五年の日本のための警句集」として、太平洋戦争下に書かれた清沢洌の『暗黒日記』（ちくま学芸文庫）と『清沢洌評論集』（岩波文庫）の二冊を薦める。そしてそのうえで、次のようにこの一文を締めくくるのである。

小泉自民党の大勝に似た現象を本の世界は何年も前から先取りしていた。一極集中ともいえる驚異的なベストセラーの出現。単純なメッセージが好まれる傾向。情緒的な「感動」「涙」への臆面もない傾倒。／思えば私たちは本に答えを求めすぎていた。「早く答えを教えて」と請う態度が為政者をのさばらせる、必要なのは、そうだ、立ち止まり方のレッスンだ。………大事なことは焦って決めちゃダメなのだ。もしかしたら、いまこそが「本の出番」なのである。

〈今こそ立ち止まるレッスンを〉と銘打たれたこの小文は新聞が毎年の定番の一つとしている「秋の読書週間」のために求められたものだが、私には自分が常日頃、漠然と感じていることをあたかも私に代わって見事に表現してくれているような思いがする。わが意を得たり、思わず膝を叩く、といったあの爽快で溜飲が下がる感じである。その「感じ」＝身体感覚を忘れないようにしながら、そしてそれに導かれながら、以下において、私も自分の個人的な体験――すなわち、大学という場で「政治思想史」を講じている教員としての職業体験――のなかで遭遇している読書（ここではもっぱら私の守備範囲内での「古典」ということになるが）の意味のあれこれについて少しく考えたいと思う。

1　読書と年齢――そして「学ぶこと」と「思うこと」――

大学生の書物離れが指摘されはじめてすでに久しい。大学生が本を読まない。そもそも本を買いもしない。買うとすれば、せいぜい自分の試験のために必要と判断されるかぎりの教科書ぐらいだ。こういう声を同僚たちからよく聞くが、これは私自身の実感にも近い。だが、その一方で、巷にはそれこそ万巻の書物が溢れるように出ている。書店を覗けば、あらゆるジャンルの本が次々と出版され、それらが書棚にところせましにつまっており、買おうとして出向くと、もう店頭から姿を消しているという事態があることも確かだ。

けっして読書人口が減ったわけではない。第一、毎日曜日の各社朝刊の書評欄に紹介されると、どんな地味な本でもすぐに一定の読者を獲得するほどにわが国は活字文化国家なのだ。

果たして、現在の読書界は本当のところ危機なのかどうか、大学という限られた空間のなかにいるだけの私にはよくわからない。わからないけれども、これから考えてみたいのはそういう本をめぐる大状況の問題のことではない。そうではなく、自分自身の研究の過程で得られた、あるいは得られるかもしれないなんらかの知見や成果を学生に向かって教授することを繰り返している私がそうした営みのなかで感じている読書という行為の意味についてである。

さて、改めて繰り返すことになるが、私が斎藤さんの文章に共感を覚えるのは、二つの点だ。一つは、本を読むという行為、とりわけ古典を読むという行為は基本的に周囲の熱狂に対する自己防衛の手段だということ、そして二つは、わが国の昨今の本をめぐる世界の趨勢がこうした熱冷ましの効用を自ら捨て去って自殺行為へと向かっているのではないかという深い危惧を示している点だ。

この二点が、現在の私の感覚をつよく刺激する。というのは、政治学の諸分野のなかで、私の講じている政治思想史という科目がいまではゾンビのように扱われることが多く、とくに私のやっている現代でもなく、ましてや近代でもない、中世という遠い時代の政治思想などは、学生たちにとってはまったく想像力の範囲を超えた世界にちがいないからだ。実際、ここで斎藤美奈子さんの口跡に悪乗りしていえば、「そんな古臭いことをやって、いったい何の役に立つのか、バッカじゃねーの？」という不信と軽蔑の念を能面のような顔貌の裏に隠している多くの受講生の存在を教室やキャンパスのなかで私は確かに知っている。そして、こういう反応のうちには、彼らがそもそも「歴史」などというものに一向に関心がなく、彼らの知りたいと望む対象世界がせいぜい、さしあたりの、目に見える現在という具体的な範囲に限定されており、その狭隘な時空間の諸問題だけを手っ取り早く攫みとって自己の利益に資するためにのみ書かれる書物へのナイーブすぎる偏愛や真従があるような気がする。斎藤さんのいう本の世界の「一極集中ともいえる驚異的なベストセラーの出現」という現象もそうした土壌から発芽しているではないだろうか。

では、こういう風潮の跋扈するなかで、書物を読む、とりわけ古典を読むという行為を意義のある行為であると学生たちに得心させるには、いったいどうしたらよいのか。いきなりこう切り込まれても、いまの私には正直当惑するしかない。簡便な解答など思い浮かばないのだ。気がつけば、もうかれこれ三〇年以上も教鞭をとっていることになるのだが、考えてみれば、試行錯誤の連続だったとしかいいようがない気がする。ある時は比較的うまくいったり、ある時はお手上げの状態で終始してしまったりというふうに。

とはいえ、大学世界における昨今流行の教授法——知の技法とか、知の戦略とかいう——の文脈から離れてみると、読書の根源的意味について考えさせられる文章に出会うことがある。その一つ、文芸評論家、三浦雅士さんの「読書と年齢」というエッセイ（『読書のたのしみ』岩波文庫編集部編、二〇〇二年）が印象深いので、それを手がかりに論を進めてみたい。まず、書き出しの一節を引用してみる。

四十代もなかばになってはじめて、研究とは読書のことだということに気づいた。それまでは、考えること、書くことのほうが大切だと思っていたのである。あるいは、思ったことを何でも自由に書きなさいという戦後民主主義教育の基本方針に毒されていたのかもしれない。（中略）／勉強するということ、研究するということは、要するに読書するということである。（中略）読書は大切だ。より多くの本を、より速く、より的確に読み進んでゆくことは決定的に大切だ。何のために？　もちろんこの世界をより深く理解するためにである。自分がここにこのようにしてあるという事実を、より深く納得したうえで死んでいくためにだ。／こんな野暮なことをあえて書くのは、もっと早く気づいていれば違っていたのにという悔恨にも似た気持ちがあるからだ。若かった頃にそんな助言をしてくれる人がいたならどんなに良かっただろう。もしいたなら、読書には年齢というものがあって、人生の時期によって読書の方法もまた違ってくるということも教えてくれたに違いないのだ。

そう、読書にはそれに相応しい年齢というものがある。三浦さんによれば、一〇代でなければできない読書がある。語学や古典の学習がそれで、要するに、とにもかくにも体で覚えなければならないものだ。これは純粋に生理的な問題で、脳の働きと同じだ。脳の年齢は二〇歳をさかいにゆっくりと衰え始める。一〇代に暗記したことはいつまでも忘れないが、五〇代で暗記したことは翌日にはもう忘れているのだ。記憶力、計算力というこの特権を独占しているのが一〇代だという事実をしかし、若者は理解できない。この事実を知らせようとしても、若者の耳には非難や批判にしか聞こえない。これは後になってみなければ、わからないことだからだ。

だから親や教師の忠告に素直に耳を傾ける若者のほうが珍しいことになる。「こうして上の世代の体験がただ無意味に捨てられてゆく。それが戦後民主主義教育の方針だった。戦前が良かったとはいわない。しかし、なにかしら重要なものが失われたこともまた確かなのである」と三浦さんはいう。

ここで三浦さんは独特の戦後民主主義教育批判を開陳するのだが、それはこういう趣旨だ。「民主主義とは下剋上のことである」と述べたのは小林秀雄だが、確かに下のもの（子）が上のもの（親）を凌駕することこそが民主主義の原点であって、だからこそ「進歩」も「成長」もするのだ。そしてこの進歩も成長も資本主義の原動力なのだ。民主主義と資本主義とのこの提携によって、世の中は大いに発展しただろう。戦後民主主義と戦後民主主義教育はフランス革命と同じように若者の手に委ねられ、高等教育の普及一つをとっても、戦前に比べればはるかに良くなったことに疑問の余地はない。

しかし、である。この過程で抜け落ちたことはなかったのだろうか。三浦さんにいわせると、この「抜け落ちたこと」や失われていった「なにかしら重要なもの」とはたとえば「年季の入ったものの視点」ということだ。それは子が親の世代を凌駕することのできない「質的なもの」――できるのは「量的なもの」にすぎない――であって、この「質の理解」というのは「年季を要すること」なのだ。そしてこの「年季」というものは若者にはいちばんわかりにくいものだ。

年季とは、なんなのだろう。年季を要しなければわからないものとはどんなものなのだろうか。三浦さんによれば、それは年齢を重ねたものの経験に基づくもので、ある年齢に達してはじめて気づく理解力のようなものだ。これを読書に即していうと、若いうちに体で覚えた暗記の知識を本当の意味の知識に変換させることのできる能力としての人生経験の厚みのことといってよいだろう。たとえば、『論語』の素読だ。素読とは読むというよりはむしろ暗記のことで、意味などどうでもよい。頭ではなく、耳と口、つまり体で覚えることだ。これを野蛮といってはならない、と三浦さんはいう。こういう暗記がもっとも能率的にできるのは一〇代までだからだ。そこで、次のような結論がでてくることになる。

意味を無視してただ暗記させるのは非人間的だと主張するものは、自身の体験を思い出してみるがいい。古典を一読していったいどれだけ理解しえたか。年を経て片言隻句を思い出し、読み直して、ああそうだったのかと気づくのが読書というものなのである。意味を支えるのは人生経験の厚み以外ではない。『古今集』の一首として十代に暗記したこの歌が、「久方のひかりのどけき春の日にしづ心なく花のちるらむ」でもいい。／たとえば、二十代のある春の日に不意に口の端にのぼる。その瞬間、春という言葉、花という言葉の奥行が一挙に体得されるのである。それが鑑賞の基本であり、かつ、読書の基本、読書の醍醐味なのだ。『拾遺集』の「あひ見ての後のこころにくらぶれば昔は物をおもわざりけり」なら、さらに切実だろう。

こうして、一〇代の読書の要諦は暗誦にあり、それに値する書物が古典ということになる。これをうけて二〇代の読書の基本は競争で、多読乱読して友人、知人と競い合うのだ。そして三〇代。そこで味読熟読が可能となる。その前提としての「多読乱読を経過しない味読熟読は意味がない」。なぜなら、「領域を限ることは解釈の方法を限ることで、「たとえば一冊の小説は、歴史学の対象にも、心理学の対象にも、社会学の対象にも、経済学の対象にもなる」のであり、「対象になることによってさらに豊かになる」からだ。

一〇代に暗誦した書物が輝きを増してくるのがこの頃、つまり四〇代もなかばを超える頃で、その時期になって人は「十代の柔らかかった脳に刻み込まれた文章が生き残って鮮明に浮かび上がってくる」のを知るのである。記憶に残るということはどういうことか。なぜその文章だけがはっきりと記憶に残るということがあるのか。それはそこに「思いがけない自分の秘密が潜んでいる」からであり、「こうして四十代、五十代の読書は、自身の過去を読みなおす行為と重なってくる」のだ。

読書にはそれに相応しい年齢というものがあり、年齢とともに読書の意味も変わってくる。多読乱読、味読熟読は、いまもたいていの人がやっている。だが、暗誦する読書はそうではない。それはいまやほとんど失われてしまった伝統なのだ。「肝に銘じるべきは十代の読書は暗誦にあるということ。そして十代には、暗誦に値する書物があたえられるべきだということだ」、と三浦さんはいうのである。

この三浦さんの読書論に現在の私としても、大いに心動かされるのを感じる。自分自身の一〇代を省みて思い当たる節も多々あるので、三浦さんが感じているらしい「悔恨にも似た気持ち」というのもかなりの程度共有できるつもりだ。たとえば、これはほんの二、三年前の話だが、加藤周一さんの『学ぶこと思うこと』（岩波ブックレット、二〇〇三年）を基礎ゼミナールという小人数授業（二〇人程度の定員）で使用したときのことだ。このブックレットのはじめに、加藤さんは孔子の有名な言葉を引用している。

学びて思わざれば罔し
思いて学ばざれば殆し。（『論語』巻第一　為政第二、一五）

清朝時代の北京に、外国人留学生を多く受け入れていた国際的な学校があって、その学校の教育上のモットーにこの言葉が掲げられていたというのだ。この挿話を紹介しつつ、加藤さんは物事を本当の意味で学ぶということはどういうことか、を語りかけている。そして、それには実は「学ぶこと」と「思うこと」の二つの要素が一対の関係で働かねばならないというのである。

岩波文庫版の『論語』（金谷治訳注）で当該箇所をあたってみると、「先生がいわれた（子の曰く）、『学んでも考えなければ、〔ものごとは〕はっきりしない。考えても学ばなければ、〔独断におちいって〕危険である』」と訳されており、さらに「学んでも」という一句に＊印がうたれていて、「学とは本を読み先生に聞く、外からの習得をいう」と注記されている。だから、この場合、「学ぶこと」とはまずは、すでに確立されている知の体系を習得することを指していよう。それは本で読んだり、教師に教わったりして手に入れるもので、いわば外から与えられる知識だ。学校という場で学ぶのは基本的にこの種の客観的に正しいものとみなされている知の体系ということになるが、加藤さんは孔子が「学ぶ」といったときの対象が彼自身の編纂したとされる中国の古典＝「六経」――「易」、「書」、「詩」、「春秋」、「礼記」、「楽」――で、日本でも江戸時代までは、この六経を学問（儒学）の教材にしていたという。だが、それはそれとして、大事なことは「学ぶこと」のまずさしあたりの意味は孔子の時代といまと変わることはなく、要するにすでにこれまでに築き上げられてきた知の体系＝与件（与えられたもの、条件）を習得することなのだ。

しかし、そこでとどまっているだけならば、本当の学びにはなりえない。「学びて思わざれば」、つまり学んだことを自分自身の頭で考えてみなければ、学びの内容は単なるお飾りの知識でしかない。加藤さんはそこで「思うこと」の意味をこう解説する。

私は、孔子が言いたかったのは、次のようなことだと思うのです。各人がなにか「これが問題だ」と思うことを持っていて、自分の頭で考えてその解決法を求めているときに、実際にその問題を解決するためには知識が必要だから、知識を学ぶ。そういうことを言っているのだと思います。／ただそこにあるものを学ぶ、ということではありません。教師が教えてくれるから学ぶのではない。個人が自分自身で問題を考えていて、その問題を解くために知識が必要だから学ぶのです。そのとき、知識は「知的な道具」に転化されるわけで、自分の見つけた問題を、その道具を使って解こうとするのです。

だから、ということになるが、孔子のいう「思うこと」とはつまり「問題意識」のことだと加藤さんはいう。「ある問題意識が自分のなかにあり、そのことについてよく考えること、それが『思う』ことです」と。こういう問題意識なしに、ただただ教師の教えることを学ぶだけならば、それは本当の理解にはならないであろう。それは「試験勉強の時には覚えていても、試験が済んだら忘れてしまう」たぐいの知識でしかないのだ。

しかし、いや、そして、というべきか、それと同時に、もう一つけっして忘れてはいけない大切なことがある。問題意識ばかりが先に立って、そこに居座り、いっこうに勉強しようとはしない怠惰な精神のことだ。「思いて学ばざれば殆し」。考えるだけで、学ぼうとしない態度は独善的であって、危険このうえない結果をもたらすことになりかねない。個人の場合も、集団の場合も。

孔子の言葉の意味は、ほぼ以上のような理解で間違いはないのだと思う。加藤さんはこの孔子の言葉を問題理解の基本軸として、私たちの国の近現代史の特徴を明らかにしようとする。そこで強調されるのは、一九四五年の敗戦にいたる一五年戦争の期間でみられる、いわゆる「なし崩し過程」と同じ構造が戦後においてもほとんど変わっていないのではないか、という指摘だ。加藤さんはそうした歴史理解に達するまでの思考過程、つまり学ぶ過程で意識しなければならない二つの知的道具について語っている。一つは記号体系としての「言葉」の機能理解であり、もう一つは「座標軸」の設定だ。前者では、言葉にはきちんとした定義が必要であること、しかるにたとえば「戦争」を「有事」と言い換えて本質を曖昧にさせる政治的語法＝ユーフェミニズムが跳梁するのがとくに政治世界の特徴であるがゆえに、それにごまかされない知力が要求される。後者では、歴史過程の理解にはとりわけ時間的座標（たとえば、いつ起こったか）と空間的座標（どこで起こったか）の確認が大事だと指摘する。そして、最後に、「日本の社会を変えていくため」に、「社会」的存在であることを宿命とする「個人」の歴史に対する責任の自覚の大切さを問うのである。

ところで、この加藤さんのブックレットに私の基礎ゼミナールの学生たちはどう反応したのか。率直にいうしかないが、少なくとも教室内になにか特別な空気の流れが生じたという記憶はない。大急ぎで誤解を避けるためにいうのだが、このときの受講生たちはみな一様に真面目であって、いう必要もないことだが、加藤さんの近現代史理解を「自虐史観」だと決め付けて、それをテキストに使う教師としての私に露骨な反感を示すような者はただの一人もいなかった。しかし、総じていえば、私たちのこの国の身近な歴史について基本的な知識を欠いているというのも事実で、おそらくはそれまでに学校（中、高校）できちんと教えられてこなかったのではないか。残念ながら、そういわざるをえないのだ。

だが、ここで私が問題にしたいのは、そういう学生たちの知的レベル（いやな言い草だ）のことではない。むしろ、確認しておかねばならないと思っているのは私自身のことのほうであって、そもそも加藤さんのテキストに私がつよく反応した理由についてなのだ。そして、それはこのブックレットの冒頭で取り上げられているあまりにも有名な孔子のあの言葉――「学びて思わざれば罔し。思いて学ばざれば殆し」――に、私がなにゆえにつよく惹きつけられたのか、ということに関係している。正直に告白するが、私はまえに三浦雅士さんが指摘していた一〇代で体験すべき読書の方法、すなわち体で覚える暗誦ということ（古典の素読）の本当の意味を、このときまさしく、遅まきながらであるが、肌身に染み入るように体感したのである。

2　私にとっての古典――ソールズベリのジョン『メタロギコン』の場合――

このあたりで、自分の専門に即した話に主題を絞ることにしたい。修士論文でアウグスティヌスの政治思想を取り上げて以来、私は西欧中世の政治思想史を自分の専門としてきた。しかし、担当する「政治思想史」の講義科目のなかで、この領域のみを少なくとも単独で講ずることはしていない。というよりは、そうした試みは現在の大学の事情ではほとんど不可能に近いといっていい。この点は、それ自体一考に値する問題だと思っているが、いまは問わないことにする。ただ、自分の研究史がアウグスティヌスから出発していることが私の講義のやり方に有形無形の影響を与えているような気がするのだ。たとえば、私はアウグスティヌス研究のかなり早い段階で彼の『教師論』を読んでいるが、その末尾近くで語られている次の言葉は忘れがたい記憶として残っている。

教師たちは、〔学徒たちによって〕学ばれかつ所持されるべきものは教師たちの考えていることであって、語ることによって教師たちが伝えようと思っているところの学問ではないと主張するであろうか。なぜなら、教師が何を考えているか〔教師の考えていること〕を学ぶために、自分の息子を学校へやるほど愚かしく好奇心に満ちた人がいるだろうか。しかし、教師が自分が教えようと思っているそれらすべての学問を、徳とか知恵の学問をさえ、言葉によって説明するとき、学徒と呼ばれる人は、真実が語られているかどうかをいわば明らかにあの内なる真理に自己の力に応じて目を向けながら、自分自身の内奥で熟考するのである。彼らはそのようにして学ぶのである。そして、学ぶ者は、真実が語られているということを内奥において発見するとき、――教師が自分が何を語っているかを知っているとしてのことだが――学ぶ者は、自分たちが、教える教師よりも教えられる者を賞賛しているということを知らないで、教師を賞讃するのである。（XIV、四五、茂泉昭男訳『アウグスティヌス著作集　二』所収、教文館、一九七九年）

この言葉にはじめて接するとき、人はどのように感じるだろうか。

事新しく指摘するまでもないが、教育思想史のうえでこの『教師論』はプラトンの教育論と並ぶ重要性をもっており、教育において教え導くものは「教師」ではけっしてなく、「真理そのもの」だという点において両者は類似の基盤に立っている。もちろん、霊魂の先在を前提とするプラトンの「想起説」に対して、キリスト者たるアウグスティヌスの立場が「照明論」だという差異のあるのはいうまでもないが。彼にとっては「神こそ真の教師」であり、その神の叡智の光に照らされて人は真理の認識に至ると考えるからだ。だが、いまそうした哲学的、神学的知識はいったん脇に置いておきたい。私にとって彼の言葉がずっと気になり続けているのはそういう文脈においてではない。そうではなく、ここでアウグスティヌスが語っている相手がやがて夭折してしまう彼の最愛の一人息子アデオダトゥスであり、この『教師論』（プラトンの対話編と同じように、父と子との対話形式になっている）が書かれたのが彼自身の回心と受洗後わずか二年目のことにすぎないという事実のほうなのだ。

そういう眼で彼の言葉を追ってみると、私にはそこに示されている一種の教師不信の念やその対極のような生徒自身の内的な能力への言及がなにもキリスト教の思想や神学の知識など顧慮する必要のない、いわばいつの時代、どこの社会にも共通する親子関係や彼らと教師たちとの関係に通低しているようなある種の普遍性を響かせている思いがする。そして、そのうえでさらにいうなら、このアウグスティヌスの言葉が、少なくとも客観的には教師という職業を心ならずも選択してしまった自分自身に対する忘却してはならない最低限の自戒の言葉として記憶されているのである。

さて、ここで改めて自問してみるのだが、私にとって古典を読むという行為は、どんな意味をもってきたのだろう。この設問に対する直接的で明快な解答を私は残念ながらいまだにもちあわせてはいない。だが、大学院で自分の専攻をある程度思い定めて以降、自分が主としてどのような思想家の、どのような書物を読み、そこからどのような感想や教訓を得てきたか、を心静かに反芻してみることはできる。その延長線上に、私の受講生たちに対する私の態度も自ずから明らかにされると思う。そういう意味において、これから取り上げたいと思うのは一二世紀ルネサンスを代表するイングランド人、ソールズベリのジョンの書いた自由学芸擁護の書『メタロギコン』である。

ところで、ソールズベリのジョンという名前や『メタロギコン』なる書物について、一般の読者にはあまり馴染みがないかもしれない。西欧政治思想史のうえにおいては彼のもう一つの主著『ポリクラティクス』はそれなりに知られており、とくに法を無視し権力を濫用した君主は殺害されてしかるべきだとする暴君放伐論がそのなかで展開されているという評価がほぼ普通である。そういうことも含めて、私は先年、このジョンの政治思想（それとともに、その前提となる文芸思想についても）について一書をものしたので詳しくは、それを参照していただければ嬉しい（『中世の春——ソールズベリのジョンの思想世界』慶應義塾大学出版会、二〇〇二年。ちなみに、全四巻全一〇一章からなる長大な『メタロギコン』については、これも先年ようやく邦訳が完成した。拙書の公刊時においてはいまだ利用しえなかっただけに待望の翻訳である。甚野尚志・中澤務・F・ペレス訳『中世思想原典集成　8　シャルトル学派』所収、平凡社、二〇〇二年)。

この『メタロギコン』に、どうして私は惹きつけられるのだろう。それを自問してみるとき、まず最初に想起されるのは次のような彼の言葉だ。

> シャルトルのベルナルドゥスはわれわれをよく巨人の肩の上に乗っている矮人に準えたものであった。われわれは彼らよりも、より多く、より遠くまで見ることができる。しかし、それはわれわれの視力が鋭いからでもなく、あるいは、われわれの背丈が高いからでもなく、われわれが巨人の身体で上に高く持ち上げられているからだ、とベルナルドゥスは指摘していた。私もまったくその通りだと思う。(Ⅲ、4)

〈巨人の肩の上に乗る矮人〉——このフレーズは一七世紀の終わりから一八世紀にかけて頂点に達するいわゆる新旧論争、もしくは古代・近代論争と呼ばれる論争を通して古代人と近代人(現代人)の優劣如何を問うさいに、古代派・近代派双方から自己の主張の優位性を示すものとして使用されたことで知られていよう。だが、それはともかくとして、この言い回しが今日にまで伝わることとなったのは間違いなくジョンの功績である。そして、そのことにもまして重要なのは、ここにジョンの考える古典観が明快に示されていることだ。いまそれをある研究者の表現を借りていうとすれば、「古代の崇高な遺産に対する畏敬の念と同時に、他方そうした遺産を自己のものとし、それを増大させているかぎり、自分たちは古代人よりもいっそう優れた者たりうるとする固い信念」ということになる。これを私は私なりに解釈して「温故知新」ということだと思っているのだが、実際ジョンの古典愛好の精神はけっして単なるかび臭いだけの訓詁学ではないのである。

自分たちは巨人（古代人）の肩にとまる矮人（小人）にすぎない、というこの古代への限りない崇敬の念、すなわち古典に対する深い共感の感情、これはベルナルドゥスを総師とするシャルトル学派（フランスのシャルトルの司教座聖堂付属学校でおこなわれていた古典の研究と教授）の根本精神で、若いジョンがこの地でこの学派の学問的薫陶をうけた時期にはベルナルドゥスはすでに没していたが、その精神が脈々と受け継がれていたことが上の一節から知られよう。この学派がつとに奨励したのは古代以来の七自由学芸（文法・修辞学・弁証論の三学と、算術・幾何・天文・音楽の四科）の徹底的な学習、なかんづくそのうちでも文法の習得だった。ジョンはこの文法の習得の大切さについて、古代ローマのキケロやガイウス・カエサルの言葉に言及した後で、さらに修辞学者クィンティリアヌスの言葉を紹介している。

クィンティリアヌスもまたいっている。「文法の習得と読書への愛は、学校時代をもって終わりとするのではなく、人の一生とともに終わりを遂げるのだ」、と。（I、21）

文法を単なる語学とみなす近代人の感覚をもってしては、一二世紀中葉の教養学＝自由学芸としての文法の意味は到底把握することはできない。シャルトル学派にとって、そしてジョンにとって文法は単に言葉の規則や秩序にまつわる形式的・技術的手段の問題ではなかった。人は文法の習得のなかで散文や詩文、弁論家たちの作品など古典文芸（もちろんキリスト者として新旧聖書や教父たちの著作も）を教材として「正しい読解」だけでなく、「美しい、優雅な文体」の鑑賞と獲得を目指す広い人文教育を施されねばならない。それは「万物の最も優しい母にして賢明な自然」によって「理性」と「言語」という特権的能力を賦与されている人間（Ⅰ、1）にとって、当然の果たすべき訓練にほかならない。言葉を磨き、理性を研ぎ澄ますことに努力するのは人間の第一になすべき基本であって、それは人の一生に係わる行為であり、学校時代の限られた一時期で完成するようなことではありえないというのだ。

ここに窺われるのが古代以来の自由学芸の伝統であることはいうまでもないだろう。いまさら指摘する必要もないかもしれないが、自由学芸（artes liberales）とはもともと自由な市民の身につけるべき学芸という意味で「自由な」と呼ばれていたのだが、その「自由」の完全な意味は社会的身分としての自由や自由選択の自由といった意味に尽きるものではありえない。のちに人文主義者たちが人文学（studia humanitatis）の中核とみなした自由学芸の「自由」とは生涯を通じて「人間であること」（to be human）を学び続け、人間的完成へと努力することを指しており、そこに学問ないし教養の意味があったのである。

ジョンにとって、したがって一生を賭けて理性とともに言葉を文法にもとづいて磨き続けることは「徳の涵養」と「人格の陶冶」を促すことだった。しかも、それればかりではなく、さらに重要なことだが、彼はそうした相互の人間的努力の交感によってはじめて「人間社会の絆」も可能となると考えたのだ。

かくも多くの際立った都市を生み出し、かくも多くの王国に友国や同盟国をつくり、かくも多くの人民を愛の絆のうちに親密に結合せしめてきたのは、理性と言葉のこの悦ばしくも実りある結合にほかならない。公共善のために神が一つの軛におつなぎになったものを引き離そうとする者は公共の敵といわねばならない。雄弁術を哲学研究から締め出す者はメリクリウスを文献学の腕からもぎとる者だ。彼はひとり雄弁術のみを攻撃しているようではあるが、実は全自由学芸研究を傷つけ根絶やしにし、哲学のすべてを攻撃し、人間の社会的結合をずたずたに裂き、兄弟愛と奉仕の相互交換を破壊するのである。（Ⅰ、1）

文法の習得を基礎とした自由学芸への熱い想いから公共善を破壊する者たちに対するこのような仮借のない批判へとつながる論理を唐突と感じるむきもあるかもしれない。だが、ジョンにとっては、そこには深い内的な連関があり、それは彼の生きた西欧一二世紀中葉の知的世界と重大な係わりがあった。

この世紀のはじめにイングランド南部ソールズベリ近郊に生まれたジョンは若くしてパリに遊学し、そのパリとシャルトルで青春の一二年間を勉学に費やした。縁あってカンタベリ大司教の私設秘書となり、この大司教職を前任者から引き継いだトマス・ベケットと時のイングランド王ヘンリ二世との間に「教会の自由」をめぐる対立（ベケットはそれまでヘンリ二世の尚書部長官の地位にあった）が生じると、それに巻き込まれた彼はベケットとともにフランスで六年におよぶ亡命生活を体験する。やがて二人は帰国をはたすが、それも束の間、対立の解けぬまま大司教ベケットはカンタベリ大聖堂内でヘンリ二世の四人の騎士によって暗殺される。傍らにジョンもいたが、彼は後に青春の地シャルトルの司教となり、ベケットの列聖に力を尽くして死去する（ちなみに、シャルトルの大聖堂内には、彼の尽力によって納められたベケット殉教を讃えるステンドグラスがいまもそのままにはめ込まれている）。

こういう公生涯を送ったジョンがまだイングランド王国尚書部長官であったときの友人ベケットに献呈したのが『メタロギコン』と『ポリクラティクス』であるが、教会行政の業務に携わっていた彼は当然のことに聖俗双方の要路の人たちと交渉をもった。そうした過程で肌身に深く感じ取っていたさまざまな不満や矛盾、問題点を学芸の次元で昇華させたのが『メタロギコン』であり、政治の次元に問うたのが『ポリクラティクス』にほかならない。『メタロギコン』はそういう意味で当時の学芸や思想、哲学、神学の世界とそれに係わる知識人たちに関する歴史の証言でもあるのだ。

それらのなかでもとくに眼をひく叙述の一つが、当時の教師たちの実態についてのそれだ。たとえば彼らのなかには、文法や修辞学の基礎的な学問の修練をなおざりにして、論証と形式の首尾一貫性のみに拘泥し、単なる議論のための議論を弄ぶソフィスト的「弁証論」者たちがいた。

この時代の哲学者たちはだらだらとこんな問題について論じ合っていた。市場に引かれていく豚は人が引いているのか、それとも綱が引いているのか。そしてまたマントを買う人は同時にフードも買うのか、と。（Ⅰ、3）

しかし、ジョンにとって最も由々しき存在であり、彼が自己の終生の敵と思い定めたのが「コルニフィキウス」と彼の呼ぶ実在の教師であり、その者に骨がらみの影響を受けていた一群の「コルニフィキウスの徒ら」であった。

私はコルニフィキウスのことを包み隠さずに実名で呼ぶであろう。そして公衆の前に彼の心身の腫瘍、淫らな口先、貪欲な手、無責任な振る舞い、悪しき習慣、汚れた肉欲、醜悪な風貌、邪悪な生活、芳しくない評判についてすっかり明らかにするだろう。もしもクリスチャンネームに対する敬意の念に拘ることがないならば。（Ⅰ、2）

ジョンによれば、彼らは十分な学問的訓練を積まずに、それゆえ十分な学識もなしに学生たちに速成の杜撰な自由学芸教育を施していた。言葉などは人間に生来具わっている能力なのだから、ことさらな語学教育はむしろ有害であり、まして地道で忍耐のいる努力を傾注して学知の習得に励むことはナンセンスだと嘯く彼らは、自分たちが極めて短時間に手段としてのラテン語の能力と専門知識とを学生たちに身につけさせることのできる専門的能力をもっていると吹聴していた。そして、そういう自己宣伝の裏側には、自由学芸教育を営利と考える精神の堕落があるとジョンはみていたのである。

彼らはたった一つのことしか関心がない。できれば公正な手段で、それがだめならどんな手段でもよいから金を儲けることだ……叡智の唯一の果実は彼らにとって、富しかないのだ。（I、4）

こういうコルニフィキウスの徒らによって世に送り出される学生たちは、ある者は修道士の、ある者は医者の、ある者は宮廷官僚の、そしてある者は世俗の商売人の、世界へと立身出世していくが、こういう「擬似的な学問」に係わった「熟達した哲学者たち」、「知恵のない哲学者たち」に比べれば、「どんな卑しい悪党も犯罪においてはど素人にすぎない」（I、4）とジョンはいうのである。

さて、これがジョンの眼に映った一二世紀中葉の知の世界の一つの実相にほかならない。シャルトル学派の学問的薫陶につよく促されて人類の知的遺産たる古典の味読——それは時間をかけた、地道な自由学芸の習得の過程を経てはじめて可能となる——を訴え、そこに得られる叡知を冷静な理性的判断力と豊穣で的確な言語表現を用いて交換し合い、自己と他者との正しい関係を人間社会のうちに作り上げようとするジョンの古典中心の人文主義は、この時代に台頭してきた「大学」の新しいカリキュラムから消されていく運命にあった。世は挙げて「論理学と実利」の世界へと転回しようとしていた。一二世紀は西欧中世でももっとも激しい社会変動の世紀で、農業における著しい技術改良やそれに連動する都市の貨幣経済の活発化とともに世俗国家の発展が顕著であった。その過程でラテン語の文書作成能力をもつ者の需要がにわかに増大していた。ジョンが激しい嫌悪を隠さなかった「コルニフィキウス」のごとき教師たちの存在は、その意味においてはむしろ時代の必然的な要請物だったのである。

おわりに――古典とどう向き合うか――

西欧一二世紀の書物『メタロギコン』をいま読むという行為に、いったいどういう意味があるのか。その思うところについて、私はやはり何かを語らねばならないのだろう。やはり、とわざわざいわねばならないのは、それがなかなか容易ではないからだ。そこで、あえて、ということになるのだが、『メタロギコン』で語られていることが私には遠い世界のことにはどうしても思えないのだ。そういう読後感を得られるということ、そのことだけでも読書という行為に意味がある。自分や自分たちの「いま」を知るのに、いったん違う過去の「いま」に身を移してあれこれ想像力を駆使し、そこからまた現在の「いま」に舞い戻ってみるという作業。そうしてはじめて自分たちの現在の「いま」の客観的な姿が見えてくるのではないか。そう思うのだ。

ジョンは古典の味読ということを力説した。その言葉に触発されて、私たちも古典の言葉に耳を傾けようとするのは時代錯誤だろうか。刻々と変化して止まないこの大変動の時代に、「古典に帰れ」などというのはもう時代遅れもいいところなのだろうか。しかし、諸々の問題を抱える困難な「いま」の情況世界をひどく単純化して捉え、それを簡単なフレーズで断定的に表現し、そうした姿勢に同意しない者を一括りに敵として扱って怪しまないような粗野な精神の傾向が充満しているのがいまの時代の特徴ではないのか。上は政治の大状況から下は身近な市井の小状況にいたるまで。そこには当然のことに、大学の現場も含まれている。いつの頃からか、教師の間にも学生の間にも、同じような粗野で粗暴な精神の雰囲気が生じているような気がしてならない。ジョンが一二世紀西欧の知の世界に感じ取っていたのと大差のない「コルニフィキウス」的風景。

〈いまこそ立ち止まるレッスンを〉と読書の世界に語りかけた斎藤美奈子さんの言葉は、忘れがたい印象を私に与え続ける。そこで私もわが学生諸君に同じ言葉を語りたいというのが現在の偽らざる心境だ。

あとがき

政治学という学問は、間違いなく政治現象を対象とするものであるけれども、その政治現象は単一の現象として存在しているわけではない。現実の政治現象は、他の社会領域と幾重にも結びついて、重層的な現象として多様に存在している。したがって、政治学は、そうした重層的で多様な政治現象を対象としなければならないし、その対象の切り取り方と紡ぎ方は、各研究者の視座によって千差万別である。その意味において、政治学は政治研究者の数ほど存在することになる。にもかかわらず、政治学および政治研究者はそれぞれの「現場としての政治」と「現場としての対象領域」を持ち、それらとの格闘を続けることによってかろうじて成立し存在し続けることができる。

本書の執筆者たちは、慶應義塾大学法学部および大学院法学研究科において内山秀夫先生（慶應義塾大学名誉教授、元新潟国際情報大学学長）と学問的なかかわりを持ち、今日に至るまで政治と政治学について考え格闘し続けているものたちである。したがって、本書の執筆者たちは、政治および政治学（広義の政治学）においてそれぞれの「現場」を持っている。本書は、二〇〇七年二月に内山秀夫先生が喜寿（七七歳）をむかえられるのを記念して、そうした各自の「現場」におけるそれぞれの視座からの今なお続いている格闘を先生にお示しすると同時に、そうした格闘を一つにまとめることによって現代の政治および政治学の諸相を照射してみようとしたものである。

本書は、「『現場』に入るということ」が「ある約束事とその背景にある生活ないしは人間をめぐる命題から一旦離れ、その根拠の妥当性を問う作業」であり、「終わりのない検証と反証の通過点」であることを確認させると同時に、「観察者と非観察者の間に成立しがちな権力関係を霧散させる」インパクトを持つものであることについて強調した梅垣論文を巻頭に据え、第Ⅰ部「現代政治の現場」、第Ⅱ部「政治思想の現場」という二部構成をとっている。

第Ⅰ部「現代政治の現場」には、失業、離婚、犯罪認知件数など各種データを用いて家族や企業、組合などの機能変化を明らかにし、一九九〇年代以降の社会が八〇年代の社会とは質的に変化していることを指摘し、その行く末を問うた市川論文、琉球レビューの仕掛人の一人秦豊吉の思想と行動を考察しながら、戦前・戦後という政治的変化と文化の連関性を読み解こうとした菅野論文、環境保護と経済成長とを統合する解決策としてコンセンサスを得ている「持続可能な発展」概念の内包と外延を検討し、自然と経済との関係についての可能性を探求した丸山論文、アメリカのアフガニスタン軍事攻撃を支持する知識人の書簡とこれに反対する書簡双方の批判的分析を通じて、アメリカの国家統合原理そのものの再検討の必要性を確認した越智論文、一九七〇年代以降アメリカ国内政治において大きな争点となってきた妊娠中絶手術に関する議論をカナダとの比較において考察し、アメリカの政治制度、政治文化の特殊性を明らかにした加藤論文、「イギリスの解体」という危機意識の背景を、大英帝国の崩壊、ＥＣ、ＥＵへの加盟など国内問題、対外関係の変化から明らかにし、イギリスのナショナル・アイデンティティの構造を考察した深沢論文が収められている。そして、いずれの論文も、現代政治のさまざまな現場から、また現代政治への各自固有の視座から、政治および政治学の多様な相貌を描き出している。

第Ⅱ部「政治思想の現場」には、幕末から維新を経て新たな体制構築に向け、四民平等という民主化の歴史的流れに沿った日本政治の新しい枠組みに関する福澤諭吉の学問的考察は、比較政治としての展開であったことを明らかにした安西論文、社会主義・アナキズムという近代の本質的な問題をはらむ思想を受け入れた石川三四郎の「自叙伝」を「ほかひびと」「もどき役」という視点から読み解こうとした山口論文、ニヒリズムにも政治的ラディカリズムにも進むことなく知的誠実をもって人生を愛し積極的生産的に生き抜いた稀有の人として丸山眞男を位置づけ、その「生の哲学」の現代的意義を示そうとした佐藤論文、「監獄行政官僚」小河滋次郎を、作動原理を異にする近代国家と近代社会とを同時に抱え込んだ人物として捉えることで、日本の近代の問題性を明らかにしようとした小野論文、「剥き出しに曝され」た〈生〉を生き抜いたアレントの独自の政治的思考を、「非時間の小径」と「公的空間再興の物語」によって明らかにしようとした川原論文、９・11テロ以降盛んに行われているアメリカでのシュミット研究を手がかりにシュミット政治思想の現代的意義について考察した中道論文、西欧中世政治思想史研究の「現場」からソールズベリのジョンの『メタロギコン』を例にとりながら読書の意味、とりわけ古典を読むことの意味を明らかにした柴田論文が収められている。そして、これらの論文も、「現場としての政治」を前提としながら、研究対象としての政治思想家および政治思想の現代的意義を問うことによって、政治および政治学の多様な相貌を明らかにしている。

したがって本書は、それぞれの抱える政治および政治学の「現場」から、その「現場」との格闘を通じて生まれた、わたしたちの「現場としての政治学」である。各自の「現場」との格闘の成否については今後の研究努力にゆだねるとして、現在の格闘の姿を見ていただければ幸いである。

最後に、本書出版の経緯について述べておきたい。本書出版の主たる契機は、内山秀夫先生主宰の「戦後民主主義再検討」研究会の活動にある。内山先生は一九九四年三月に慶應義塾大学法学部を退職された後、同年四月より一九九八年三月まで新潟国際情報大学学長を務められた。その後、本拠地を東京に戻された先生は、先生の話を聞きたいと集まる内山ゼミ出身および大学院で指導を受けた研究者たちのために、二〇〇〇年一〇月「戦後民主主義再検討」研究会を立ち上げられ、「気力の続くまで」毎年一回開催するということで定例化された。この研究会は、かつてのゼミナールのときと同じように、参加者の一～二名が最近の自分の研究テーマを発表し、若干の質疑応答の後、先生がコメントされるという形式のものであったが、先生のコメントは、いつも、発表者のテーマに関するものから、最近の先生の研究関心へと移り、先生の長いモノローグで終わることになる。私たちは、そのモノローグから以前と同じように多くのものを受け止めていたのであるが、「最近若干の疲れがあるのでしばらく中断したい」との先生のお申し出により二〇〇四年六月の第五回研究会で「中断」することになった。先生の喜寿を記念する論文集を出そうという話は、この研究会存続中にも出ていたが、本格化したのはこの「中断」を契機としてであった。

研究会終了後の懇親会で先生がお帰りになられた後、また、「中断」後の他の会合などで記念論文集出版について相談をし、それぞれの企画を出し合うことにしたのであるが、諸事情のためなかなか一本化には至らなかった。しかし、二〇〇五年秋、日本経済評論社社長栗原哲也氏、取締役谷口京延氏とお目にかかった折、現状をお話しすると、幸運にもわれわれの企画を受けていただけることになったので、直ちに編集委員会（市川、梅垣、柴田、中道）を立ち上げ、執筆依頼を行うことで本格化することとなった。出版事情の厳しい中、本書の出版を快諾してくださり、入念かつ迅速に編集作業をしていただいたお二人に対し、衷心より感謝申し上げたい。

執筆者に関しては、主題に基づき広い意味での政治学を担当している現職教員としたが、すでに予定していた他の論文執筆等と重なって残念ながら提出できなかった者も数名いる。本書の題名については、「はじめに」の梅垣氏の提言を採用したものであるが、その背景には、先の研究会において内山先生が繰り返し話されていたこと、「諸君は研究や教育の現場を持っている。その現場をいつまでも大切にしてほしい。伏して頼み参らせる」という言葉がある。内山先生の記念論文集としては、すでに『法学研究』第六七巻第一二号（一九九四年）の慶應義塾大学法学部退職記念号があるが、それから一三年を経て今回の記念論文集を出すことになる。内山先生と出会ってから、そして、先生の退職記念号が出てから、私たちはそれぞれの格闘を持続し今日に至っているが、その一端をお示しすることで、先生の喜寿のお祝いとしたい。先生は、ご自宅の書斎にとどまる機会が増えたとはいえ、否、増えたせいもあって、精力的にH・ローリィ『帝国日本陸軍』（日本経済評論社、二〇〇二年）、T・A・ビッソン『敗戦と民主化』（慶應義塾大学出版会、二〇〇五年）、W・フライシャー『太平洋戦争にいたる道』（刀水書房、二〇〇六年）などの翻訳や『増補　民族の基層』（日本経済評論社、二〇〇六年）を次々と発表されている。身を削るようにして「敗戦から戦後へ」の道程を問い続け、真摯な知的挑戦の情熱を絶やさない内山秀夫先生に対して敬意と感謝の念をこめ、執筆者一同、本書を捧げます。

二〇〇七年一月

編集委員会を代表して　中道　寿一

深澤民司（ふかさわ・たみじ）

1955年生まれ
慶應義塾大学大学院法学研究科博士課程単位取得退学
専修大学法学部教授、博士（法学、慶應義塾大学）
主な業績：『フランスにおけるファシズムの形成』（岩波書店、1999年）、「イギリスにおける極右の台頭」（専修大学法学研究所紀要 29『政治学の諸問題・Ⅵ』2004年）

安西敏三（あんざい・としみつ）

1948年生まれ
慶應義塾大学大学院法学研究科博士課程単位取得退学
甲南大学法学部教授、博士（法学、慶應義塾大学）
主な業績：『福沢諭吉と西欧思想——自然法・功利主義・進化論——』（名古屋大学出版会、1995年）、『福沢諭吉の法思想——視座・実践・影響——』（共編著、慶應義塾大学出版会、2003年）

山口　晃（やまぐち・あきら）

1945年生まれ
慶應義塾大学大学院法学研究科博士課程退学
駒沢大学講師
主な業績：「モロッコの石川三四郎とその後」『近代日本研究』17（慶應義塾福澤研究センター、2000年）、「土民生活——放浪と居場所のふれあうところ——」『初期社会主義研究』18（不二出版、2005年）

佐藤瑠威（さとう・るい）

1947年生まれ
慶應義塾大学大学院法学研究科修士課程修了
別府大学教授
主な業績：『丸山真男とカール・レーヴィット』（日本経済評論社、2003年）、M. ヴィローリ『パトリオティズムとナショナリズム』（共訳、日本経済評論社、2007年）

小野修三（おの・しゅうぞう）

1948年生まれ
慶應義塾大学大学院法学研究科博士課程単位取得退学
慶應義塾大学商学部教授、博士（法学、慶應義塾大学）
主な業績：『公私協働の発端——大正期社会行政史研究——』（時潮社、1994年）、「社会事業家加島敏郎と朝鮮」（『三田商学研究』第48巻第6号、2006年2月）

川原　彰（かわはら・あきら）

1958年生まれ
慶應義塾大学大学院法学研究科博士課程単位取得退学
中央大学法学部教授、博士（法学、慶應義塾大学）
主な業績：『現代市民社会論の新地平——《アレント的モメント》の再発見』（有信堂、2006年）、『東中欧の民主化の構造——1989年革命と比較政治研究の新展開』（有信堂、1993年）

柴田平三郎（しばた・へいざぶろう）

1946年生まれ
慶應義塾大学大学院法学研究科博士課程単位取得退学
獨協大学法学部教授、博士（法学、慶應義塾大学）
主な業績：『アウグスティヌスの政治思想』（未来社、1985年）、『中世の春　ソールズベリのジョンの思想世界』（慶應義塾大学出版会、2002年）

中道寿一（なかみち・ひさかず）

1947年生まれ
慶應義塾大学大学院法学研究科博士課程単位取得退学
北九州市立大学法学部教授、博士（法学、慶應義塾大学）
主な業績：『政治思想のデッサン』（ミネルヴァ書房、2006年）、『現代デモクラシー論のトポグラフィー』（日本経済評論社、編著、2003年）

【執筆者紹介】（執筆順）

菅野聡美（かんの・さとみ）

1963年生まれ
慶應義塾大学大学院法学研究科博士課程単位取得退学
琉球大学法文学部助教授
主な業績：『〈変態〉の時代』（講談社現代新書、2005年）、『消費される恋愛論　大正知識人と性』（青弓社、2001年）

丸山正次（まるやま・まさつぐ）

1954年生まれ
慶應義塾大学大学院法学研究科博士課程単位取得退学
山梨学院大学法学部教授
主な業績：『環境政治理論』（風行社、2006年）、「ニューポリティクス理論のアメリカ・バージョンとヨーロッパ・バージョン」（『法学論集』54号、2005年）

越智敏夫（おち・としお）

1961年生まれ
慶應義塾大学大学院法学研究科博士課程単位取得退学
新潟国際情報大学情報文化学部教授
主な業績："Erasing Memories, Preserving Memories: Political Meanings of Pollution and Antipollution Movements in Cold War Japan," *Journal of Pacific Asia,* vol. 12, 2005、『現代市民政治論』（共著、世織書房、2003年）

加藤普章（かとう・ひろあき）

1955年生まれ
カナダ・カールトン大学大学院博士課程博士号取得
大東文化大学法学部政治学科教授、Ph.D.（政治学、カールトン大学）
主な業績：『カナダ連邦政治――多様性と統一への模索』（東京大学出版会、2002年）、『比較行政制度論』（編著、法律文化社、2006年）

【編著者紹介】

市川太一（いちかわ・たいち）

1948年生まれ

慶應義塾大学法学研究科博士課程政治学専攻単位取得退学

広島修道大学法学部教授、博士（法学、慶應義塾大学）

主な業績：『「世襲」代議士の研究』（日本経済新聞社、1990年）、「高等教育の規制改革——その現状と課題」（『修道法学』26巻1号、2003年）

梅垣理郎（うめがき・みちお）

1947年生まれ

プリンストン大学政治学部、Ph.D.

慶應義塾大学総合政策学部教授

主な業績：『戦後日米関係を読む』（中央公論社、1993年）、『総合政策学の最先端：多様化・紛争・統合』（慶應義塾大学出版会、2003年）

現場としての政治学

2007年3月31日　第1刷発行　定価（本体3500円＋税）

編著者　市　川　太　一
梅　垣　理　郎
柴　田　平三郎
中　道　寿　一
発行者　栗　原　哲　也

発行所　株式会社　日本経済評論社

〒101-0051　東京都千代田区神田神保町3-2
電話　03-3230-1661　FAX　03-3265-2993
nikkeihy@js7.so-net.ne.jp
URL：http://www.nikkeihyo.co.jp
印刷＊文昇堂・製本＊山本製本所
装幀＊渡辺美知子

乱丁落丁はお取替えいたします。　Printed in Japan

ISBN978-4-8188-1919-1